高等职业学校"双高计划"新形态一体化教材

市场营销实务  案例式

- 主　编　陈现军　赵　琳
- 副主编　张恩广　汪　岩　向红林
- 参　编　宋丽丽　骆雪峰　朱思宇　李旭东　张全胜　卢文凤
　　　　　张　展　高加乐　黄巧仙　王　粒
- 主　审　李炯光　张　智

华中科技大学出版社
http://www.hustp.com
中国·武汉

内 容 简 介

本书主要采用项目—任务编写模式,内容包括认识市场营销、解析市场环境、分析市场营销战略、解读STP战略、制定产品策略、制定价格策略、制定渠道策略、制定促销策略以及综合实训等九个项目。这完整体现了市场营销的知识体系,首先是营销知识理论的导入,包括营销理论的产生与演变;然后进行营销环境的分析;在营销环境分析的基础上制定营销战略,为确保各项战略的实施制定具体的营销策略;最后为保障整体营销活动的有效实施又安排了实训项目。这样一个循序渐进、环环相扣的理论知识体系,有助于学生在清晰明确的思路中进行全面的学习。

本书可作为高职院校财经商贸大类相关专业"市场营销"课程的教材或参考书,也可作为管理人员、营销人员工作用书,以及作为营销师、电子商务师、互联网营销师、新媒体运营师技能鉴定考试参考资料。

图书在版编目(CIP)数据

市场营销实务/陈现军,赵琳主编. —武汉:华中科技大学出版社,2022.8
ISBN 978-7-5680-8376-8

Ⅰ. ①市… Ⅱ. ①陈… ②赵… Ⅲ. ①市场营销学-高等职业教育-教材 Ⅳ. ①F713.50

中国版本图书馆 CIP 数据核字(2022)第 127180 号

市场营销实务 陈现军 赵 琳 主编
Shichang Yingxiao Shiwu

策划编辑:张 玲 徐晓琦
责任编辑:余 涛
封面设计:原色设计
责任监印:周治超
出版发行:华中科技大学出版社(中国·武汉) 电话:(027)81321913
　　　　　武汉市东湖新技术开发区华工科技园 邮编:430223
录　　排:华中科技大学惠友文印中心
印　　刷:武汉市籍缘印刷厂
开　　本:787mm×1092mm 1/16
印　　张:12.75
字　　数:325千字
版　　次:2022年8月第1版第1次印刷
定　　价:49.00元

本书若有印装质量问题,请向出版社营销中心调换
全国免费服务热线:400-6679-118 竭诚为您服务
版权所有 侵权必究

前言 Preface

在信息爆炸的新时代,市场营销表现出以下新的动向:以客户为中心的市场营销管理向个性化的市场营销发展;虚拟市场营销、知识营销、绿色营销、网络营销等手段多样化;市场营销朝着国际化、全球化方向发展。"市场营销"是市场营销专业以及其他管理专业的核心基础课程。通过学习,学生能够掌握市场营销的基本原理,习惯市场营销的思维方式,并具有一定的实践能力,便于在理论的指导下,做好营销管理工作。

本书的特点是理实一体、引入课程思政元素、结合最新案例强调市场营销的必要性。同时,以学生为本,站在高职高专学生的角度,在教材设计中突出了项目教学的思路和理念,更加强调实用性和可操作性。从强化综合性、设计性、创新性实践环节入手,结合编者多年一线的教学经验确定本书的框架。

本书包括9个项目内容,书中穿插了许多知识链接、技能训练以及营销实例,每个项目均附有理论知识测试、业务技能训练等,体系完整、结构合理、特色明显,实现理论与实践的结合。

本书编写的具体分工如下:项目一由赵琳、骆雪峰编写,项目二由张恩广、朱思宇编写,项目三由李旭东、向红林编写,项目四由宋丽丽、高加乐编写,项目五由陈现军编写,项目六由骆雪峰编写,项目七由张全胜、卢文凤、黄巧仙编写,项目八由汪岩、王粒编写,项目九由陈现军、张展编写。

本书的编写得到了重庆三峡传媒集团有限公司、重庆永辉超市有限公司等企业的支持与配合,是一本校企合作双元开发的教材。本书在编撰过程中参考了较多资料,部分来源于编者多年积累的教案资料,在此谨向原作者致以诚挚的谢意!

由于编者水平有限,书中难免出现疏漏和不妥之处,恳请专家学者及广大师生批评指正,以期不断改进。

编者
2022 年 4 月

目 录
Contents

项目一 认识市场营销
任务 1.1　转变市场营销观念　　　　　　　　　　/1
任务 1.2　需要 欲望 需求　　　　　　　　　　　/6
任务 1.3　市场与市场营销　　　　　　　　　　　/8

项目二 解析市场环境
任务 2.1　认识市场营销环境　　　　　　　　　　/13
任务 2.2　分析宏观营销环境　　　　　　　　　　/18
任务 2.3　分析微观营销环境　　　　　　　　　　/23
任务 2.4　市场营销环境 SWOT 分析　　　　　　　/27

项目三 分析市场营销战略
任务 3.1　识别竞争者　　　　　　　　　　　　　/31
任务 3.2　分析竞争者策略　　　　　　　　　　　/37
任务 3.3　认识市场营销战略　　　　　　　　　　/43

项目四 解读 STP 战略
任务 4.1　开展市场细分　　　　　　　　　　　　/54
任务 4.2　选择目标市场　　　　　　　　　　　　/59
任务 4.3　明确市场定位　　　　　　　　　　　　/62

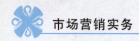

项目五 制定产品策略

任务 5.1　分析产品与产品组合　　/70
任务 5.2　辨别产品生命周期　　/77
任务 5.3　开发新产品　　/83
任务 5.4　识别品牌与包装　　/88

项目六 制定价格策略

任务 6.1　确定定价目标　　/105
任务 6.2　影响定价的因素　　/107
任务 6.3　成本导向定价法　　/111
任务 6.4　心理定价　　/113
任务 6.5　新产品定价策略运用　　/117
任务 6.6　产品组合定价运用　　/119
任务 6.7　产品价格调整　　/121

项目七 制定渠道策略

任务 7.1　了解分销渠道结构　　/127
任务 7.2　认识中间商　　/139
任务 7.3　分销渠道设计　　/146
任务 7.4　分销渠道管理　　/150
任务 7.5　产品实体分销　　/155

项目八 制定促销策略

任务 8.1　促销与促销组合　　/160
任务 8.2　人员推销策略　　/164
任务 8.3　广告宣传策略　　/170
任务 8.4　公共关系促销策略　　/177
任务 8.5　营业推广促销策略　　/182
任务 8.6　网络促销策略　　/186

项目九 综合实训

任务 9.1　专业基础素质训练　　/192

任务 9.2	营销职业体验	/192
任务 9.3	识别产品卖点	/193
任务 9.4	设计促销方案	/193
任务 9.5	市场调查	/194
任务 9.6	情境营销沙盘对抗	/195

参考文献 /196

项目一　认识市场营销

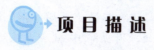

项目描述

营销观念是企业如何对待产品营销的哲学思想,正确的营销观念是保证企业营销的前提。市场营销观念的演进可大致分为五个阶段:生产导向观念阶段、产品导向观念阶段、推销导向观念阶段、市场营销观念阶段和社会市场营销观念阶段。从这五种观念的演进,可以窥见营销哲学思想的变化。企业在营销实践中,要合理使用营销观念开展营销活动。

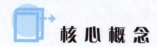

核心概念

市场　需要　欲望　需求　生产导向　产品导向　推销导向　社会市场营销

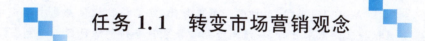

任务1.1　转变市场营销观念

任务目标

【素质目标】
1. 具有营销职业岗位的诚信品质、责任意识、团队合作精神。
2. 具有探索营销观念的创新思维能力。

【能力目标】
1. 具有正确运用营销观念的能力。
2. 正确看待营销活动,建立绿色营销观念。

【知识目标】
1. 正确理解市场及市场营销的内涵。
2. 掌握现代市场营销观念的基本思想。
3. 了解网络营销、绿色营销、关系营销及定制营销等新的营销观念。

案例导入

"铁老大"转变营销观念赢市场

2018年5月7日凌晨1时05分,由9个铁路机械保温车冷藏着的7960件进口火龙果,从中越国际通道昆(明)玉(溪)河(口)铁路河口北站一路向北疾驰,120小时内这些火龙果将出现在长沙、郑州、北京等地的水果市场,这是云南铁路首次开行东南亚至国内的冷链运输列车。

任何市场行为都必须遵循相应的市场规律,许多企业的发展变化也都和它是否遵从市场规律相辅相成的。因循守旧,就会无法适应市场的变化。对于铁路货运来说,从无人可以竞争的"铁老大",到放低姿态融入货运市场,铁路货运的改变为它占领货运市场份额打下了坚实的基础。

曾经的"铁老大"根本不愁货运,以它自身的特点,其适合长途运输大宗货物,一直以来都很稳定地长途运输煤炭、钢筋、水泥等货物。鼎盛时期,铁路车皮都成了紧俏货,不是老货主是很难订到车皮的,因此奠定了铁路在货运市场的地位。不过,随着国家能源结构的调整,对于煤炭、钢筋、水泥等大宗货物需求量的减少,铁路遭遇了货运寒潮,货运量一度跌至同行业中最低。铁路货运的发展成了大众热议的话题。

铁路部门不得不改变原有的营销观念,实施了一系列的改革。取消货主货运计划申报、请求车、承认车等繁杂的手续,敞开受理各类货物运输需求,随到随办;全面规范各类收费,实行"一口报价、一张货票核收";全面开展"一条龙"全程物流服务,将"站到站"向"门对门"延伸……不仅如此,他们还积极化身店小二走访企业货主,并且根据客户需求开行了"汽车专列""集装箱专列""绿色蔬菜专列"等,让曾经跌至冰点的铁路货运逐步复苏,逐渐赢得了失去的货运市场,市场份额不断扩大。

系列举措为铁路货运回暖提供了有力支持,货运量也开始稳步回升。2018年4月30日,中国铁路总公司在微信公众号发布消息称,根据《财政部 税务总局关于调整增值税税率的通知》,5月1日起,下浮铁路主要货物运价,铁路运输服务增值税税率从11%降至10%。随着税率的下调,铁路货运价格将有一定程度降低。

随着铁路基础建设的不断推进,铁路货运办理网点从原有的4000多个不断增加,遍布全国的铁路货运网点有机会让你的货物畅销全国,占领更多的市场。铁路部门不断推进的货运改革正在改变着货运市场的格局,也在不断为大众释放着改革发展红利,降低物流成本,让百姓生活变得更美好。

资料来源:

1. 金灯剑客.铁路货运转变营销观念改变货运市场格局[EB/OL].[2018-05-11].
2. 张艳萍.中越国际铁路开行冷链运输列车,吃东南亚新鲜水果更方便了[N].云南信息报,2018-05-10.

1.1.1 市场营销观念的发展

市场营销观念是企业开展市场营销活动的指导思想,是实现高效营销的根本保证。因此,从某种意义上说,市场营销学的产生和发展就是新的营销观念产生和发展的过程。

根据西方发达国家的市场营销历史,我们可以发现市场营销观念的演进可大致分为五个阶段:生产导向观念阶段、产品导向观念阶段、推销导向观念阶段、市场营销观念阶段和社会市场营销观念阶段。

市场营销观念的发展

1.1.2 生产导向观念

生产导向观念,其中心思想是"以产定销",企业生产什么,顾客就买什么。例如,酒店的经营管理者考虑怎样生产更多的产品,而不考虑客户的需求,这就是生产导向。

生产导向观念是在卖方市场下产生的。20世纪20年代之前,生产的发展不能满足需求的增长,多数商品都处于供不应求的地位,在这种卖方市场下,只要有商品,质量过关,价格便宜,就不愁在市场上找不到销路,许多商品不乏上门求购顾客。于是生产导向观念就应运而生,在这种观念的指导下,企业以产定销,关注于集中一切力量来扩大生产、降低成本,生产出尽可能多的产品来获取更多利润。这种生产导向型企业提出的口号是"我们会生产什么就卖什么",不讲究市场营销。

显然,企业奉行生产导向观念是有一定前提的。

(1)以产品供不应求的卖方市场为存在条件,消费者最关心的是能否得到产品,而不会去注意产品的细小特征,于是企业不愁其产品卖不出去,而是集中力量想方设法扩大生产。

(2)产品成本很高的企业,为了提高生产率、降低成本来扩大市场,也奉行生产导向观念。例如,在20世纪初,美国福特汽车公司曾倾全力于汽车的大规模生产以降低成本,使大多数美国人能买得起汽车,扩大福特汽车的市场;同时因其生产的T型车十分畅销,根本无需推销兜售,以致亨利·福特这位汽车大王曾傲慢地宣称:"不管顾客需要什么颜色的汽车,我只有一种黑色的。"这是当时生产导向观念的典型表现。

1.1.3 产品导向观念

产品导向观念,其中心思想是管理者把精力集中在创造质量最优良的产品上,并不断精益求精。例如,酒店管理强调改进产品质量,致力于提高产品价值,认为只要质量好,顾客就会上门。

许多经理认为,顾客欣赏精心制造的产品,他们能够鉴别产品的质量和功能,并愿意花较多的钱买质量上乘的产品。然而,由于经理们往往会深深地迷恋上自己的产品,对该产品在市场上是否迎合时尚,是否朝着不同的方向发展等关键问题缺乏敏感与关心,所以产品导向观念容易导致"营销近视症",即不适当地把注意力放在产品上,而不是放在消费者的需求上。

产品导向观念的奉行,曾使许多企业患有"营销近视症"。这些企业将自己的注意力集中在现有产品上,集中主要的技术、资源进行产品的研发和大规模生产,他们看不到消费者需求的不断发展变化以及对产品提出的新要求,看不到新的需求带来了产品的更新换代,看不到在新的市场形势下营销策略应随市场情况的变化而变化。他们以为只要有好的产品就不怕顾客不上门,以产品之不变去应对市场之万变,因而不能随顾客需求变化以及市场形势的发展去及早地预测和顺应这种变化,也没能树立新的市场营销观念和采取新的营销策略,最终导致企业经营的挫折和失败。

1.1.4 推销导向观念

推销导向观念,其中心思想是企业能够生产什么,就生产什么,销售什么,如非渴求商品推销和渴求商品推销。

在西方国家,推销导向观念是卖方市场向买方市场转换期间产生的。第一次世界大战结束后,由于科技进步及科学管理和大规模生产的推广,商品产量迅速增加,逐渐出现市场商品供过于求的状况,企业间竞争日益激烈。尤其是1929年的世界性经济大危机,更使许多企业家认识到产品销路成了企业生命攸关的问题。企业不能只集中力量发展生产,价廉物美的产品也未必能卖得出去。企业要在日益激烈的竞争中求得生存和发展,必须重视和加强推销工作,因而他们提出的口号是"我们卖什么就要尽快卖掉"。由于推销导向型企业只是努力将自己生产的产品推销出去,而不考虑这些产品是否满足消费者的需要以及销售以后顾客的意见,所以推销导向观念仍属于以产定销的企业经营哲学。

在我国的房地产市场销售中,推销导向观念色彩浓烈。在销售行为和众多的广告中,房地产开发商一直在充当施舍者,如"圆你一个美好家园的梦""送你一个温馨的家",等等,根本不问交易行为中的主体——购房者的感觉。这种一厢情愿而又落后的主体意识,导致房地产开发商难以真正了解购房者的需求而过分依赖市场:市场热则万事大吉,市场冷则束手无策。

通常,推销导向观念被大量应用于推销那些购买者不太想去购买的非渴求商品,如保险、百科全书等。这些行业中的企业善于使用各种推销技巧来寻找潜在客户,并用高压式的推销术说服他们接受其产品。对于刚上市的新产品,企业必须通过加强推销工作,来使消费者对企业的产品和服务从了解到感兴趣直至实施购买。

此外,大多数公司在产品过剩时,也常常奉行推销导向观念。这些公司的近期目标是销售其能够生产的商品,而不是生产能够售出的新产品。在现代工业经济中,大多数市场都是买方市场,卖方不得不拼命争夺顾客,推销大战热火朝天,令顾客感到似乎到处受到"围攻",在每一回合中,总有企业尽力想推销掉一批东西。

1.1.5 市场营销观念

市场营销观念,其哲学思想是以满足顾客需求为出发点,可以概括为:"顾客需要什么,就生产什么,销售什么。"实现企业诸目标的关键在于正确确定目标市场的需求和欲望,并且比竞争对手更有效地满足消费者的需求。

20世纪50年代以来,西方发达国家的市场已经变成名副其实的买方市场,卖主间竞争十分激烈,而买方处于优势地位。科学技术和生产的迅速发展使人民的文化生活水平迅速提高,消费者的需求向多样化发展并且变化频繁,市场营销观念正是在这种市场形势下应运而生,成为新形势下指导企业营销活动的指导思想。市场营销观念的形成,不仅从形式上,更从本质上改变了企业营销活动的指导原则,使企业经营哲学从以产定销转变为以销定产,第一次摆正了企业与顾客的位置,所以是市场观念的一次重大革命。在这种观念下,企业一切活动都以顾客需求为中心,企业把满足消费者的需求和欲望作为自己的责任,喊出了"顾客需要什么,我们就生产什么""顾客是上帝"的口号。

1.1.6 社会市场营销观念

社会市场营销观念,是一种全方位营销观念,强调利益平衡。它要求企业的营销活动不仅要满足消费者的需要和欲望并由此获利,而且要符合消费者自身和整个社会的长远利益,要正确处理消费者欲望、企业利润和社会整体利益之间的矛盾,统筹兼顾,求得三者之间的平衡与协调。

社会市场营销观念是在20世纪70年代开始提出的。当时,为了保护消费者的利益,美国等国家陆续成立了消费者联盟,保护消费者权益主义蓬勃兴起。针对于此,美国管理学权威彼得·德鲁克指出:"市场营销的漂亮话讲了20年之后,保护消费者权益主义居然变成了一个强大的流行的运动,这就证明没有多少公司真正奉行营销观念。"还有不少人认为,营销观念回避了消费者需求、消费者利益和长远社会利益之间隐含的冲突,在环境恶化、资源短缺、人口爆炸、世界性通货膨胀、社会服务被忽视的年代里,一个企业仅仅追求营销观念是不适当的,它往往会导致资源浪费、环境污染等诸多弊病。

因此,一些西方学者提出了一些新观念来修正或取代营销观念,如"人性观念""明智的消费者观念""绿色营销观念"等,所有这些观念都是从不同的角度来探讨一个问题的,著名营销权威菲利普·科特勒将之综合起来,提出了"社会市场营销观念"。

社会市场营销观念要求企业在制定营销策略时权衡三方面的利益,即企业利润、消费者需要的满足和社会利益。这与以往的企业营销活动的指导思想是不一样的。通过前面的介绍,我们了解到:最初,企业进行营销决策主要考虑自己的当前盈利;后来,企业开始意识到满足顾客需求和欲望有着深远意义,于是产生了市场营销观念。20世纪70年代以来,社会利益开始成为企业经营决策的一个重要因素。社会市场营销观念希望摆正企业、顾客和社会三者之间的利益关系,企业决策要兼顾三方面的利益。这样,企业既发挥特长,在满足消费者需求的基础上获取经济效益,又能符合整个社会的利益,因而具有强大的生命力。不少公司通过采用和实践社会市场营销观念,获得了可观的销售量和利润。

1.1.7 几种营销观念的比较

(1)生产导向观念、产品导向观念、推销导向观念一般称为旧观念,是以企业为中心、以企业利益为根本取向和最高目标来处理营销问题的观念。

(2)市场营销观念与社会市场营销观念称为新观念,又分别称为以消费者为中心的顾客导向观念和以社会长远利益为中心的社会导向观念。

(3)推销导向观念采用的是由内向外的顺序,它从工厂出发,以公司现存产品为中心,通过大量推销和促销来获取利润。

(4)市场营销观念采用的是从外向内的顺序,它从明确的市场出发,以顾客需要为中心,协调所有影响顾客的活动,并通过创造性的策略满足顾客的需求来获取利润。

1.1.8 市场营销观念的新领域

1. 关系营销观念

关系营销是由交易市场营销观念而形成的,是市场竞争激化的结果,即为了建立、发展、保持长期的、成功的交易关系进行的所有市场营销活动。

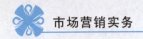

2. 绿色营销观念

主要强调把消费者需求与企业利益和环保利益三者有机地统一起来,它最突出的特点就是充分顾及到资源利用与环境保护问题,其目标是实现人类的共同愿望和需要——资源的永续利用与保护和改善生态环境。

3. 文化营销观念

文化营销观念是指企业成员共同默认并在行动上付诸实施,从而使企业营销活动形成文化氛围的一种营销观念,它反映的是在现代企业营销活动中经济与文化的不可分割性。企业的营销活动不可避免地包含着文化因素,企业应善于运用文化因素来实现市场制胜。

任务1.2　需要　欲望　需求

任务目标

【素质目标】
1. 具有诚信品质、责任意识、团队合作精神。
2. 具有探索实践的创新思维能力。

【能力目标】
1. 具有识别需要与需求的能力。
2. 具有分析消费者需求的能力。

【知识目标】
1. 掌握需要、欲望、需求的内涵。
2. 掌握需要、需求的区别。

案例导入

马斯洛需求层次理论

　　了解员工的需要是应用需要层次论对员工进行激励的一个重要前提。在不同组织中,不同时期的员工,以及组织中不同的员工,其需要充满差异性,而且经常变化。因此,管理者应该经常性地用各种方式进行调研,弄清员工未得到满足的原因,然后有针对性地进行激励。

　　马斯洛理论把需求分成生理需求、安全需求、社交需求、尊重需求和自我实现需求五类,依次由较低层次到较高层次,从企业经营消费者满意(CS)战略的角度来看,每一个需求层次上的消费者对产品的要求都不一样,即不同的产品满足不同的需求层次。将营销方法建立在消费者需求的基础之上考虑,不同的需求也即产生不同的营销手段。

根据五个需求层次,可以划分出五个消费者市场:

(1)生理需求→满足最低需求层次的市场,消费者只要求产品具有一般功能即可。

(2)安全需求→满足对"安全"有要求的市场,消费者关注产品对身体的影响。

(3)社交需求→满足对"交际"有要求的市场,消费者关注产品是否有助于提高自己的交际形象。

(4)尊重需求→满足对产品有与众不同要求的市场,消费者关注产品的象征意义。

(5)自我实现→满足对产品有自己判断标准的市场,消费者拥有自己固定的品牌,需求层次越高,消费者就越不容易被满足。

从经济学角度来讲,消费者愿意支付的价格≈消费者获得的满意度。举例来说,同样的洗衣粉,满足消费者需求层次越高,消费者能接受的产品定价也越高。市场的竞争,总是越低端越激烈,价格竞争显然是将"需求层次"降到最低,消费者感觉不到其他层次的"满意",愿意支付的价格当然也低。

资料来源:https://baike.so.com/doc/2102592-2224471.html。

1.2.1 需要、欲望、需求概念

营销在我们的生活中无处不在。企业需要营销以满足消费者的需要;学校需要营销以满足广大学生的需要;医生需要营销以满足患者的健康需要;政治家需要营销,以满足他的选民的需要;我们自己也需要营销,以满足与人有效交往的需要。

什么是市场营销呢? 简单讲,市场营销就是满足他人需求且自己也能盈利的活动。

接下来我们介绍市场营销的核心概念:需要、欲望、需求。需要、欲望、需求是市场营销的出发点,也是我们的初心。

马斯洛的需要层次理论认为,人的需要有生理的需要、安全的需要、社交的需要、尊重的需要、自我实现的需要。

饿了、渴了,就有食物、水等的需要,这是生理的需要;晚上住在房屋里是安全的需要;吃的有了、住的有了,还需要朋友、爱情,这是社交的需要。

除了这些需要外,现代人还有感性消费、休闲消费、个性消费、绿色消费等需要。消费是随着社会的经济发展水平不断变化的。

那么什么是需要、欲望、需求呢?

需要指人没有得到某些基本满足的感觉状态。

欲望是指人想得到某些基本需要的具体满足物时的愿望。我想买架飞机;我想来一场说走就走的旅行……这是我的欲望? 是的,多半不能够实现。

需求是指人对具有购买能力并且愿意购买某个具体产品的欲望。可以看出来,有些欲望可以转化为需求,有些不能。消费者的需求是多种多样的,营销学上把消费者的需求分为8种:负需求、无需求、潜在需求、不规则需求、下降需求、充分需求、过度需求、有害需求。

1.2.2 需要、欲望、需求的区别

1. 含义不同

需要是指人没有得到某些基本满足的感受状态。欲望是指人想得到某些基本需要的具体满足物时的欲望。需求是指人对具有购买能力并且愿意购买某个具体产品的欲望。

2. 出发点不同

需要是人们为了生存而产生对食品、衣服、住所、安全、归属、受人尊重、自我实现等需要的动力。欲望主要是指需要某些东西或者事务来满足自己的需求。需求是指当具有购买能力时,自己想要买的欲望产生后,转化成需求。

3. 明确性不同

需要是精神上或者生活上产生的一种无明确指向性的满足欲。而欲望是指具有明确指向的"需要"。需求主要是有欲望和需要,才会产生需求的购买力。

4. 购买力不同

需要是最为常态的购买,如家里需要一件必需物,就会构成需要的购买力,按能力而行。而欲望是指所需要的东西比较多或杂乱,但是没有一定经济基础,所以没有办法形成现实。需求主要指有能力可以购买,但是若没有经济能力的基础,需求就比较渺茫。

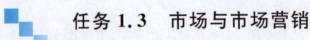

任务1.3 市场与市场营销

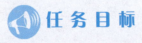

任务目标

【素质目标】
1. 具有诚信品质、责任意识、团队合作精神。
2. 具有探索市场的创新思维能力。

【能力目标】
1. 具有市场分类的能力。
2. 具有区别推销与营销的能力。

【知识目标】
1. 掌握市场、市场营销的内涵。
2. 掌握市场的分类。

案例导入

市场与市场营销

2015年在轰轰烈烈的气氛中结束,我们迎来了热热闹闹的2016年。互联网在去年得到了高速发展,网络广告的市场规模也如预料中一样,突破了千亿大关。中国互联网行业精准广告投放也逐步得到认可,呈现出一片良好的发展趋势。2015年,类似于原生广告这样的新生广告也得到了市场的重视。

数字营销网预计,到2017年整个中国网络广告的市场将达到3000亿的规模。中国互联网广告市场的高速发展除了上述发展动力之外,推动中国广告市场发展的还有急速增长的移动互联网。移动广告表现出前所未有的发展潜力,视频广告也是增长的主要动力。

在DSP方面,除BAT之外,京东以及一些新兴的企业也在迅速崛起并获得了资本市场的认可。2013年整个DSP的市场规模已达到15.3亿,到2017年,DSP广告投放的规模将占整体市场份额的20%。广告已随用户注意力的转移发生了改变。2013年互联网的变化,最明显的就是多了很多"低头族",用户从PC端转移到移动客户端上。社交媒体的成熟加速了这一趋势。花在移动设备上的时间已经占据了网民大部分的时间。很多互联网巨头都注意到了这一变化。

最明显的表现就是无论是在公车上,还是地铁、路上、市场里,人们基本上都在使用手机。这给了整个互联网新的冲击和无限的想象力。

瞬息万变的互联网时代,充满了机遇和挑战。在抓住这稍纵即逝的机会方面,互联网巨头腾讯可以说是握住了微信这一张船票。这就是机遇,在互联网上,只要随时准备着,就有可能获得成功。

对于营销人员来说,微信是一个绝佳的营销平台,但目前它尚未发展成熟,因为网民们还在熟悉阶段,不想被太多硬性的广告推广信息所打扰。微信营销平台尚未坚挺。

规模、洞察和高效是媒体在线营销的关键。从四大门户发布的财报来看,目前腾讯已经是在线营销最大的媒体平台了,知情人士透露,腾讯取得这样的成绩全凭六个字:规模、洞察、高效。

作为营销人员,不可能没有听过"跨屏"这个词,即用户一边看电视,一边玩手机,甚至还一边玩iPad,这种场面在一段时间内会持续下去。如果有人可以利用这几个屏幕,将跨屏整合起来,就能大大增加用户的数量和覆盖面。现代营销方式犹如狂轰滥炸,网民唯恐避之不及,如果在这样的环境下,广告主仍能有效洞察用户的行为,制定高效的营销解决方案,在未来将会获得不可忽视的竞争力。

资料来源:https://www.xuexila.com/success/chenggonganli/469260.html。

市场与市场营销

1.3.1 市场概念

针对现代世界经济迈向区域化和全球化,企业之间的竞争范围早已超越本土,形成无国界竞争的态势,美国著名市场营销大师菲利普·科特勒提出了"大市场营销"观念。从这里开始,我们学习市场与市场营销。

市场起源于古时人类对于固定时段或地点进行交易的场所的称呼。专家、学者对市场的理解是不同的。西方经济理论对市场的理解历经四次深化:

第一次,古典经济理论认为,市场是"自由放任"秩序;

第二次,新古典经济理论认为,市场是"完美"价格机制;

第三次,宏观经济学认为,市场是"需政府干预"的;

第四次,新制度经济学认为,市场是"产权明确"的。

从四次深化来看,不同学者对市场的关注点不一样。经济学家关注市场的交换关系,管理学家关注市场背后的规律,营销学家关注现实及潜在的消费者,普通人关注商品交换地点。

首先,我们看市场的概念。狭义上的市场是买卖双方进行商品交换的场所,如菜市场、皮鞋市场等。广义上的市场是指为了买和卖某些商品而与其他厂商和个人相联系的一群厂商和个人。

从这个角度出发,微观市场的构成要素可以用下面的公式表示:

$$市场 = 人口 + 购买力 + 购买欲望$$

人口是构成市场的基本要素,人口多少,决定着市场的规模和数量;人口的构成及其变化则影响着市场需求的构成和变化。因此,人口是市场三要素中最基本的要素。

购买力是指消费者支付货币购买商品或劳务的能力;一定时期内,消费者的可支配收入水平决定了购买力水平的高低。购买力是市场三要素中最物质的要素。

购买欲望是指消费者购买商品或劳务的动机、愿望和需求。产生购买欲望是消费者将潜在购买力转化为现实购买力的必要条件。

市场的这三个要素是相互制约、缺一不可的,它们共同构成企业的微观市场,而市场营销学研究的正是这种微观市场的消费需求。

接下来,我们看市场的类型。市场的类型很多,按照不同的分类标准,市场可以分成很多类型。

(1)根据购买者的身份分,整个市场可以分为消费者市场、生产者市场、中间商市场和政府市场。

(2)根据经营者的对象和用途分,整个市场可以分为消费品市场、生产资料市场、资金市场、技术市场、信息市场、服务市场等。

(3)按地理标准(空间标准)分,即按市场的地理位置或商品流通的国内区域市场,整个市场可分为北方市场、南方市场、沿海市场等。

(4)按市场的时间标准不同,整个市场可分为现货市场、期货市场等。

经典的解释是菲利普·科特勒的解释。他说:市场营销是个人和群体通过创造并同他人交换产品和价值以满足需求和欲望的一种社会和管理过程。从这个概念可以看出它包括几层含义:①市场营销的最终目标是满足需求和欲望;②"交换"是市场营销的核心;③交换过程的顺利进行,取决于产品和价值满足需求的程度和交换过程的管理水平;④营销的主体是个人或者群体(企业)。

对市场营销过程的理解,菲利普·科特勒总结了一个 6R 模式,就是在适当的时间(right time),适当的地点(right place),以适当的价格(right price)和适当的方式(right pattern),将适当的产品(right product)销售给适当的顾客(right customer)。

1.3.2　推销与营销的区别

推销与营销是有区别的。前面研究了营销、推销,下面我们来看一下二者的区别。

推销与营销在经济活动中心、目标、手段、活动过程四个方面有所区别。市场营销是围绕企业目标和顾客需求展开的,使用了 4PS 营销组合手段:产品、价格、分销、促销,在产前、产中、产后完成,最终为了实现企业目标。推销是围绕企业现有产品展开,用了人员、广告、公关、营业推广手段,在产后完成,其目标是扩大销售,增加利润。

我们可以用一个案例来解释推销与营销。推售是射杀一只静坐不动的鸭子,若没射准,鸭子有可能就飞了;营销是在地上撒谷子,把鸭子引过来,再用胶水把鸭掌粘住。

推售是射杀静态个体目标;营销是培养动态整体氛围,看到的不止一个顾客,而是整个市场的顾客!

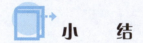

本项目学习了五种市场营销哲学思想,五种哲学思想从核心活动、指导思想、活动模式、特征表现进行了区别。一定要从这四个方面把五种市场营销观念分清楚。需要是指人没有得到某些基本满足的感觉状态。欲望是指人想得到某些基本需要的具体满足物时的愿望。需求是指人对具有购买能力并且愿意购买某个具体产品的欲望。希望同学们好好把握市场、市场分类、市场营销的概念,并注意推销与营销的区别。

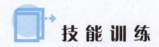

退休女工卫某在某市友谊商场买了一台彩电,半月后彩电音像全无,便找商场去换,商场因其已办理保修手续不肯换。卫某找了四天仍未换成,便打出"友谊商场为什么不退劣质彩电"的牌子,在商场活动了两天半。商场以卫某侵害名誉权提起诉讼,要求卫某赔礼道歉并赔偿损失一万元。审判结果卫某败诉,以卫某写出道歉书、商场退彩电款了结。这是一桩少见的官司。

假如你是该商场营销顾问,你认为这场官司该不该打,为什么?

分析提示:既不用分析彩电质量如何,也不用分析商场拒绝退换是否合理,更不用分析法院判决是否合适,分析重点是商场该不该打这场官司。

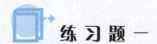

一、多项选择题

1. 市场营销理论在中国的传播和发展大致有以下几个阶段?(　　)

　　A. 20 世纪三四十年代的首次引入　　　　B. 1978—1985 年的再次引入

　　C. 1988—1992 年的应用和发展　　　　　D. 1985—1992 年的传播和应用

E. 1992 年以来的发展和创新

2. 市场营销观念分成哪几种?(　　)

　　A. 生产导向观念　　　　　　B. 产品导向观念　　　　　　C. 推销导向观念

　　D. 市场营销观念　　　　　　E. 社会市场营销观念

3. 关系营销为了建立、发展、保持(　　)关系进行的所有市场营销活动。

　　A. 长期　　　　B. 成功　　　　C. 交易　　　　D. 相互

4. 绿色营销观念主要强调把(　　)有机地统一起来。

　　A. 消费者　　　　B. 企业　　　　C. 社会　　　　D. 环境

5. "顾客需要什么,我们就生产什么""顾客是上帝"不是哪个的营销观念?(　　)。

　　A. 生产导向观念　　　　　　B. 产品导向观念　　　　　　C. 推销导向观念

　　D. 市场营销观念　　　　　　E. 社会市场营销观念

二、判断题

1. 需要是人们不满足的状态。　　　　　　　　　　　　　　　　　　　　　(　　)

2. 有害需求是对消费者有毒害的需求。　　　　　　　　　　　　　　　　　(　　)

3. 欲望是不能够满足的具体需要。　　　　　　　　　　　　　　　　　　　(　　)

4. 欲望可以转化为需求。　　　　　　　　　　　　　　　　　　　　　　　(　　)

5. 没有经济能力,需求难以实现。　　　　　　　　　　　　　　　　　　　(　　)

6. 狭义的市场是指消费者商品交易的场所。　　　　　　　　　　　　　　　(　　)

7. 广义的市场是指商品交换关系的总和。　　　　　　　　　　　　　　　　(　　)

8. 人口是构成市场的基本要素,人口多少决定着市场的规模和数量。　　　　(　　)

9. 市场的这三个要素是相互制约、缺一不可的。　　　　　　　　　　　　　(　　)

10. 推销是围绕企业现有产品展开,用了人员、广告、公关、营业推广手段。　(　　)

练习题一
答案

项目二　解析市场环境

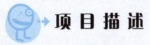 项目描述

任何企业都存在于一定的环境中。除了自身的影响外,外部环境对企业营销行为的影响也不容忽视。因此,企业营销活动最基本的任务就是重视对市场环境及其变化的研究,分析和识别环境变化所带来的机会和威胁,并采取相应的方法。

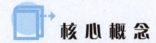 核心概念

市场　市场环境概念　微观环境　宏观环境　市场营销　社会市场营销

任务2.1　认识市场营销环境

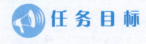 任务目标

【素质目标】
1.具有沟通协作的团队意识。
2.具有知识获取的自主学习能力。
3.具有探索实践的创新能力。
4.具有爱国情怀与文化自信。

【能力目标】
了解市场环境及相关概念。

【知识目标】
具有概念分析能力。

案例导入

这张8210亿元春节"账单"见证中国经济活力

中国农历牛年春节假期,14亿中国消费者花了多少钱在"吃吃吃"和"买买买"上?答案是:超过8000亿元人民币!

根据商务部2月17日晚发布的数据,春节期间全国重点零售和餐饮企业实现销售额约8210亿元,比2020年同期增长28.7%。农历新年,中国消费实现"开门红",这令人有理由期待消费在新一年继续为中国经济注入澎湃动力。

值得关注的是,与往年相比,2021年中国春节假期消费呈现出不少新特点。

首先,"春节不打烊"成为各大销售平台共同的选择。除了传统实体商业持续火爆外,线上消费同样红火。春节前六天,全国网络零售额超过了1200亿元;在线餐饮销售额比2020年春节同期增长约135%,年夜饭系列商品销售额比2020年春节同期增长54.9%;前六天全国揽收的包裹数量达到4.8亿件,这个数量为2020年同期的3倍。

从这些火爆的数据不难看出,疫情加速零售业线上线下融合的趋势仍在继续。此外,这与2021年数亿中国人为了疫情防控减少长途旅行、选择就地过年不无关系。节日期间,城市里的消费需求仍在,农村地区的消费需求上涨,电商自然不会错失如此良机。而超过1200亿元的网络销售额,证明他们的眼光非常敏锐。

从春节期间消费构成看,中国人消费品质升级的趋势愈发明显。在这个春节,受疫情影响严重的电影业迎来了期待已久的高票房。7天假期里有1.6亿人走进电影院,票房突破80亿元,远远超过往年同档期票房,还刷新了全球单一市场单日票房、全球单一市场周末票房等多项世界纪录。中国消费者安心走进影院,不仅是中国有力控制住疫情的证明,也增强了经济复苏的信心。

此外,定制消费、体验消费、智能消费等新兴消费,也成为2021年春节假期消费的亮点。阿里巴巴公司发布的春节消费报告称,90后、00后登上家庭舞台C位,年货消费更加年轻化、品牌化、智能化。扫地机器人、擦窗机器人等"黑科技年货"消费增速同比超过100%、300%,洗地机销量更是大涨18倍。从吃得饱、用得起,到吃得好、玩得好,春节消费步步升级反映出中国人的生活正越过越好。

正是这14亿追求美好生活的中国人,构成了中国经济强大的内生动力。在刚刚过去的2020年,尽管受到新冠肺炎疫情的冲击,中国人的最终消费支出占GDP的比重仍然达到54.3%,为近年来最高水平。2021年春节消费的红火,进一步反映出中国消费市场不但规模巨大,潜力更大。

摩根士丹利近日发布的报告预计,未来十年中国居民消费年均增长率将高达7.9%,"是全世界最高的水平"。此外,报告指出,在中国政府采取扩内需政策、城镇化持续推进以及科技发展等因素共同作用下,预计到2030年中国居民消费总额将达12.7万亿美元,远远高于2019年该机构预测的5.6万亿美元。

规模巨大的国内市场、持续释放的消费潜力,无疑为中国进入新发展阶段、构建新发展格局提供了重要支撑。

作为全球第二大经济体,中国消费市场红红火火对全球经济同样是个好消息。随着中国消费者对品质的追求越来越高,他们对进口产品的需求也在不断提升。对全球商家而言,只要了解中国市场、摸清中国消费者的喜好,就会发现中国市场是真正的世界市场,这里活力充沛、机会多多,聪明的商家不应错过。

资料来源:中央广播电视总台;作者:国际锐评评论员。

2.1.1　市场营销环境定义

1. 营销环境的定义

营销环境可以定义为:影响企业营销活动和营销目标实现的各种因素和条件。这些因素和条件与企业营销活动有着明显或潜在的联系,并直接或间接地影响着企业营销活动和目标。

> **知识链接**
>
> 有两个推销员到南太平洋的一个岛国去卖鞋。他们一到这里,就发现这里的居民没有穿鞋的习惯。于是,一个推销员给公司发了一封电报,说岛上的人没有鞋子,也没有市场,就回家去了。另一名销售员给公司发了一封电报,称居民不穿鞋,但市场潜力巨大,只是需要开发。他要求公司送一批鞋子给当地居民,并告诉他们穿鞋的好处。渐渐地,当地人发现鞋子既实用、舒适又美观,于是越来越多的人穿鞋。就这样,推销员通过自己的努力,打破了当地居民的传统习俗,改变了企业的营销环境,取得了成功。

2. 营销环境特点

(1)客观性。客观性是营销环境的首要特征。营销环境的存在并不取决于营销者的意志。一般来说,营销部门无法摆脱和控制营销环境,特别是宏观环境,企业很难按照自己的要求和愿望随意改变市场环境。例如,企业无法改变人口因素、政治法律因素、社会文化因素等。然而,企业可以主动适应环境的变化和要求,制定并不断调整营销策略。事物的发展与环境变化、优胜劣汰的关系,就企业与环境的关系而言,也是完全适用的。企业善于适应环境才能生存和发展,企业不能适应环境的变化必然会被淘汰。

(2)动态性。动态性是营销环境的基本特征,没有任何环境因素是静止或不变的。相反,它们是不断变化的,甚至是戏剧性的。第一,环境因素有其自身的内在变化和发展规律。第二,环境因素会相互影响和变化。第三,在不同的情况下,各种因素对企业活动的影响是不同的。例如,消费者的需求偏好和行为特征正在发生变化,宏观产业结构正在调整。企业必须密切关注市场营销环境的变化趋势,以便随时发现市场机会,监测可能的危机。

(3)复杂性。营销环境包括影响企业营销能力的所有宏观和微观因素。这些因素涉及许多方面和层次,并相互作用。它们既蕴含着机遇又蕴含着隐患,共同作用于企业的营销决策。

(4)不可控性。与企业内部管理功能,如人力、财力、物力的配置和使用相比,营销环境是一种企业无法控制的外部影响力量。例如,无论是直接营销环境下的消费者需求特征,还是间接营销环境下的人口规模,都不能由企业来决定。

2.1.2 市场营销环境内容

营销环境包括广泛的内容和复杂性。根据不同的标志,环境可分为微观环境和宏观环境、自然文化环境、直接和间接环境、可控因素和不可控因素等。我们采用菲利浦·科特勒的分类方法,根据影响范围的大小,营销环境可分为微观营销环境和宏观营销环境,即直接营销环境和间接营销环境。

1. 宏观营销环境

宏观营销环境,又称间接营销环境,是指与企业营销活动相关的一切环境因素,包括政治、经济、科技、社会文化、自然等因素。这些因素涉及的领域广泛,主要从宏观方面对企业营销活动产生影响。这些因素可以由若干次因素衍生而来,这些次因素相互制约、相互影响,形成非常复杂的因果关系。

2. 微观营销环境

微观营销环境,又称直接营销环境,是指与企业营销活动密切相关的环境因素,如供应商、营销中介、竞争对手、客户等因素。微观营销环境反映了宏观营销环境因素在某一领域的综合作用,直接影响着企业当前和未来的经营活动。

综上所述,企业的营销环境由三个层次组成:第一层次是企业自身,第二层次是企业的微观营销环境,第三层次是企业的宏观营销环境,如图2-1所示。

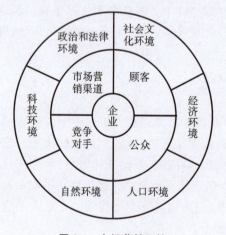

图2-1 市场营销环境

2.1.3 市场营销环境特征

营销环境是一个多因素、多层次的复合体,而每一个因素都在不断地变化和发展。企业要适应市场中复杂多变的环境,就必须掌握市场营销环境的特点。

1. 客观性

市场营销环境是强制性的、不可控制的,它不随企业营销者的意志而转移。也就是说,营销人员可以了解和利用营销环境,但无法摆脱营销环境,无法控制营销环境,特别是宏观营销环境。营销环境的客观性要求企业积极适应营销环境的变化和要求,制定并不断调整营销策略。

2. 差异性

营销环境的差异不仅表明不同的企业受到不同的环境的影响,而且同样的环境因素的变化对不同的企业也有不同的影响。例如,中国加入世界贸易组织意味着大多数中国企业可以进入国际市场,进行"国际竞争",这种经济环境的变化对不同行业的影响是不同的。企业应根据环境变化的趋势和行业特点采取相应的营销策略。

3. 可变性

营销环境是一个由许多因素组成的动态系统,每个因素都随着社会经济的发展而变化。营销环境的变化要求企业根据环境的变化,不断调整营销策略。

4. 相关性

营销环境不是由单一因素决定的,而是由一系列相关因素决定的。例如,价格不仅受到市场供求的影响,还受到科技进步和财税政策的影响。营销环境因素之间存在着不同程度的相互影响,有些是可以评估的,有些是难以估计和预测的。

由于营销环境具有以上特点,这些特点反过来又会影响营销活动,因此营销环境复杂多变、难以捉摸。因此,企业需要采取相应的对策。例如,企业可以组织一个智囊团,或者借助社会头脑公司,监测和分析营销环境的变化,提出应变策略,随时调整企业的营销策略,以适应环境的变化。企业需要经常加强与政府部门的关系,了解政府相关部门对宏观调控的措施和即将到来的改革,使企业在宏观环境中不感到突然的变化,并能有所准备。

知识链接

危机＝危险＋机会

美国前总统尼克松曾说过:"汉字用两个字符来书写危机(crisis)这个单词。'危'字代表着危险的意思;'机'字则代表着机会的意思。身处危机中,意识到危险的同时,不要忽略机会的存在。"

心理学家认为,"危险"是指对人构成威胁,让人产生畏惧、惊恐等不良情绪反应的人或事。用认知心理学的观点分析,"危险"的可怕不在于危险本身,而在于人们对危险的认知。例如,同样站在10米跳台上,训练有素的跳水运动员可以轻松地做出复杂动作后入水;而对于患有恐高症的人来说,光是走上10米跳台的过程都让他两腿发软。所以,面对危险,首先要提醒自己:危险,并没有想象的那样可怕。斯蒂芬·霍金身患肌肉萎缩已数十年,他失去语言能力也已很长时间了,只能通过一台特殊的电子设备才能与外界交流。他曾在一本书中写道,当他得知自己患病时,情绪十分沮丧。但当他认真进行深思之后,却变得很高兴,因为这正好使他专心于自己最具潜能的事业。许多物理学家都因为来自外部世界的影响使他们偏离了自己的学术研究。霍金说:"我不会有比这更好的命运机遇了,对此我心存感激。"

霍金能把它看作是一种机会。那么,我们如何从危险中抓住转瞬即逝的机会呢?用"两分法"看待危险,"逆向思维"寻找出路。任何事都不会是一味的"好事"或是"坏事",既然如此,再坏、再可怕的危险其本身就有值得我们细细推敲的"另一面",找出其潜在的"另一面"就是发现机会的转折点。

西方有句俗语:上帝为你关上一扇门,一定为你打开了一扇窗。不要认为只有"门"才是出路,还可以去找那扇你一直没有发现的"窗"。因为成长,所以我们面临一次次的危机;因为危机,我们一点点地成长。

资料来源:杨文展.危机＝危险＋机会[J].招商周刊,2005(50):59.

任务2.2 分析宏观营销环境

任务目标

【素质目标】
1. 具有沟通协作的团队意识。
2. 具有知识获取的自主学习能力。
3. 具有探索实践的创新能力。
4. 具有文化自信、诚信营销的意识。

【知识目标】
1. 能列举宏观环境对营销活动的影响。
2. 能举例说明微观环境对营销活动的影响。

【能力目标】
1. 具有选择研究方法的能力。
2. 具有市场环境分析能力。

案例导入

芯片断供启动,华为该何去何从

台积电正式宣布将在2020年9月14日对华为断供芯片,华为的麒麟芯片面临命运之战。美国的目标很明确,就是要通过芯片制造来打压华为在高端芯片方面的设计水平,避免华为设计水平超过美国。其实这不是美国针对华为芯片的突发性压制,去年美国的第一波制裁没有影响到华为麒麟芯片的代工厂台积电,今年5月的第二波制裁终于迫使台积电对华为"断供",这也意味着,华为自研的高端麒麟芯片将无法被制造,麒麟9000成为绝唱,而华为最新发布的Mate40系列手机,也将因此成为最后一款搭载麒麟芯片的高端手机。

9月15日,是美国对华为禁令生效的时间。

截至记者交稿,美国方面没有传出任何新的声音,这意味着禁令没有延期,也意味着从今天开始,台积电、高通、三星、SK海力士、美光等企业将不再向华为供应芯片和"含有美国技术的零部件"。

华为该何去何从?

华为怎么办?

不可否认,断供将对华为产生巨大的冲击。

在8月7日举行的中国信息化百人会2020年峰会上,华为消费者业务CEO余承东坦言:"今年第二季度,华为智能手机市场份额位于全球第一。如果不是美国制裁,去年华为的市场份额就应该做到遥遥领先的第一名。因为制裁,华为去年少发货了6000万台智能手机。"

余承东还表示,由于遭遇断供危机,华为的麒麟系列芯片在9月15日之后无法制造,即将上市的华为Mate40因此或将成为最后一代采用华为麒麟高端芯片的手机。

面临如此困境,华为怎么办?

9月14日下午,余承东发声了:Mate40会如期而至!

一方面,华为此前就积极囤货芯片,并减缓手机出货速度,先努力活下去。

5月,美国出台的管制措施给了120天的缓冲期,业界认为这是考虑到了芯片的生产周期包括后端封装测试等。华为也积极利用了这120天缓冲期拼命囤货。

各路消息显示,华为近日包下一架货运专机,赶在9月14日前将1.2亿颗芯片运回,以缓解即将面临的芯片危机。

同时,华为的手机经销商证实,现在华为手机拿货很难,除非同步搭配手表、手环、眼镜、平板、音响、耳机等产品,而且还有涨价趋势。

另一方面,鉴于华为的大客户地位,在商言商,芯片制造商也在积极向美国申请继续向华为供货。

公开报道显示,台积电、联发科、三星电子、SK海力士等企业均表示已向美国申请批准获得向华为继续供货的许可。

"华为自身也表示,将继续投资海思,完善其产业链上下游的打造,力争早日实现全产业链的研发和制造环节打通,为华为产品提供高端芯片。"李朕说。

钟新龙认为,华为要想突破断供困境,需从内外双循环的新时期格局下思考双重发力方向。

对内,要深耕并完善供应链内循环体系。

一是继续加大研发创新力度,确保传统业务稳步发展,如组建显示驱动芯片及部件产品领域团队,涵盖显示驱动FAE(现场应用工程师)、显示驱动产品管理、显示驱动芯片及部件开发等。

二是除手机、通信基站、电子产品等传统业务之外,积极寻求新产业、新业态的合作,进一步与智能网联汽车、物联网企业合作,探索5G背景下衍生的新产业技术服务提供商等市场角色。

三是加速完成供应链体系中国内供应链上下游企业的"去美化",对供应链上下游企业提供技术指导以及必要的帮扶措施,完成对华为供应链合作伙伴的互帮互助。同时,也能推动国内信息技术、电子信息制造业的研发创新和技术转型升级。

"对外,可通过合纵连横突破外循环封锁。基于全球供应链体系下与多位巨头企业的长期良好合作关系,华为可积极推动合作伙伴从侧面继续游说美国政府,寻求给予临时许可证、美国技术含量百分比适当提高、技术合作许可等新型合作关系。"钟新龙说。

华为还有别的出路吗?

在9月10日举行的华为开发者大会2020(Together)上,华为的分布式操作系统鸿蒙2.0正式亮相并开源,华为还表示年底将面向开发者发布鸿蒙系统的手机版本。

同时,华为公开的数据显示,华为的移动应用生态已经成为全球第三大移动应用生态,集成了超过9.6万个应用,应用商店全球活跃用户达4.9亿。

显然,加强生态建设正是华为努力的方向,以求缓解美国断供带来的负面效应。

钟新龙也认为,要全力推动华为生态的建设和完善,一方面加速鸿蒙系统和EMUI11的发布进程,强化操作系统在智能家居设备、物联网、手机、智能穿戴设备的"出拳"力度;另一方面,拓展以鸿蒙系统为主的华为生态圈建设,服务更多的海外用户,提升企业在全球的综合竞争力。

"我们相信华为早已模拟过相关情境,在不断寻求5G时代其他突破口的同时,也将打造更加完善的生态体系。"李朕说。

资料来源:经济日报——中国经济网。

人口环境、政治法律环境与经济环境

2.2.1 宏观营销环境

一般来说,宏观营销环境因素可以概括为四类,即政治与法律环境、经济环境、社会文化环境、科技环境,通常我们所说的PEST分析就是宏观环境分析。下面我们就逐一对它们进行分析。

1. 经济环境分析

经济环境主要指经济发展的速度、人均GDP、消费水平和趋势、财政状况、经济运行的稳定性和周期性波动等。与其他环境相比,经济环境对企业经营活动的影响更为广泛和直接。经济因素对企业营销的影响主要体现在以下几个方面。

1)收入与购买力

(1)国民生产总值。GDP是指一个国家一年创造的总值,是衡量一个国家经济实力和经济发展水平的重要指标。将GDP除以总人口得到人均国民收入,人均国民收入是影响和决定消费水平的重要指标。中国的国内生产总值已跻身世界前列,但是人均国内生产总值还处于较低水平。

(2)个人收入。简单地说,个人收入是消费者从各种来源获得的总收入。这是衡量一个国家或地区消费市场的规模(容量),反映了购买力水平的指标。有时由于通货膨胀、税收、社会福利等因素,个人收入应分为名义收入和实际收入。

(3)个人可支配收入。从个人收入中扣除税款和其他经常性转移支出后剩余的部分,这是能够用来进行消费或储蓄的个人收入,它构成实际的购买力。

(4)个人可以随意支配自己的收入。从个人可支配收入中扣除个人或家庭必需品,个人支出的剩余部分就是可支配收入。这部分收入是消费者需求变化中最活跃的因素,也是企业营销活动的主要对象。

2) 消费状况

(1) 恩格尔定律。恩格尔,德国统计学家,从1853年到1880年,他对比利时不同收入水平的工薪家庭进行了调查。1895年,他发表了《比利时工薪家庭的日常支出:过去与现在》一文,发现了收入变化与支出变化在各方面的比例关系规律。恩格尔定律后来被恩格尔的追随者修正为:随着家庭收入的增加,用于食品的收入比例(恩格尔系数)下降。随着家庭收入的增加,用于住宅建设和家务劳动的支出在家庭收入中所占的份额大致保持不变(燃料、制冷等在收入中所占的份额有所下降)。随着家庭收入的增加,在其他方面的支出和储蓄(如服装、交通、娱乐、医疗保健、教育等)将作为家庭收入的一部分上升。在恩格尔定律中,恩格尔系数的减小表明生活丰富、生活质量高;相反,恩格尔系数越高,生活质量越低。

(2) 家庭生命周期。家庭生命周期按年龄、婚姻、子女等状况,可划分为七个阶段。

未婚期,年轻的单身者。

新婚期,年轻夫妻,没有孩子。

满巢期一,年轻夫妻,有6岁以下的幼童。

满巢期二,年轻夫妻,有6岁和6岁以上的儿童。

满巢期三,年纪较大的夫妻,有已能自立的子女。

空巢期,身边没有孩子的老年夫妻。

孤独期,单身老人独居。

显然,家庭的生命周期在不同阶段,其支出模式有很大的不同。

(3) 家庭所在地点。居住在乡村和居住在城市,甚至居住在城市中的不同地段,在住宅、交通和食品等方面的支出情况也都会有所不同。

3) 储蓄与信贷状况

(1) 储蓄 是指消费者可支配的收入,其中一部分以银行存款、债券、股票等形式储存起来以备将来使用。当收入不变时,储蓄增加,实际购买力下降,潜在购买力增加;储蓄下降,实际购买力上升。可见,储蓄直接制约着市场清仓费的规模。中国的人均收入水平不高,但储蓄率相当高。虽然储蓄的目的不同,但储蓄的最终目的主要是为了清账,它只是推迟了实际的消费支出。

(2) 信贷 是指金融机构或商业机构向有一定支付能力的消费者融通资金的行为,从消费者的角度称为信用消费,如分期付款、信用卡等。信用消费使消费者能够购买比他们实际购买力更多的商品,创造了更多的清算费用需求。

2. 政治与法律环境分析

政治与法律力量的变化对企业的经营行为和利益会产生显著的影响。这里所说的政治与法律环境主要是指与市场营销有关的各种法律法规,以及相关政府管理机构和社会团体的活动。一个国家或地区的政治和社会稳定是大多数企业顺利开展营销活动的基本前提,而内战、频繁的罢工或与外界的武装冲突往往使企业陷入萧条和破产。

(1) 总体而言,中国企业面临着稳定的政治环境,机遇与挑战并存。中国既面临着赶上新科技革命、实现生产力跨越式发展的历史机遇,也面临着空前激烈的国际竞争。

(2) 中国企业所面临的法律环境不断改善。近年来,一些与营销相关的法律法规已经被修订,如《中华人民共和国产品质量法》《企业法》《合同法》《商标法》《专利法》《广告法》《食品卫生法》《环境保护法》《反不正当竞争法》《消费者权益保护法》等。企业营销管理者必须熟悉相关法律规定,确保企业经营的合法性,使用法律武器保护企业和消费者的合法权益。

（3）社会组织在我国的发展和壮大。社会团体是为了影响立法、政策和舆论而建立的各种公共组织，以维护某些社会成员的利益。影响企业营销决策的社会团体主要是保护消费者利益和环境的公共组织。越来越多的消费者维权运动，不仅给那些违反法律和道德标准、损害消费者利益的企业带来了巨大的压力，也保护了优秀企业的经营活动。目前，我国的消费者协会发挥着越来越重要的作用，企业在制定营销策略时必须认真考虑这一趋势。

> **知识链接**
>
> **《中华人民共和国电子商务法》**
>
> 随着电子商务在中国的兴起，电子商务的相关法律也随之完善。《中华人民共和国电子商务法》是政府调整、企业和个人以数据电文为交易手段，通过信息网络所产生的，因交易形式所引起的各种商事交易关系，以及与这种商事交易关系密切相关的社会关系、政府管理关系的法律规范的总称。
>
> 2013年12月27号，中国全国人大常委会正式启动了《中华人民共和国电子商务法》的立法进程。
>
> 2018年8月31日，十三届全国人大常委会第五次会议表决通过《中华人民共和国电子商务法》，自2019年1月1日起施行。
>
> 资料来源：https://baike.so.com/doc/24057385-24640666.html。

社会文化与科技自然环境

3. 社会文化环境分析

社会文化环境是指一个国家、地区或民族的传统文化，通常由价值观、信仰、风俗习惯、行为方式、社会群体和相互关系等组成。生活在不同的文化背景下，人们会形成不同的观念和信仰，有不同的行为规范。一个社会的核心文化具有高度的连续性，并在几代人的时间里不断丰富和发展，影响和制约着人们的行为。在产品和商标设计、广告和服务形式等方面，企业营销人员应充分考虑当地的传统文化，充分理解和尊重传统文化，在创新时不与核心文化和价值观冲突，否则会造成不必要的损失。

除了核心文化，社会中还存在着亚文化。移民、外侨和特殊阶层由于生活经历的不同，表现出不同的信仰和价值观，从而产生了不同的消费需求和行为。例如，根据中国的传统，婚礼当天穿红色的衣服是为了表示好运，但根据西方的传统，婚礼当天穿白色的衣服是为了表示纯洁。如今，我国沿海城市的许多人受到西方文化的影响，他们的风俗习惯也发生了变化。健康的部分应该得到支持，而腐败和有害的内容必须坚决抵制。即使在相同的传统文化中，不同教育水平、不同职业和不同年龄的人仍然有许多不同的思想和习惯。随着现代社会的快速发展，人们的观念也在不断地变化。不同时代的人在观念和生活方式上往往有很大的差距，这在西方被称为"代沟"。这些也是企业必须做的具体研究。特别是去其他地方或国外开拓新市场时，必须仔细调查当地的文化环境，避免违反禁忌。例如，1984年，中国向一个阿拉伯国家出口塑料鞋底，当地政府派出大批军警查封和销毁，因为鞋底的图案与当地文字中的"真主"一词相似。

国际营销决策必须了解并考虑国家之间的文化差异。营销决策也关注对亚文化及其群体的研究，如图腾文化和营销禁忌。

4. 科技环境分析

科学技术是社会生产力中最活跃的因素。技术进步可以改变人类的生活,促进世界经济快速发展,也决定着企业的生存和发展。技术对企业的影响是多方面的,主要表现在以下几个方面。

(1)科学技术的发展促进了社会经济结构的调整。

新技术革命是一种创造性的破坏性力量。作为生产力发展的强大动力,它不仅可以摧毁旧的产品和方法,甚至摧毁旧的产业,还可以创造一个全新的产业,导致社会经济结构的分化和重组。科学技术的发展必然会导致消费者结构和市场需求结构的变化,影响人们结算费用的习惯,最终改变人们的消费模式和生活方式,如随时随地在家购物。

(2)科技的发展影响着企业营销组合策略的创新。

科学技术的发展加速了产品的升级换代,即产品的生命周期缩短;科学技术的发展降低了生产成本,使产品价格下降;科学技术的发展促进流通模式的现代化;科学技术的发展促进了广告媒介的多样化和信息的快速传播。

(3)科学技术的发展促进了企业营销管理的现代化。

科学技术的发展对企业改进管理提出了新的要求,也提供了新的条件和设备。现在计算机技术和网络技术已经深入各行各业和人们的日常生活中,企业将采用这些技术成果,从而提高整个业务活动的能力和效率。与此同时,科学技术的发展对企业营销人员提出了更高的要求,促使他们更新观念,提高营销水平。

任务 2.3　分析微观营销环境

任务目标

【素质目标】

1. 具有创新思维、服务意识。
2. 具有爱国情怀、文化自信。
3. 具有诚信经营、公平竞争、奉献社会的精神。
4. 具有大国工匠精神、责任意识。

【知识目标】

1. 能举例说明微观环境对营销活动的影响。
2. 能掌握微观环境的分析方法。

【能力目标】

1. 具有选择研究方法的能力。
2. 具有团队合作的能力。

案例导入

志同则道合,国美与格力携手向前

2019年12月27日至29日,国美跨年派对活动迎来格力品牌的大咖日。届时,格力品牌单品直降,并推出购指定柜机享第二件5折、旧家电当钱花、以旧换新、购指定单品返券等多重优惠活动。这是继"双十一"后,国美与格力再度强强联合,为用户带来的一场年终钜惠盛宴。

2019年"双十一",格力宣布让利30亿,国美多款格力精品空调价格直降数百元,促销机型最大降幅超40%。据国美官方数据显示,"双十一"当天下午两点,格力空调销量同比提升366%,订单量同比提升350%。从"双十一"格力的数据表现来看,格力依托国美来补充渠道优势,而国美亦在格力的鼎力支持下,日渐成为厂商与消费者之间不可切割的纽带。

可见,妥善处理与供应商的关系有利于营造更好的营销环境。

资料来源:https://baijiahao.baidu.com/s?id=1653903769254992821&wfr=spider&for=pc&searchword=%E4%BE%9B%E5%BA%94%E5%95%86%E6%A0%BC%E5%8A%9B%E5%92%8C%E5%9B%BD%E7%BE%8E?

企业,供应商,营销中介,顾客

1. 微观环境的含义

企业的微观环境是指对企业的生产经营活动有直接影响的要素,这些要素构成企业的微观环境,包括企业内部环境、供应商、营销中介、客户、竞争对手和公众等,它们与企业形成一种合作、服务、竞争、监督的关系,直接制约着企业为目标市场服务的能力。

2. 市场营销渠道

1)企业

在设计营销计划时,营销经理需要考虑公司内部的其他团队,如高级管理人员(董事会、总裁等)、财务、研发、采购、制造和会计。市场部在制订和实施营销计划时,必须充分考虑其他部门的意见,处理好与其他部门的关系。

高级管理人员是企业的最高领导核心,负责制定企业的任务、目标、战略和政策。营销经理只能在高级经理规定的范围内做出各种决策,并得到上级的批准后才能实施。营销经理必须与其他职能部门产生各种联系。例如,在营销计划的实施中如何有效使用资金,资金在生产和销售之间的合理分配,可能实现资金回收率、销售预测和营销计划的风险程度等,都与财务管理有关;新产品的设计和生产方法是研发部门关注的重点;采购部门负责生产所需原材料的充足供应;生产部门负责完成生产指标;会计部门通过计算收入和费用,帮助市场营销部了解其计划目标的实现程度。所有这些部门都与市场营销部的计划和活动密切相关。例如,市场部的产品经理在向他的一位高级领导介绍他的营销计划之前,会与财务和制造部门进行协商,因为如果这两个部门不支持资金和生产能力的使用,营销计划将会失败。此外,营销部与其他部门经常发生矛盾,应妥善处理。

2)供应商

供给者,是指为企业及其竞争对手提供生产经营所需资源的企业或者个人,资源包括原材料、设备、能源、劳动力和其他物资。由于供应状况对营销活动有重大影响,供应商的选择就显得尤为重要。

供应商的环境因素对企业营销有很大影响,主要包括:

(1)供应的及时性和稳定性。交货期直接制约着生产进度、销量和利润,特别是在资源供应紧张的情况下,供应商起着决定性的作用。

(2)供给价格。直接控制产品的成本和利润,特别是主要原材料和零部件的价格水平和变化趋势。

(3)提供质量保证和售前、售后服务。直接限制产品质量、销售和利润。

公司应该意识到供应商信用将在许多方面对生产商的营销业务产生重大影响。如果供应商提高原材料价格,制造商将被迫提高其产品价格,这可能会影响其产品的销售。例如,如果供应商供应不足,企业的工作量就会减少,产品的购销合同无法履行,企业在客户中的声誉就会受到损害。

3)营销中介

企业在营销过程中需要借助各种社会中介机构的力量,帮助企业分配、销售、推广企业的产品。这些中介机构包括中间商、物流配送机构、营销服务机构、金融机构等。

(1)中间商 是商品从生产商流向消费者的中间环节或渠道,包括商人中间商和代理中间商。前者是转售商,有批发商和零售商;后者有代理商和经纪商,是替生产企业寻找买主、推销产品的中间商。

(2)物流或配送机构 是协助厂商储存并把商品运送至目的地的物流中心或配送中心或配送公司,基本作业有包装、运输、仓储、装卸搬运、库存控制和订单处理等,目的是实现商品的空间价值和时间价值。

(3)营销服务机构 这类机构包括营销研究公司、广告代理商、传播媒介公司、金融机构等,他们帮助企业推出和促销其产品。如果企业决定接受这类机构的服务,则必须认真选择,因为每个机构的服务质量、价格等方面的差别较大。金融中间机构帮助企业进行金融交易,降低商品买卖中的风险,如银行、保险公司、咨询公司等。

4)顾客(顾客行为和过程)

客户是指企业最终向其提供产品和服务的目标市场。每个企业都为目标市场上的客户提供产品和服务,客户需求是企业制定营销策略的出发点和归宿。

企业需要仔细了解其客户市场。营销通常根据不同的顾客和他们的购买目的来划分市场,这样我们就可以详细深入地了解不同市场的特点,更好地贯彻以顾客为中心的管理思想。一般有五种市场:消费者市场、生产者市场、中间商市场、政府市场和国际市场。

5)竞争者

企业在经营过程中会面对许多竞争者。企业要想成功,就必须充分了解自己的竞争者,努力做到较其竞争者更好地满足市场的需要。从购买者的角度来观察,每个企业在其营销活动中,都面临四种类型的竞争者:

(1)愿望竞争者 是提供不同产品以满足不同需求的竞争者,如家电、家具、计算机等其他日常用品的生产企业是服装生产企业的愿望竞争者。

(2)一般竞争者 是能满足同一需要的各种产品的竞争者,如满足交通工具的需要可买汽车、两轮摩托车、三轮摩托车等,它们之间是平行的竞争者。

(3)产品形式竞争者 是生产同类产品但产品的规格、型号、款式都不同的竞争者,如生产不同款式、质地、档次、规格、型号空调的不同企业就互为产品形式竞争者。

(4)品牌竞争者　是满足同一需要的同种形式产品的各种品牌之间的竞争者,如汽车有"奔驰""丰田""福特"等牌子,这种品牌之间的竞争,即同行业者之间的竞争是要着重研究的。

每个企业都应当充分了解:目标市场上谁是自己的竞争者;竞争者的策略是什么;自己同竞争者的力量对比如何,以及他们在市场上的竞争地位和相应类型;等等。在竞争中取胜的关键在于知己知彼,扬长避短,发挥优势。

知识链接

竞争者对营销的影响

假如可口可乐的工厂被一把大火烧掉,第二天全世界各大媒体的头版头条一定是银行争相给可口可乐贷款。这是可口可乐人最津津乐道的一句话。可口可乐靠多年来的历史沉淀形成了强大的第一品牌形象,在很长一段时间内牢牢地占据着碳酸饮料市场的大部分份额。百事可乐可谓生不逢时,一直处在竞争对手可口可乐的强势打压下。直到20世纪80年代,百事可乐发现了竞争对手的弱点:可口可乐历史悠久,长盛不衰,同时也就不可避免地有品牌老化的势头。百事可乐塑造自己新时代第一的品牌形象:"百事,新一代的选择""可口可乐是你爸爸喝的可乐",立刻赢得了大批年轻人的青睐,百事可乐与可口可乐划江而治,成为全球碳酸饮料第二大巨头。竞争对手太强大,不妨从侧面进攻,另立一个"山头",与竞争对手共同站上"巅峰"。

资料来源:https://www.doc88.com/p-5196829823306.html。

竞争者与公众

6)公众

公司的市场营销环境还包括各种公众。公众(public)是对组织实现其目标的能力有实际或潜在利益关系或影响的任何群体,我们可以确定七种类型的公众。

(1)金融公众　是指关心并可能影响企业获得资金能力的团体,如银行、投资公司、证券交易所和保险公司等。

(2)媒体公众　主要是指报社、杂志社、广播电台和电视台等大众传播媒体,这些组织对企业的声誉具有举足轻重的作用。

(3)政府公众　管理层必须考虑政府的要求。营销人员必须经常咨询律师,以了解有关产品安全、广告真实性等政府法规。

(4)质量组织　是指消费者、环保团体和其他团体,如玩具公司,可能会受到担心孩子安全的父母的挑战。20世纪60年代以来,世界范围内日益流行的消费者保护运动是一股不可忽视的力量。

(5)当地的公众　包括公司营业地点附近的居民和社区组织。大公司经常任命社区关系官员处理社区事务、参加会议、回答问题,并参与有意义的社区活动。例如,雅芳基金会(Avon Foundation)长期开展的"为乳腺癌行走"(Walk for Breast Cancer)活动就证明了社区的重要性。

(6)普通公众　是指社会上的普通大众。企业需要了解公众对其产品和活动的态度。企业形象,即公众心目中的形象,对企业的经营和发展具有重要意义,要努力在公众心目中树立良好的企业形象。

(7)内部公众 是指企业内部公众,包括董事会、经理、"白领"员工、"蓝领"员工等。近年来,许多企业提出了"内部营销"的新概念,即营销理论在企业中的应用。内部营销的概念强调企业的每一名员工都有自己的内部供应商和内部客户,每一名员工都应该通过自己的努力与内部供应商建立良好的关系,协调他们的运作。同时,企业应努力满足内部客户的需求,实现企业的战略目标。大型企业通常会通过发布内部信息来沟通和激励员工,从而加强内部沟通,提高工作效率。企业内部公众的态度也会影响企业与外部公众的关系。公司可以为客户市场制订市场营销计划,如果公司想得到公众特定类型的反馈,如商誉、人力和资本的良好的声誉或捐赠,该公司必须为这类公众设计有足够吸引力的营销计划,由此产生预期的反应。

任务 2.4　市场营销环境 SWOT 分析

任务目标

【素质目标】
1. 具有沟通协作的团队意识。
2. 具有知识获取的自主学习能力。
3. 具有探索实践的创新能力。
4. 培养学生的爱国情怀和文化自信。

【知识目标】
能列出 SWOT 对营销活动的影响。

【能力目标】
1. 能够使用 SWOT 分析对营销环境进行分析。
2. 能够具有市场环境分析能力。

1. SWOT 分析概述

营销环境的不断发展和变化给企业的管理带来了很大的不确定性,企业只有积极应对环境的变化才能生存和发展。因此,环境分析已成为企业制定经营战略和营销战略的前提。

市场环境分析的常用方法是 SWOT 分析法。它由 Ansoff 于 1956 年提出,经过多年的发展,已成为企业营销策略分析中经常使用的实用方法。该方法综合分析一个企业的内部和外部环境的四个方面的因素,即优势、劣势、机会和威胁,如表 2-1 所示,有利于企业和价值发展的因素要利用,不利于企业的因素需要避免。为了清晰把握大局,发现存在的问题,找到解决方案,必须抓住环境提供的机会,防范可能出现的风险,集中资源于自身优势,获得更多的机会,最终取得成功。

SWOT分析

表 2-1　SWOT 分析

SWOT 分析四因素	
优势 strength	机会 opportunity
劣势 weakness	威胁 threat

2. 外部环境分析（机会与威胁分析）

外部环境因素包括机会因素和威胁因素，是直接影响企业发展的有利因素和不利因素，属于客观因素。在调查和分析这些因素时，不仅要考虑历史和现状，还要考虑未来发展的问题。机会与威胁分析主要研究外部环境的变化及其对企业可能产生的影响。

机会的本质是市场中存在一种"未被满足的需求"，它可能来自宏观环境，也可能来自微观环境。随着消费者需求的变化和产品生命周期的缩短，旧产品不断被淘汰，需要开发新产品来满足消费者的需求，市场上出现了很多新的机会。

环境机会不等于利好所有的企业。同样的环境机会对一些企业可能是有利的，但对另一些企业可能是威胁。一个环境机会能否成为企业的机会，取决于它是否符合企业的目标、资源和任务，以及企业利用环境机会是否能比竞争者带来更多的利益。

环境威胁是指不利于或制约企业营销活动发展的因素。这种环境威胁主要来自两个方面：一方面，环境因素直接威胁企业的营销活动；另一方面，企业的目标、任务和资源与环境机会发生冲突。例如，人们对自行车的需求转化为对摩托车的需求，自行车工厂的目标和资源与市场机会发生冲突。要将"市场机会"转变为"企业机会"，自行车工厂需要放弃原有的产品，更换所有的设备，学习新的生产技术，这无疑是对自行车工厂的一个威胁。随着摩托车需求的增加，自行车的销量不可避免地下降，这给自行车工厂增加了另一个威胁。

3. 内部环境分析（优势与劣势分析）

内部环境因素包括有利因素和不利因素，是企业发展过程中存在的积极因素和消极因素。在调查和分析这些因素时，不仅要考虑历史和现状，还要考虑未来发展的问题。优势和劣势分析主要集中在企业自身的优势和与竞争者的比较上。

竞争优势是指企业超越竞争者的能力，或者是使企业更具竞争力的特定因素。当两个企业处于同一市场或有能力向同一客户群体提供产品和服务时，如果一个企业具有较高的利润率或盈利潜力，那么我们认为该企业比另一个企业具有更大的竞争优势，包括有利的竞争形势、有形资产优势、良好的企业形象、竞争能力优势、产品质量优势、成本优势、人力资源优势等。

竞争劣势是指公司缺乏或做得不好的东西，或使公司处于不利地位的东西，具体包括企业管理混乱、缺乏竞争技能和技术、资金短缺、设备老化、产品积压、竞争力丧失等。

每个企业都应该定期检查和分析自己的优势和劣势，判断企业是局限于自己已经拥有的优势机会，还是追求一些优势来寻找更好的市场机会。

4. 优势、劣势、机会和威胁的组合战略

通过以上分析，将各因素按照优先级或影响程度排列，构建 SWOT 矩阵，如表 2-2 所示。在排序过程中，应优先考虑那些直接、重大、大规模、迫切需要解决的因素，而将那些间接、次要、少数、不迫切的因素暂时排在后面。

表 2-2 SWOT 矩阵

内部能力 外部环境	优势(strengths) 了解公司的优点	劣势(weaknesses) 了解公司的缺点
机会(opportunities) 掌握外部环境的机会因素	SO 利用优点的外部环境机会的应用战略方案	WO 存有缺点的外部环境机会的应用战略方案
威胁(threats) 掌握外部环境的风险因素	ST 利用优点的外部环境风险的对应战略方案	WT 存有缺点的外部环境风险的对应战略方案

1)SO 战略(优势＋机会)

企业内部有竞争优势,外部环境有良好的市场机会,企业要依靠内部优势,及时利用外部机会,充分结合,发挥机会和优势,促进企业的发展。所以 SO 也称为增长战略。然而,机遇往往转瞬即逝,企业必须敏锐地抓住机遇,寻求更大的发展。

2)ST 战略(优势＋威胁)

利用内部优势,避免外部威胁。当环境状况对公司的优势构成威胁时,优势不能充分发挥,出现优势弱的脆弱局面。在这种情况下,企业必须克服这种威胁才能发挥自己的优势。

3)WO 战略(劣势＋机会)

外部环境有良好的市场机会,但企业在竞争中处于不利地位。此时,企业应利用外部的机会来弥补内部的劣势,促进从内部劣势向优势的转变,从而适应外部的机会。所以 WO 也称为周转战略。当环境提供的机会与企业内部资源优势不匹配,或不能相互重叠时,企业的优势就无法发挥。在这种情况下,企业需要提供和增加一些资源,促进内部资源劣势向优势转化,以迎合或适应环境。

4)WT 战略(劣势＋威胁)

WT 也称为防御策略。当企业内部劣势与外部环境威胁相结合时,企业面临着严峻的挑战。如果处理不当,可能直接导致企业死亡。此时,企业一方面要注重减少内部劣势,另一方面要注意避免外部环境的威胁,才能克服企业的困难。

在完成对环境因素的分析和 SWOT 矩阵的构建之后,对 SO、ST、WO 和 WT 进行筛选和选择,以确定在现有的内外部环境条件下,企业如何更好地利用自身的资源,如何建立未来的资源,并确定企业应采取的战略,制订一个具体的行动计划。把握规划的基本思路:考虑历史、立足现状、着眼未来、扬长避短、利用机会、化解威胁。

小 结

市场营销环境是指影响企业生存与发展的各种外部条件。市场营销环境包括微观营销环境和宏观营销环境。对市场营销环境进行分析,可以把握营销机会,规避环境威胁。市场营销微观环境主要包括企业本身、供应商、市场营销中介、竞争对手、顾客和公众等,它们与企业形成协作、竞争、服务和监督的关系。市场营销宏观环境主要包括经济、政治法律、科学技术、社会文化几个方面,企业不能控制这些因素,但可以积极地去适应并利用这些因素。

SWOT分析法分析四方面因素,即优势、劣势、机会、威胁。综合分析,从中找出对企业有利的因素并及时利用,避开不利因素。

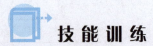

技能训练

1.我们都有创业的激情和梦想,就以一个创业梦想分析其所处的经营环境,以及应采取的相关策略。

2.随着时代的发展和科技的飞速进步,各种高科技产品不断出现,伴随手机普及率的迅速提高,手机几乎成了每个国民手中的标配,手机的更新换代速度也越来越快。在运营商移动、联通、电信三大巨头的带领下,我国的电信业务逐步趋近于成熟和完善,同时手机市场竞争呈现一个非比寻常的激烈竞争状态,在设备方,华为、中兴等诸多企业也逐步走向世界。根据国际数据公司公布的2019年第一季度的手机销量排行榜中,华为排名第二名,与去年同期相比,华为手机销量涨幅50%,国产手机在全球手机市场占有率大幅提高,数据显示华为第一季度销售5910万台,同比增长50.3%。华为手机的品牌基础好,市场潜力大。在市场大环境下,一个有远见的智能手机企业在注重产品质量的同时会更加注重市场营销。华为手机该如何吸引更多的客户,在"互联网+"时代如何维持第一的市场份额?

请你为华为做一份环境分析。宏观环境分析包括政治环境、经济环境、技术环境、法律环境等分析,微观环境分析包括消费者特征、供货商经营能力、竞争者实力等以及SWOT分析。

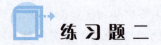

练习题二

单项选择题

1.在营销环境系统中,企业可控制的变量是指(　　)。
A.顾客　　　B.4PS　　　C.营销中介　　　D.公众

2.以下不属于企业的宏观环境的是(　　)。
A.人口　　　B.经济　　　C.竞争　　　D.法律

3.政府在市场营销环境中属于(　　)。
A.宏观环境力量　　　　　　B.微观环境力量
C.中观环境力量　　　　　　D.环境监测力量

4.人口是影响企业营销的重要宏观环境力量,市场营销学认为(　　)。
A.人口越多,市场的规模越大　　　B.人口越少,市场的规模越大
C.人口越多,市场购买力越强　　　D.人口越少,市场的规模越小

5.从营销的角度看,经济环境的主要力量是(　　)。
A.产业结构　　B.社会购买力　　C.产业政策　　D.经济法规

项目三　分析市场营销战略

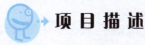 项目描述

企业参与市场竞争,不仅要了解谁是自己的顾客,而且还要弄清谁是自己的竞争者。从表面上看,识别竞争者是一项非常简单的工作,但是,由于需求的复杂性、层次性、易变性,技术的快速发展和演进、产业的发展使得市场竞争中的企业面临复杂的竞争形势,一个企业可能会被新出现的竞争对手打败,或者由于新技术的出现和需求的变化而被淘汰。企业必须密切关注竞争环境的变化,了解自己的竞争地位及彼此的优劣势,只有知己知彼,方能百战不殆。

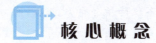 核心概念

竞争者　企业竞争战略

 任务3.1　识别竞争者

 任务目标

【素质目标】
1. 具有沟通协作的团队意识。
2. 具有知识获取的自主学习能力。
3. 具有探索实践的创新能力。
4. 树立知彼知己、百战不殆的精神。

【知识目标】
1. 了解市场竞争的含义。
2. 了解市场领导者、市场挑战者、市场追随者、市场补缺者战略的特点。

3. 了解市场基本竞争策略。

【能力目标】

1. 具有一定市场概念分析能力。
2. 具有一定的精准的市场竞争对手辨别能力。

案例导入

成本领先战略的典范——美国西南航空公司

美国西南航空公司是实施成本领先战略较为成功的典范。美国西南航空公司进入美国民用航空市场的"撒手锏"是"极低"的票价：它销售的任何机票的价格没有超过 100 美元的。为了构成一个低成本运作的运营模式，美国西南航空公司主要采取了以下配套措施：

(1) 提高飞机的使用率。美国西南航空公司只拥有一种机型——波音 737，这样做不仅简化了管理，更重要的是简化了维修保养的成本。

(2) 美国西南航空公司只提供在中等城市之间的点对点的航线，并且与其他航空公司形成联运服务。这不仅降低了管理成本，同时也保证了快速离港和飞机上限量供应等低成本运作方式具有可行性。同时，美国西南航空公司的飞机只选择中等城市和二流机场降落，有效降低了运营成本。

(3) 保持地勤人员少而精。美国西南航空公司一般只有 4 个地勤人员提供所有的地勤服务，人手不够时，驾驶员也会帮助做地勤工作。

(4) 可靠的离港率。从顾客检票到飞机起飞的离港时间，一般航空公司最少需要 45 分钟，而美国西南航空公司居然能够做到平均 15 分钟。

(5) 限量提供飞机上的供应（如食品、饮料等）。

正是这一套完整的运营体系才使得美国西南航空公司的低价竞争战略得以顺利实现。

想一想：美国西南航空公司是如何实施成本领先战略的？

资料来源：美国西南航空公司：全球第一家低成本航空公司__财经头条（sina.com.cn）。

3.1.1 识别竞争者

市场竞争分析是企业在市场竞争中为保持实力和发展其地位而进行的、基于长期考虑和具有长远意义的总体性营销谋略。

1. 竞争者定义

竞争者是指那些生产经营与本企业提供的产品相似或可以互相替代的产品、以同一类顾客为目标市场的其他企业。例如，果农的市场竞争者包括其他果农、果汁行业、饮料行业、果脯行业等。

2. 分类

品牌竞争者：生产价格相近的同种产品的企业。
行业竞争者：生产同种或同类产品的企业。
形式竞争者：提供相同产品或服务的企业。
一般竞争者：服务相同顾客的企业。

例如，可口可乐与百事可乐，可口可乐与其他饮料生产企业，可口可乐与饮料的生产与销售者，可口可乐与其他饮料的生产、销售、运输等的参与者。

3.1.2 分析竞争者的步骤

1. 确定竞争者

企业的竞争者一般是指那些与本企业生产相似的产品和服务，并具有相类似的目标顾客和相似的产品价格的企业。

例如，可口可乐公司与百事可乐公司，通用汽车公司与福特汽车公司。

分析角度：

行业：根据本行业的竞争模式确定竞争者的范围。

市场：企业的竞争者是为与本企业相似的顾客群服务的企业。

例如，分析可口可乐的主要竞争者，从行业方面分析是百事可乐；而从市场方面看，顾客需求的是软饮料，因此，可口可乐的竞争者也可以是果汁、矿泉水等饮料生产企业。

2. 收集竞争者资料

这些资料包括竞争对手的目标、策略和执行能力，具体来讲，就是销量、市场份额、毛利、投资报酬率、现金流量、新投资、设备利用能力等。

3. 分析竞争者的情况（竞争者分析框架）

1）判定竞争者的目标

单一目标：利润最大化综合目标，涉及盈利水平、市场份额、现金流量、技术服务先进性等。

2）判定竞争者的战略

区分战略群体有助于回答以下三个问题：不同战略群体的进入与流动障碍不同、同一战略群体内的竞争最为激烈、不同战略群体之间存在现实或潜在的竞争。

3）竞争对手分析

竞争对手分析如表3-1所示。

表3-1 竞争对手分析

产品	产品系列；产品线的宽度和深度等；产品在用户心中的地位
代理商或分销渠道	渠道覆盖面及质量；渠道关系网的实力；为销售渠道服务的能力

续表

营销与销售	营销组合各方面要素的水平；市场调查与新产品开发的能力；销售队伍的培训及其技能
生产运作	生产的成本；设施与设备的先进性；专有技术和专利的优势；生产能力的扩张、质量控制、设备安装等方面的技能；劳动力与运输的成本状况；原材料的来源和成本等
研究与工程能力	专利与版权情况；企业内部的研究与开发能力；研究与开发人员在创造性、简化能力、素质、可靠性方面的能力等
财务能力	现金流量；短期和长期的贷款能力；获取新增权益的资本的能力；财务的管理能力等
综合管理能力	企业领导的素质与激励能力；协调具体问题的能力等

4）评估竞争者的反应模式

竞争者的反应模式包括迟钝型、选择型、强烈型、随机型。

3.1.3　企业竞争战略策划

竞争市场细分如表 3-2 所示。

表 3-2　竞争市场细分

	市场领导者	市场挑战者	市场追随者	市场补缺者
市场份额	40％以上	20％～40％	10％～20％	10％以下

市场领导者的竞争战略分析如下。

1. 市场领导者特征

（1）在相关市场产品份额中占有最大的市场占有率。

（2）在市场价格波动、新产品开发、市场分销覆盖和促销力度等方面处于领导地位，如信息行业的 IBM 公司、汽车行业的通用汽车公司、摄影行业的柯达公司、软饮料行业的可口可乐公司、快餐行业的麦当劳等。

2. 营销策略

1）扩大市场规模途径

（1）开拓新顾客。一个制造商可以从三个方面找到新的用户，即市场渗透战略、市场开发战略、地理扩展战略。例如，香水企业可设法说服不用香水的妇女使用香水（市场渗透战略），说服男士使用香水（市场开发战略），向其他国家推销香水（地理扩展战略）。

（2）开辟新用途。许多事例表明，新用途的发现往往归功于顾客。凡士林最初问世时是用作机器润滑油，之后，一些使用者发现凡士林可用作润肤脂、药膏和发胶等。

你发现了身边东西的什么新用途？

（3）扩大使用量。例如，德国的一家轮胎公司宣传德国南部的旅馆服务如何优良，引导德国人开车到南部去度周末,增加了轮胎的消耗量。提高购买频率也是扩大消费量的一种常用办法,如时装制造商每年每季都不断推出新的流行款式,消费者就不断购买新装,流行款式的变化越快,消费者购买新装的频率也越高。

2)提高市场份额

法国的一项称为"企业经营战略对利润的影响"的研究表明,市场占有率是影响投资收益率最重要的变数之一。市场占有率越高,投资收益率也越大;市场占有率高于50%的企业,其平均投资收益率相当于市场占有率低于10%者的3倍。

例如,日本松下电器公司要求它的产品在各自市场上都要占据第一位或第二位,否则就要撤退。该公司就曾将计算机和空调机两项业务的投资撤回,因为它们在其中无法取得独占鳌头的地位。

例如,咖啡市场份额的一个百分点就值4800万美元,而软饮料市场的一个百分点就值12亿美元。

注意:有效经济成本、垄断风险、营销组合合理性。

3)保有市场份额

防御策略主要有阵地防御策略、侧翼防御策略、先发制人策略、反击防御策略、运动防御策略、收缩防御策略等。

(1)阵地防御策略:指在现有阵地周围建立牢固防线,这是一种静态的消极防御,是防御的基本形式。

例如,福特公司为其T型车的"近视症"付出了沉重的代价,使得年赢利10亿美元的福特公司从顶峰跌到濒临破产的边缘。

可口可乐公司虽然已经发展到年产量占全球饮料市场半数左右的规模,但仍然积极从事多元化经营,如打入酒类市场,兼并水果饮料公司,从事塑料和海水淡化设备等工业。

(2)侧翼防御策略:指市场领导者除保卫自己的阵地外,还应建立某些辅助性的基地作为防御阵地,必要时作为反攻对手的基地。特别要注意保卫自己较弱的侧翼,防止对手乘虚而入。

例如,20世纪七八十年代美国的汽车公司就是因为没有注意侧翼防御,遭到日本小型汽车的进攻,失去了大量的市场。

(3)先发制人策略。

具体做法:当竞争者的市场占有率达到某一危险的高度时,就对它发动攻击;或者是对市场上的所有竞争者全面攻击,使得对手人人自危。

(4)反击防御策略。

市场领导者可选择迎击对方的正面进攻、迂回攻击对方的侧翼或发动钳式进攻,切断从其根据地出发的攻击部队等策略。例如,当美国西北航空公司最有利的航线之一——明尼阿波利斯至亚特兰大航线受到另一家航空公司降价和促销进攻时,西北航空公司采取的报复手段是将明尼阿波利斯至芝加哥航线的票价降低,由于这条航线是对方主要收入来源,结果迫使进攻者不得不停止进攻。

(5)运动防御策略。

要求领导者不但要积极防守现有阵地,还要扩展可作为未来防御和进攻中心的新阵地,它可以使企业在战略上有较多的回旋余地。

(6)收缩防御策略。

即放弃某些薄弱的市场,把力量集中用于优势的市场阵地中。

4)市场扩展方式

(1)市场扩大化:企业将其注意力从目前的产品转移到有关该产品的基本需要上,并全面研究与开发该项目所需的科学技术。

例如,把"石油"公司转变为"能源"公司意味着市场范围扩展到石油、煤炭、核能、水利和化学等工业。

(2)市场多角化:向彼此不相关联的其他行业扩展,实行多元化经营。

例如,雷诺、摩尔斯、健牌等烟草公司认识到社会对吸烟的限制正在加强,而纷纷转入酒类、软饮料和冷冻食品这样的新行业,实行市场多元化经营。

5)市场挑战者的竞争战略

(1)选择挑战对象:市场领导者;规模相同、经营不善者;规模较小、经营不善者。

(2)自身条件:拥有持久竞争优势;其他方面程度接近;具备某些阻挡领先者报复的方法。

(3)选择竞争战略:包括正面进攻、侧翼进攻、包围进攻、迂回进攻、游击进攻。

正面进攻:应该集中全力向对手的主要阵地发起进攻,而不是攻击其弱点。其成败取决于双方力量的对比。使用这种战略时,挑战者必须在产品、广告、价格等主要方面超过对手,才有取得成功的可能性。例如,作为我国微波炉行业后起之秀的"格兰仕"打败先行者"蚬华",就是大幅降低自己的生产成本,然后在此基础上降价,使自己产品的市场份额迅速扩大到40%以上。

侧翼进攻:地理性,即在全国或全世界寻找对手力量薄弱的地区,在这些地区发动进攻;细分性,即寻找主导企业尚未占领的细分市场,在这些小市场上迅速填补空缺。

例如,"七喜"汽水迎战"可口可乐"时,采用的是一种排他性侧面进攻,它将自己定位在非可乐的位置,从而避免了与"可口可乐"打正面战。

包围进攻:当进攻者对于对手而言具有资源优势,并确信围堵计划的完成足以打垮对手时,可以采用这种战略。策略:提供比竞争对手多的产品。

迂回进攻:指的是尽量避免正面冲突,在对方没有防备的地方或不可能防备的地方发动进攻。

游击进攻:指对不同的领域或竞争对手进行间歇性的小型打击,其目的在于瓦解竞争对手的士气,逐步提高自己的市场地位。游击进攻的特点是灵活机动、突然性强,因此对手很难防范。

游击进攻特别适用于那些规模小或资本不大的挑战者。挑战者发动小型而间歇性的攻击去骚扰竞争者,并希望建立永久的据点。游击进攻战采取如削价、"抢走"对方的主管、密集的促销活动以及"打不赢就走"的策略。

6)市场追随者的竞争战略

指导思想:追随市场领导者的经营管理行为,提供相类似的产品或服务给购买者,尽力维持行业市场占有率的稳定。必须懂得如何稳定自己的目标市场地位,并努力争取新的消费者或用户;必须设法创造独有的市场优势,给自己的目标市场带来如地点、服务、融资、促销等某些特有的利益;还必须尽力降低成本并提供较高质量的产品和保证较高的服务质量,提防挑战者的攻击。

关键:找到一条不致引起竞争性报复的发展之路。

在资本密集的同质性产品的行业中,如钢铁、原油和化工行业、电子行业中,市场追随者策略是大多数企业的选择,这主要是由行业和产品性能的特点所决定的。

这些行业的主要特点是：
(1)产品的同质化程度高,产品差异化和形象差异化较低；
(2)产品服务质量和产品服务标准趋同；
(3)消费者对产品价格的敏感程度高；
(4)行业中任何价格挑衅都可能引发价格大战；
(5)大多数企业准备在此行业中长期经营下去。

战略选择：紧密跟随、距离跟随、选择跟随。

紧密跟随：即在各个细分市场和产品营销组合方面尽可能仿效市场领导者。追随者有时充当挑战者,只要它不从根本上侵犯到市场领导者的地位,就不会发生直接冲突。

距离跟随：选择跟随时必须集中精力去开拓适合本企业的那些产品市场,这样才可赢得丰厚利润,甚至超过市场主宰者。

选择跟随：目标市场、产品创新、价格水平和分销渠道、促销策略等方面都追随市场领导者,但仍与市场领导者保持若干差异。这样市场领导者并不会注意到模仿者,模仿者也不进攻市场领导者。

某些追随者如联想电脑、OPPO数码公司等,能主动分析和集中市场,有效地研究和开发,着重赢利而不注重市场份额,并有较好的管理。尽管他们的市场份额不到市场领导者的二分之一,但其资本净值回报却超过了本行业的平均水平,甚至超过市场领导者。

任务 3.2　分析竞争者策略

任务目标

【素质目标】
1.具有沟通协作的团队意识。
2.具有知识获取的自主学习能力。
3.具有探索实践的创新能力。
4.具有不屈不挠、远大眼光、胸怀大志的精神。

【知识目标】
1.了解市场竞争策略的特点。
2.了解市场领导者、市场挑战者与市场追随者的进攻与追随战略。

【能力目标】
1.具有概念分析能力。
2.具有一定的精准的市场竞争对手辨别能力。

案例导入

万佳与百佳的商战

2020年11月8日上午,广州华润万佳天河北店开业,与200米之遥的百佳超市打起了激烈的价格战。首先是万佳的自制烤鸡打出了5.9元/只的"开业特价";百佳超市将同类烤鸡价格由6.8元/只降到5.8元/只。当日中午,万佳将烤鸡价格猛降到4.9元/只,当日下午4点,百佳把烤鸡价格降至4.8元/只。

至9日、10日双休日,"战火"从烤鸡蔓延到生鲜、副食品、日化、家电等大批商品,双方开始了你来我往的"拉锯战"。"战况"最激烈时鸡蛋价格降至0.1元/斤,鲫鱼0.6元/条……而"始作俑者"——烤鸡价格,已降至0.8元/只!价格战的不断升级,引来购者如潮。大批得到消息的市民蜂拥而至,许多人满载而归。据粗略统计,8至10日三天时间,市民共在"两佳"超市(万佳、百佳)消费逾千万元抢购低价商品。

万佳超市的收银机连续三天工作到晚上十二时,而最辛苦的要数超市的烤炉,一直满负荷运转,为里三层外三层的消费者烤出真正"超低价"的烤鸡。据说百佳的烤炉"累"坏了四台。

思考:0.1元/斤的鸡蛋和0.8元/只的烤鸡,对企业而言,已无任何利润可言,是明显的亏本买卖,为什么企业还要这样做?长此以往恶性竞争,最终后果可能是什么?这种竞争是否违反有关政策法规?企业应如何避免类似的竞争行为发生?

3.2.1 基本的竞争策略

(1)总成本领先策略 公司全力以赴完成生产和分配的最低成本,这样它能使自己产品的价格低于竞争者的产品价格而占有较多的市场份额。

(2)差异化策略 公司集中发展一种很不相同的产品线和市场营销规划,这样它就能成为该行业的品种领导者。只要价格不太高,大部分顾客都愿意购买。

(3)集中化策略 公司集中力量为几个细分市场做好服务工作,而不是追求整个市场的业务。

3.2.2 竞争的地位

在同一目标市场上竞争的公司,在任何时候其目标和资源都不尽相同。公司规模有的大,有的小,有的拥有庞大的资源,有的则资金短缺;有的历史悠久,有的则刚刚成立;有的致力于追求市场份额的快速增长,有的则追求长期利润最大化。各个公司在目标市场所处的竞争地位各不相同。

我们根据公司在目标市场上所扮演的角色,市场竞争者可分成市场领导者、市场挑战者、市场追随者、市场补缺者四种。市场领导者掌握40%的市场,拥有最大的市场占有率。

市场挑战者掌握30%的市场份额,它努力奋战以求争取获得更大的市场份额。市场追随者拥有20%的市场份额,它希望能维持市场的份额而不造成麻烦。市场补缺者拥有剩下10%的市场份额,它们的产品针对大公司不太关注的小细分市场。

3.2.3　市场领导者的策略

每个行业都有一个被公认的市场领导者。市场领导者企业的产品拥有最大的市场占有率,而且往往在价格改变、新产品引入、分销渠道和促销费用上领导其他公司。其他公司会承认其领导市场的地位。竞争者会将市场领导者作为目标对象来挑战、模仿或回避。一些著名的市场领导者有丰田(汽车)、富士(摄影器材)、联想(计算机)、卡特匹勒(推土设备)、百事可乐(软饮料)、沃尔玛(零售)、麦当劳(快餐)和吉列(剃须刀片)。

市场领导者并非无忧,必须保持警惕,因为其他企业会不断向其优势挑战,或者想乘机抓住其弱点。市场领导者很容易错失良机而跌至第二位或第三位。产品的创新可能会伤害到市场领导者。例如,泰诺的非阿司匹林镇痛剂取代拜耳的阿司匹林的领导地位。市场领导者可能会变得臃肿而迟钝,逐渐失去创新能力与充满活力的新对手抗衡。

市场领导者要想保持第一的竞争地位,必须采取三种策略:第一,它们能寻找到扩大总需求的方法;第二,凭借良好的防御和攻击行动来维持现有的市场占有率;第三,即使市场规模保持不变,公司也可扩大其市场份额。

1. 扩展整个市场

当整个市场扩大时,领先的公司通常获利最多。如果美国人拍照较多,柯达公司便可获得大部分利益,因为它生产了在美国销售的80%以上的胶卷。如果柯达公司能说服更多的美国人拍照,或者在更多场合拍照,或者在每个场合拍更多的照片,它都会获得巨大的利益。一般而言,市场领导者应该寻找新的使用者、新的用途,以及鼓励用户更多地使用它的产品。

1) 新的使用者

每一类产品都能吸引购买者,这些人可能目前仍不知道此项产品,或因价格不当或缺乏某种特性而拒绝购买此类产品。一个卖主通常能在许多地方找到新的顾客。例如,露华浓可以设法说服那些不使用香水的妇女使用香水而在目前市场上找到新用户;它可以进入新的人口细分市场,如为男人生产科隆香水;或者它可以扩张到新的地理细分市场,将它的香水销售到其他国家。

宝洁公司的婴儿洗发液提供了发展新用户的典型例子。当出生率开始下降时,公司开始关心产品未来销售的成长。公司的营销人员注意到,家庭中其他成员有时也使用婴儿洗发液洗头。于是公司管理部门决定推出目标指向成人的广告活动。在短期内,强生婴儿洗发液便成为整个洗发液市场的领导品牌。

2) 新用途

市场营销者可以通过发现和推广现有产品的新用途来扩张其市场。例如,昆仑多种用途的家庭润滑剂和溶剂的制造厂家主办年度竞赛去发现新的用途。每当尼龙产品进入生命周期的成熟期,杜邦公司就会开发某些重要的新用途。

3) 更多的用量

市场扩张策略是说服人们更多次地使用该产品或每次使用的量更多。

2. 保护市场份额

在设法扩张总市场规模时,市场领导者必须不断保护它的现有业务以对抗竞争者的竞争。百事可乐必须经常保持戒备以对抗可口可乐的攻击,吉列必须对抗必克,富士必须对抗柯达,麦当劳必须对抗肯德基,丰田汽车公司必须对抗本田汽车公司。

市场领导者需要如何来保护其地位呢?首先,它必须防止或修补弱点以使市场竞争者无机可乘。它需要不断降低成本,价格必须符合消费者对该品牌价值的看法。市场领导者应该"堵塞破洞"以免市场竞争者进入。但是攻击是最佳的防卫手段,而最好的防卫方式是"不断创新"。市场领导者不能满足于现状,而必须在新产品、顾客服务、分销效率和降低成本、分销策划方面领先本行业。它要不断增加其市场竞争优势,要主动出击,调整步伐,以及利用市场竞争者的弱点。

一个市场领导者能够利用6种防卫策略。最基本的防卫策略是一个公司在其目前的市场环境下构筑市场堡垒。但是仅仅对现有的市场地位或产品进行防卫很难有效。如可口可乐和拜耳公司的阿司匹林也必须不断改进,并要适应市场变化情况,而且要发展新的品牌。例如,虽然可口可乐占了美国软饮料市场的40%,它还积极地扩展饮料的产品线并从事海水淡化设备及塑料等行业。

聪明的市场竞争者通常会攻击市场领导者的弱点。例如,日本汽车公司成功地进入小型汽车的市场,是因为美国汽车制造商在小型汽车市场留下一个大缺口。当市场领导者遭受攻击时,它可以采取侧翼进攻及先发制人的防卫,也可以进行反攻防卫。当富士公司攻击柯达在美国的胶卷市场时,柯达公司大幅度提高它的促销费用并推出几种有创造性的新胶卷产品来反攻富士公司。当宝洁公司受到高露洁含有漂白剂的洗涤剂的攻击时,它立即推出汰渍带有漂白剂的洗涤剂作为反攻,并将高露洁的品牌逐出市场,从而在所有美国洗涤剂的销售中获取了17%的市场份额。

最后,假使一个大公司发现它的资源分散,每一部分都很薄弱,而竞争者正在蚕食它们的各个市场,最好的行动是进行收缩防卫。例如,在最近几年,中国联通、中国电信都削减投资,并将资源集中于核心产品。这些公司现在所服务的市场较少,但服务质量较好。

3. 扩充市场份额

市场领导者也可通过进一步提高市场份额来使自己成长。在很多市场里,小的市场份额的增加意味着销售额的大幅增加。例如,在咖啡市场,市场份额每增加一个百分点就价值4800万美元;在软饮料市场,一个百分点的价值就高达12亿美元。研究指出,公司的利润率与市场份额成正比。基于这些研究成果,许多公司已在追求扩大市场份额,以改善其获利能力。然而,有些研究发现,许多行业中有一个或少数几个利润最高的大公司,一些利润不错的厂家,以及许多利润较差的中型公司。看起来,当企业在它所服务的市场上相对地提高了市场份额,该企业的盈利能力就会增加。例如,奔驰汽车在整个汽车市场所占的份额很小,但是它能获得高利润,因为它在豪华车的细分市场上占有很高的市场份额。而它之所以能获得这么高的市场份额,是因为它做对了其他事情,如生产高质量产品,提供好的服务,以及降低成本。公司一定不能指望增加了市场份额即能自动改善盈利能力,市场份额高是否能提高利润还要视策略而定。许多市场份额高的公司获利能力很差,而许多市场份额低的公司获利能力却很强。有时获取较高市场份额的成本可能远远超过了收益。只有当单位成本随着增加的市场份额而降低,或者当公司提供了一个质量优良的产品,而且所要的价格超过了由于产品质量改善所增加的成本时,高的市场份额才会产生较高的利润。

3.2.4　市场挑战者的策略

在一个行业中位居第二、第三或更低名次的公司有时规模也相当大,如小米、OPPO、VIVO等公司。这些位于次要地位的公司可以采取两种竞争策略中的任何一种。它们可以攻击市场领导者和其他竞争者,以争取更多的市场份额(市场挑战者);或者它们与竞争者和平共处,不去干扰对方(市场追随者)。

1. 确定策略目标和竞争者

市场挑战者必须首先确定它的策略目标。大部分市场挑战者通过增加其市场份额增加它们的盈利能力。但是策略的目标选择与谁是公司挑战的目标有关。

市场挑战者可以攻击市场领导者,这是一个高风险但潜在回报高的策略。假使市场领导者未能为市场提供完善的服务时,这种策略就有意义。要使这样的攻击成功,公司必须有一些持久的超过市场领导者的竞争优势——成本优势导致较低价格,或以较高的价格提供较好的产品价值的能力。在建筑设备行业中,小松以提供相同质量但价格低得多的产品向卡特彼勒公司提出挑战。而金勃利·克拉克·哈金斯从宝洁公司那儿夺得大量一次性尿布的市场份额,因为它提供了较合适的尿布和能再使用的尿布钩扣。如果公司追逐市场领导者,它的目的是要争夺一部分市场份额。

比克知道它无法打垮吉列在剃须刀市场上的地位——它只是希望获得较大的市场份额。或者挑战者的目的可能要接管市场领导者的地位。IBM作为挑战者较晚进入个人计算机市场,但很快就成了市场的领导者。

市场挑战者可以避开市场领导者,而向与其规模相似或较小的当地和地区性公司挑战。这些较小的公司可能财力不足,无法提供良好的顾客服务。许多主要的啤酒公司之所以有目前的规模,其主要策略并非攻击大的竞争对手,而是逐渐吞并小的当地或地区的竞争者。假使公司追逐一个小的地方公司,它的目的可能是使该公司停止营业。重要的一点是:市场挑战者必须慎重选择它的挑战对手,并且要有一个明确的可达到的目标。

2. 选择市场攻击策略

市场挑战者最有效的攻击策略是全面地正面攻击,市场挑战者必须在产品、广告、价格和分销各方面的实力与竞争者相匹敌,它攻击竞争者有实力的地方并非其弱点。最后的结果则取决于双方的力量和耐性。如果市场挑战者比竞争对手的资源少,正面攻击就没有意义。即使规模宏大、实力雄厚的公司也未必能成功地挑战防卫坚固、资源丰富的竞争者。

合围攻击包括同时从正面、两侧和后方向竞争者发起攻击。当市场挑战者有优厚的资源并相信它能很快突破竞争者对市场的控制时,合围攻击策略就很有用。

迂回攻击是指市场挑战者避开竞争者,将目标对准较容易占领的市场的一种攻击策略。

它可以发展多样化的不相关产品,开拓新的地理市场或加入新技术以取代现有的产品。通过技术的革新而不是一味地模仿对手的产品来发动高成本的正面攻击,市场挑战者能以新的技术绕过竞争者。

最后,规模较小或资金不雄厚的市场挑战者可以发动游击战。这是用小型的、间歇性的攻击去骚扰竞争者,或使他们的士气低落,其目的是最终建立永久性的据点。市场挑战者公司可用选择性的削价、挖走对方的主管、密集的促销活动,或各种合法行动进行攻击。

特定的游击战术不会花太多钱,但持续的游击战活动成本会很昂贵。假使市场挑战者希望获得地盘以对抗竞争者时,它们最终必须发动一次较强的攻击。因此,游击战不一定是便宜的攻击活动。

3.2.5 市场追随者的策略

并非所有在次要位置的公司都想向市场领导者挑战。市场领导者对任何市场挑战者的行为不会掉以轻心。如果市场挑战者的攻击仅限于降低价格、改进服务或增加产品的性能,市场领导者可以很快就做出配合这些技术的行动以瓦解对方的攻势。市场领导者在一场全面的大会战中可能更有持久力。恶战的结果往往两败俱伤,因此,许多公司宁愿作为追随者而不愿向市场领导者发起挑战。

市场追随者可获得许多好处。市场领导者开发新产品和新市场,扩张分销渠道并培育市场(通常负担巨额费用)。市场追随者可以学习领导者的经验,模仿或改善市场领导者的产品和营销方案,其投资额通常要少得多。虽然市场追随者不太可能取代市场领导者,却经常有利可图。

市场追随者并非处于被动或是市场领导者的复印件。市场追随者必须有明确的成长途径,但这个途径要不引起竞争性的报复。一个市场追随者必须知道如何把握现有的顾客,并赢得相当比例的新顾客。每个市场追随者都尝试为其目标市场带来独特的利益——包括地点、服务、融资。市场追随者往往是市场挑战者攻击的目标。因此,市场追随者必须保持它的制造成本低廉,产品及服务质量优良。此外,它必须在新市场开通后进入新市场。

3.2.6 市场补缺者的策略

几乎每一个行业都有一些小公司,它们专门服务于市场中合适它们的那部分。它们不追求整个市场或较大的细分市场,这些公司的目标是小的细分市场或空隙。补缺者往往是资源有限的较小公司。但是,较大公司的小业务部门也可能采用追求市场空缺位置的策略。市场份额低的公司通过精明的空隙策略也能获利不浅。

对成功的中型公司的研究发现,几乎在所有情况下,这些公司都是在较大的市场内寻找适当的空缺位置,而非追求整个市场。为什么填补空缺会获利呢?主要原因是市场补缺者深刻了解目标顾客群,所以比其他偶尔在此市场销售的公司更能满足顾客的需求。结果由于价值的增加,市场补缺者可以制定比成本高得多的销售价。大批量营销者达到高的销售量,而市场补缺者却达到高的利润。

市场补缺者总是尝试寻找一个或多个安全而有利的市场空缺位置。一个理想的市场空缺位置应该有足够的规模可以获利,并具有增长的潜力,公司能有效地服务于该市场。更重要的是,主要竞争者对这个空缺位置并不感兴趣。而且当公司成长起来并变得更有吸引力时,它能建立起技术和顾客商誉来防卫主要竞争者的攻击。

填补空缺的主要观念在于专业化。一个市场补缺者可以在几个市场中的任何一个实现专业化,如顾客、产品或市场营销组合。例如,它可以专门服务于某类使用者,如法律事务所专门从事于刑事、民事或商业的诉讼案件。市场补缺者也可专门服务于特定的顾客群——许多填补空缺者专门为主要厂商忽略的小型顾客群服务。有些市场补缺者集中精力在一个或几个特殊的顾客,将它们所有的产品都卖给一个公司,如卖给沃尔玛折扣商店或通用汽车公司。地理的补缺者仅在某个地方、区域或世界某一部分市场销售产品。质量-价格补缺者在高级产品或低级产品市场中经营。例如,惠普公司专门从事高质量、高价格的袖珍型计算器的生产。最后,服务补缺者提供其他厂家所没有的服务。

市场补缺策略也有一些风险。例如,填补空缺可能会耗竭资源,或者它成长到一定程度吸引了较大的竞争者。这就是为什么许多公司实行多重补缺的原因。通过发展两种或多种填补方式,增加公司的生存机会。即使是一些大公司也喜欢采取多重补缺策略来为整个市场服务。例如,一家大型的法律事务所专门从事收购与兼并、破产和公司创业计划这三种业务而闻名全国,它不兼其他业务。

任务 3.3　认识市场营销战略

【素质目标】
1. 具有沟通协作的团队意识。
2. 具有知识获取的自主学习能力。
3. 具有探索实践的创新能力。
4. 具有实事求是、具体问题具体分析的能力。

【知识目标】
1. 掌握市场营销战略的概念。
2. 掌握市场战略管理流程的步骤。

【能力目标】
1. 具有概念分析能力。
2. 具有一定的精准的市场竞争对手辨别能力。

案例导入

格兰仕的价值回归

格兰仕启动"清理门户"的降价策略,市场上出现史无前例的299元标价牌,其矛头直指美的。美的则亮剑"破格(格兰仕)行动",你推"黑金刚"系列,我推"黑金星"系列,你设计"一键通"产品,我创出"一键神通"产品,贴身肉搏由此开局。

格兰仕号称"合10个亿资源再开杀戒",大肆掀起"六月风暴":买500多元的微波炉送400元左右的赠品;第二天,美的宣布"300万台订单敲开海外市场",重拳发起"震雷行动":买600多元的微波炉送价值600多元的赠品……也许美的这位后辈,将中国微波炉行业引上了一条自戕的道路:2019年,"买500送500";2020年,"买微波炉送千元钻表";2021年,"光波炉大降价,千元直降至600"……中国微波炉巨头疯了!面对失去章法的双雄,众对手纷纷洗脚上岸。最后,在中国微波炉市场,除了执拗的LG、三星、海尔等品牌外,就剩下疯狂掰腕较劲的美的与格兰仕。

2021年,美的微波炉经过两年多的卧薪尝胆,在国内市场占有率冲至创纪录的43%。宣扬"价值竞争取代价格竞争,共享价值链"的美的,深深地震撼了格兰仕。现实处境促使其不得不上下洗脑,一改长期坚持的以"不变应万变"的价格战策略,走入了"以变应万变"的价值革新阶段。"与其双方一直抱着中国市场800万台的总量较劲,不如一起把800万台的蛋糕做大,做到8000万台或者更多,到那时,我们都赢了!"

案例思考:格兰仕的低价策略为什么发生改变?你是如何理解"价格战"与"价值战"的?

3.3.1 战略的含义和特征

1. 企业管理中的战略含义

企业应对变化的环境条件而制定的总体长远谋划,决定公司的发展方向和业绩目标,建立公司在市场领域中的位置,选定取得竞争优势及吸引、满足顾客需求的经营途径和行动计划,优化资源及能力组合,达到公司的业绩目标。

2. 战略的特征

企业战略眼观全局,把握企业的全系统来整体规划,不纠缠于局部枝节问题。企业战略着眼于长远、宏观目标,不囿于眼前蝇头小利。企业战略既看到未来的趋势和机会(前瞻性的预谋战略),又能应对不断变化的市场环境。

3. 企业战略的层次

多元化企业的四层战略金字塔如图3-1所示。

公司战略:建立目标体系,覆盖公司涉足的所有业务的经营管理的方法途径及其所采取的各种行动。

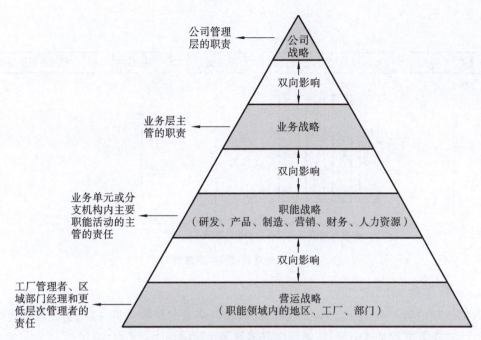

图 3-1 战略决策金字塔

业务战略：由具有独立业务的战略业务单位制定。内容有：
(1) 对业务所处行业宏、微观形势的规划做出积极反应；
(2) 制定竞争行动方案和市场经营策略，以获取持久竞争优势；
(3) 培养有竞争力价值的公司能力；
(4) 协调统一职能部门的战略行动；
(5) 解决具体业务领域特有的问题。

职能战略：由研发、制造、营销、财务、人力资源等部门制定，为完成实施上两级战略而对各自的业务和流程制定的策略规划，以增强公司在市场竞争中的独特能力，包括研发、产品、营销、财务、人力资源等战略。

营运战略：由一线的工厂、区域销售机构、分销中心等制定，就具有战略意义的日常营运任务（原材料采购、生产计划、存货控制、物流、广告促销、维修等）订立绩效目标及达标的策略措施。

公司战略只有在各层面、各部分形成统一整体的情形下才行之有效。战略计划应该是一个相互支持性强、结合无缝的战略组合。战略制定更多是自上而下的过程，而非自下而上的过程。高层指导方向，进行战略目标的领导；中低层要理解支持公司的长远目标和高层战略，从整体利益出发，为完成高层目标体系而制定相关层面的战略，确保目标的实现。

3.3.2 战略管理流程

战略制定或战略计划只是战略管理工作中的一部分。战略管理不是单一的事件或一劳永逸的工作，由于内外环境的变化，以及不可预见的情况的出现及对战略实施效果的评估，都会导致对战略计划的更新修订和重整。战略管理是一种持续性的流程，不断循环，没有终点，它包括五个主要环节：提出公司的战略愿景和使命；进行内外环境分析和竞争分析；战略制定（建立目标体系、制订达标的行动计划、选定策略及途径）；实施战略；评估控制或调整战略,如图 3-2 所示。

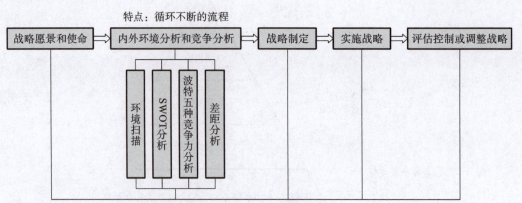

图 3-2 战略管理流程图模型

1. 战略愿景和使命

战略管理的第一项任务就是要回答:第一,我们将走向何方? 第二,我们是谁? 我们做什么? 第一个答案就是战略愿景,第二个答案就是使命描述。

战略愿景:是一幅公司未来发展的蓝图,概括了公司未来的技术、产品、顾客的重点是什么? 想发展成一个怎样的公司? 今后五年或更长时间想在行业中取得何种地位?

使命描述:描述公司当前所具有的技术和能力,当前的产品服务,重点顾客及其业务范围。

上述二者的区别:战略愿景提出未来的业务范围和方向(我们将走向何方?),使命描述的是现在的业务范围(我们是谁? 我们做什么?)。

2. 内外环境分析

明确了现在及将来的业务方向和范围,就如同给战略制定划了初步的边界。但战略的选择和制定受制于公司边界外的宏观、微观环境及边界内的自身竞争能力,以及资源和优劣势。决策者不但要运用创造性思维和企业家的敏锐直觉,还需对公司外部的环境和内部条件形势进行客观分析,找出差距,以分析的推断结论为基础选择相匹配的目标体系及策略途径,或对现有的战略进行相应调整。

每家公司都处于特定的、不断变化的环境之中。宏观环境指的是公司边界外的所有重要因素,包括大环境的总体经济、人口构成、社会价值观和生活方式、政府法律和管理制度、技术因素,以及内环境的行业和竞争环境。边界内是自身的条件形势。我们下面重点介绍两方面:①行业和竞争环境;②公司自身能力、资源和优劣势。

分析的步骤:对内外环境条件的评价—差距分析/标杆学习—各种备选方案的评估—建立恰如其分且相匹配的目标体系和选定竞争战略。这里会用到波特五种竞争力模式/SWOT/GE/BCG 等分析工具。

3.3.3 制定竞争战略的步骤

制定竞争战略有 6 个步骤,即分析竞争环境,确定市场竞争战略目标,确定市场竞争战略方案,确定竞争战术,战略总结,并通过反馈系统对整个战略制定和执行过程进行调控。

1. 分析竞争环境

企业竞争环境分析是在营销环境分析的基础上,就竞争因素进行具体深入分析。分析内容包括4个方面,即行业情况、市场演进状况、市场结构和竞争对手。

行业情况分析的重点是了解企业所在行业基本竞争情况和行业发展情况,以及行业中潜在发展机会。具体的分析内容包括:

(1)行业的产品(或)服务当前满足顾客需要的情况。

即行业当前向市场提供的产品和服务,满足顾客需要的程度和不足之处。通过此项分析可预见行业产品或服务发展潜力与方向。

(2)行业总体需求情况、需求可能改变的方向及改变的可能性。

例如,在当前行业中,如果总体需求处于饱和状态,而行业的技术更新和产品改进可能性小,该行业就不具有更大发展潜力。如果企业处在这类行业中,就应采取维持目前市场地位的策略。

(3)新技术的出现或技术变革对行业的影响。

当前如果有重大技术进步或新技术出现的可能,就有可能为整个行业带来巨大发展机会,同时也对整个行业带来"破坏性"威胁。例如,现代计算机技术的新突破,对于如信息、通信、影视等行业带来了巨大机会,同时也对如普通的邮政业、运输业等行业带来威胁。

(4)行业的竞争密集度。

行业的竞争密集度对企业选择营销发展方向有决定作用。竞争密集度可用两个指标测量:一是该行业的总的品牌数量。一般地,品牌数量越多,竞争密集度就越高,竞争就越激烈。二是以行业中企业数量与行业总投资规模相比而得到的竞争密集指数(行业中现有企业数占行业中现有投资总量的比重),竞争密集指数越大,表明竞争密集度越高。

(5)行业的资源短缺度。

如果某一行业所使用的资源,如原材料、劳动力、设备等的供应充足,就比资源短缺的行业更容易吸引新的竞争者加入。在资源比较富有的行业中,企业虽然有资源保证,但却容易受到竞争者攻击;相反,在资源短缺的行业,企业遭受别的竞争者攻击的可能性虽小,但因会受到资源短缺的困扰,维持生存和发展较困难。

2. 确定市场竞争战略目标

市场竞争战略目标是企业对市场竞争所规定的一个任务体系,在服从总体营销战略目标的要求下,对营销中各个环节为取得竞争胜利或消除竞争对手的威胁制定的一系列目标。

1)目标体系

企业的市场竞争战略目标应是营销战略目标的分目标,是以有利于实现营销战略目标为前提、用以对付竞争环境变化的一系列目标,包括总体营销战略目标、竞争战略总目标、营销组合目标以及各细分市场的目标等。

2)制定市场竞争战略目标应遵循的原则

为保证市场竞争战略目标能够顺利完成,制定时应遵循以下要求。

(1)可行性。

这是对市场竞争战略目标的最基本的也是最重要的要求。如果企业提出的市场竞争战略目标没有实现的可能性,除非它没有被执行,否则,只会浪费企业的资源、丧失市场机会,甚至导致企业走向破产。

(2) 有资源保证。

实现任何竞争目标都要耗费相应资源。因此,企业所制定的市场竞争战略目标,必须要以资源保证为前提。没有资源保证的目标,也谈不上可行性。

(3) 具有一定弹性。

制定市场竞争战略目标时,应充分考虑竞争环境具有的多变性和复杂性的特点,以及在制定战略目标和战略方案时,对未来情况的估计不可能完全准确。所以,目标应规定在一定的范围内并有调节的灵活性。

(4) 易于理解。

企业所制定的市场竞争战略目标,是高层营销管理决策人员所作出的决策,需要企业中各级部门、各级人员相互配合,共同实施完成。因此,市场竞争战略目标应能被各部门、各级人员很好理解,或是对他们来说,知道目标的实质性意图或方向。这样,一个目标的执行才有组织和人员保证。

3. 确定市场竞争战略方案

市场竞争战略方案是如何执行和实现竞争战略目标方法的总称。同时,竞争战略方案的不同,企业在特定时间内的竞争行为也表现出不同特征。

一般有两类竞争战略:一类是按所涉及的营销组合因素分类的总成本领先战略、差异战略和目标集中战略(一般称之为通用战略,这在通用战略中详述);另一类是根据与竞争对手的抗衡程度分类的打进、渗透、对抗和保持战略。这类战略一般按市场演进的时序变化顺序采用,即企业新进入一个行业,采用打进战略;之后,随着行业与市场成长,采用渗透战略;行业进入成熟期后,采用对抗战略;最后,随着行业衰退,采用保持战略直到最后退出。

4. 确定竞争战术

战术是战略的具体化,也是战略的实施。企业需要根据战略方案,逐项确定市场营销组合因素所涉及的产品、价格、渠道和促销因素以及行动方案。企业在确定竞争战术时容易犯的错误是:只对某一方面战术给予足够重视,而疏于其他需要相应配合的战术。这不仅会导致战术的失误,严重时,会导致整个战略崩溃。

5. 战略总结

战略总结包括对一项战略活动进行评审性总结和随机访问性总结与控制调节。战略总结时,主要考察3个基本的问题并采取相应的行动:

一是现在的情况和竞争战略实施前所估计的情况是否相符合?
二是竞争对手的反应和行动是否符合预计?
三是已制定的还未执行的战略方案的部分是否应予以修改和调整?

6. 反馈系统

竞争战略的反馈系统是进行竞争战略的组织调控决策系统,一般应由企业最高决策者和各分系统主要决策人员组成。通过对竞争环境分析和竞争战略执行情况检查,及时做出修订战略的决策,并将新的决策贯彻到相应的竞争战略实施过程中。

3.3.4 通用竞争战略

根据所涉及的营销组合因素分类,有3种不同的竞争战略,一般称为通用竞争战略,包括:总成本领先战略、差异竞争战略、目标集中竞争战略。

1. 总成本领先战略

总成本领先战略指企业尽可能降低自己的生产和经营成本,在同行业中取得最低的生产和营销成本的做法。

实现的途径主要是改进生产制造工艺技术、设计合理的产品结构、扩大生产规模、降低废品率、提高劳动生产率等。总成本领先战略可以说是比较传统的竞争做法,但仍是现代市场营销活动中比较常见的竞争方法。

要想实现总成本领先,并取得一个大的市场占有份额,低成本和低价策略需要结合使用。企业在考虑采用这种竞争战略的时候,需考察行业的经验曲线形状。如果没有成本经济效益上的好处,那么企业的营销利润会受到大量侵蚀!

1)总成本领先战略需要的基本条件

(1)持续的资本投资和良好的融资能力。

(2)较高的工艺加工能力。

(3)对工人有效的监督与管理。

(4)产品的制造工艺设计领先,从而易于用经济的方法制造。

(5)有低成本的分销系统。

2)总成本领先战略需要的基本组织条件

(1)结构分明的组织结构与责任。

(2)能满足严格的定量目标为基础的激励。

(3)严格的成本控制体系与制度。

(4)经常详细的控制报告。

总成本领先,有时可能造成产业技术基础改变,即引起产业革命。在这场革命中,那些不能采用或没有能力采用新技术的企业,将被淘汰出局。

3)总成本领先战略具有的风险

(1)经过多年积累得到的降低成本的投资与方法、制度、技术等可能因为新技术的出现而变得毫无用处。

(2)后来的加入者或市场追随者可能通过模仿或其他廉价的学习方法掌握到降低成本的途径;或者没有经过挫折与风险就掌握到降低成本的途径。因此,后来者可能具有更大的成本竞争力而抵消率先实行这种战略的企业的竞争优势。

(3)过于注重成本的结果往往导致对市场需求变化反应迟钝,因而产品落后或不能适应需求。

(4)往往因为定价是处于成本的最低界限边缘,因此当竞争对手发动进攻时,缺少回旋余地,产生亏损。

2. 差异竞争战略

差异竞争战略是指从产品定位因素、价格因素、渠道因素、促销因素及其他营销因素上造就差异,形成企业对于整个产业或主要的竞争对手的"独特性"。

差异竞争战略是当前在市场营销活动中占主流的竞争做法。因为该种竞争战略不仅适应目标市场营销,更重要的是,它是最符合"营销观念"的做法。

1)差异性竞争战略具有的竞争特点

(1)构筑企业在市场竞争中特定的进入屏障,有效地抵御其他竞争对手的攻击。因为一且企业在营销中形成差别,如品牌的高知名度和特色、产品独特的功能、专有的销售渠道和分销方式、顾客熟悉的广告刺激及营销沟通方式等,就很难被其他竞争对手模仿,因而也就很难有其他竞争对手能轻易打入本企业所占据的目标市场。

(2)减弱顾客和供应商议价能力。顾客从接受"差异"中形成某种或若干方面的偏好,顾客购买"喜欢的品牌"而不是购买"便宜的品牌"的行为一旦确立,就不会更多地转换购买其他品牌;甚至到了顾客依赖于特定的品牌时,企业绝对市场地位就确立了,顾客的议价能力被大大减弱。而企业一旦在行业中确立了这样的营销优势或"独占"地位,也会使某些供应商更难在市场中寻找到其他更好的交易对象,供应商的议价能力也被大大削弱。而且,供应商甚至会受到社会公众压力,使其不能轻易地拒绝为公众所喜欢的品牌产品提供资源,供应商的议价能力在这种情况下更被削弱。

(3)企业希望获取超额利润。虽然这可能不是差异竞争的必然结果,但是,采用这种做法的企业往往希望获取超额利润,也有获取超额利润的可能。原因在于,品牌差异增大时,顾客转换品牌困难,议价能力低,这就使得不少在差异竞争中取得成功的企业,可以为其产品向顾客索取一个高的溢价。

差异竞争也有竞争对手模仿难易的问题。有些非常受顾客欢迎的产品差异与营销差异,如果没有技术壁垒的话,竞争对手将很快"克隆",从而使这些差异消失,因差异可能带来的利润上的好处也就消失。虽然某些没有技术壁垒的差异可以通过申请"专利"来进行保护,但是专利的申请时间较长,保护时间有限。因此,差异竞争战略成功的基础应是不断通过技术突破和保持技术领先。

2)差异竞争战略需要的一般条件

(1)企业拥有强大的生产经营能力。

(2)有独特的具有明显优势的产品加工技术。

(3)对创新与创造有鉴别与敏感的接受能力。

(4)有很强的基础研究能力。

(5)有质量与技术领先的企业声誉。

(6)拥有产业公认的独特的资源优势或能够创造这样的优势。

(7)能得到渠道成员的高度合作。

3)差异竞争战略需要的基本组织条件

(1)营销部门、研究开发部门、生产部门之间能进行密切协作。

(2)重视主观评价与激励,而不是采用制度式的定量指标进行评价与激励。

(3)组织内具有轻松愉快的气氛,能够吸引高技能的工人、技术人员或科技人才大量加入和努力工作。

4)差异竞争战略具有的主要风险

(1)与低成本的竞争对手比较,甚至与普通的竞争对手比较,可能成本太高,以至于差异对顾客的吸引力丧失。

(2)顾客偏好变化,导致差异不能对顾客再有吸引力。

(3)竞争对手模仿顾客特别喜欢的差异。

3. 目标集中竞争战略

目标集中竞争战略是指企业主攻某个特定顾客群、产品系列的一个细分区段或某个地区市场。

目标集中竞争战略可能涉及少数几个营销组合因素,也可能涉及多个营销组合因素。其主要特点是,所涉及的细分市场都是特定的或是专一的,也就是说,目标集中竞争战略是针对一组特定顾客的。目标是:企业集中力量以更好的效果、更高的效率为某一特定的服务对象提供产品或服务。目标集中竞争战略需要的市场条件与组织条件,随着集中的目标不同而变化。

目标集中竞争战略主要风险如下:

(1)占领整个市场的那些竞争对手因为规模经济的好处大幅度降低成本,或者积极细分市场增加产品组合或产品线长度,可能导致采用目标集中竞争战略的企业经营缺少经营特色。

(2)集中目标指向的特定细分市场的需求变得太小,因此,转移产品到其他细分市场相当困难。

(3)在过度细分的市场上,因为市场容量很小,目标集中企业没有获得明显的效益。

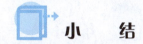

小　　结

企业所面临的竞争力量一般有五种:潜在竞争力量、同行业现有竞争力量、买方竞争力量、供货者竞争力量和替代品竞争力量。企业必须对这五种竞争力量的特征进行认真分析,有的放矢地加以对抗,才能确保竞争优势。企业为增强竞争能力,争取竞争优势的基本市场竞争策略有三种:低成本竞争策略、差别化竞争策略和集中化竞争策略。处于不同市场地位的企业,竞争策略会有所不同。市场领导者、市场挑战者、市场追随者和市场补缺者应根据不同情况灵活地采用不同的竞争策略。

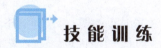

"老牌"企业的竞争

海清啤酒成功地在中国西部一个拥有300万人口的C市收购了一家啤酒厂,不仅在该市取得了95％以上市场占有率的绝对垄断,而且在全省的市场占有率也达到了60％以上,成为该省啤酒业界名副其实的龙头老大。

C市100公里内有一家金杯啤酒公司,3年前也是该省的老大。然而,最近金杯啤酒因经营不善全资卖给了一家境外公司。

金杯啤酒在被收购后,立刻花近亿元的资金搞改革,还请了世界第四大啤酒厂的专家坐镇狠抓质量。但是新老板非常清楚,金杯啤酒公司的短板就是营销。为一举获得C市的市场,金杯不惜代价从外企挖了3个营销精英,高薪招聘20多名大学生,花大力气进行培训。

省内啤酒市场的特点是季节性强,主要在春末和夏季及初秋的半年多时间。一年的大战在4、5、6三个月基本决定胜负。作为快速消费品,啤酒的分销网络相对稳定,主要被大的一级批发商控制。金杯啤酒没有选择正面强攻,主要以直销作为市场导入的手段,由销售队伍去遍布C市的数以万计的零售终端虎口夺食。

金杯啤酒的攻势在春节前的元月份开始了,并且成功地推出了1月18日C市要下雪的悬念广告,还有礼品附送。覆盖率和重复购买率都大大超出预期目标。但是,金杯啤酒在取得第一轮胜利的同时,也遇到了内部的管理问题。该公司过度强调销售,以致把结算流程、财务制度和监控机制都甩在一边。销售团队产生了骄傲轻敌的浮躁,甚至上行下效不捞白不捞。公司让部分城区经理自任经销商,白用公司的运货车,赊公司的货,既做生意赚钱,又当经理拿工资。库房出现了无头账,查无所查,连去哪儿了都不知道。

面对竞争,海清啤酒在检讨失利的同时,依然对前景充满信心。他们认为对手在淡季争得的市场份额,如果没有充足的产量作保障,肯定要跌下来;而且海清啤酒的分销渠道并没有受到冲击,金杯啤酒强入零售网点不过是地面阵地的穿插。

如今,啤酒销售的旺季,也就是决胜的时候快到了,在此时海清啤酒要怎样把对手击退并巩固自己的市场领导地位呢?

案例分析题:
1.请分析海清啤酒面临的环境?
2.如何评价金杯啤酒的竞争战略?
3.海清啤酒应采用什么样的竞争战略?

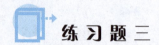

练习题 三

一、单项选择题

1.市场领导者扩大市场总需求的途径是( )。
　A.寻找产品的新用途　　　　　　　B.以攻为守
　C.扩大市场份额　　　　　　　　　D.正面进攻

2.结合赢利能力考虑,企业的市场份额( )。
　A.越大越好　　　　　　　　　　　B.存在最佳市场份额限度
　C.以50%市场份额为限　　　　　　D.不存在上限

3.市场挑战者集中优势力量攻击对手的弱点,这种策略是( )。
　A.正面进攻　B.侧翼进攻　C.包围进攻　D.游击进攻

4.某企业精心服务于某些细分市场,而不是与主要企业竞争,只是通过专业化经营占据有利的市场位置,该企业被看作是( )。
　A.市场领导者　B.市场追随者　C.市场挑战者　D.市场补缺者

5.占有最大的市场份额,在价格变化、新产品开发、分销渠道建设和促销战略等方面对本行业其他企业起着领导作用的竞争者,被称为( )。
　A.市场领导者　B.市场补缺者　C.强竞争者　D.好竞争者

6.生产婴幼儿食品的企业将其食品投向老年人市场,是通过( )寻找市场营销机会的方法。
　A.产品开发　B.市场开发　C.市场渗透　D.多种经营

7.市场总需求扩大时,受益最多的是( )。
　A.好竞争者　B.市场追随者　C.市场领导者　D.市场补缺者

二、多项选择题

1.市场挑战者在确定了战略目标和进攻对象以后,还必须制定正确的进攻策略。可供选择的进攻策略主要有( )。
　A.正面进攻　B.侧翼进攻　C.包围进攻　D.迂回进攻　E.游击进攻

2.市场补缺者的作用是( )。

A. 拾遗补缺　　　　　　　　　　　B. 有选择地跟随市场领导者

C. 见缝插针　　　　　　　　　　　D. 攻击市场追随者

E. 打破垄断

3. 市场补缺者的主要风险是(　　)。

A. 找不到补缺市场　　　B. 竞争者入侵　　　　　C. 自身利益弱小

D. 目标市场消费习惯变化　　E. 专业化

4. 市场领导者为保持自己的领导地位,可供选择的策略有(　　)。

A. 提高竞争能力　　　　B. 扩大市场需求量　　　C. 开发新产品

D. 保护市场占有率　　　E. 提高市场占有率

5. 市场领导者扩大市场总需求的途径是(　　)。

A. 寻找产品的新用途　　B. 以攻为守　　　　　　C. 扩大市场份额

D. 正面进攻　　　　　　E. 保护原有的市场份额

6. 市场挑战者在确定了战略目标和进攻对象以后,还必须制定正确的进攻策略。可供选择的进攻策略主要有(　　)。

A. 正面进攻　　B. 侧翼进攻　　C. 包围进攻　　D. 迂回进攻　　E. 游击进攻

练习题三答案

项目四　解读 STP 战略

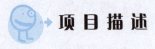

项目描述

STP 战略,即目标市场营销战略,它是由美国营销学家菲利普·科特勒提出的,S、T、P 分别为 segmenting、targeting、positioning,即市场细分、目标市场和市场定位。企业面对着成千上万的消费者,他们的消费心理、购买习惯、收入水平和所处的地理环境和文化环境等都存在着很大的差别。对于这样复杂多变的大市场,任何一个企业,不管它的规模多大、资金实力多雄厚,都不可能满足整个市场上全部顾客的所有需求。在这种情况下,企业只能根据自身的优势,从事某方面的生产营销活动,选择力所能及的、适合自己经营的目标市场,开展目标市场营销。

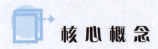

市场细分　目标市场选择　市场定位

任务 4.1　开展市场细分

【素质目标】
1. 具有全局意识。
2. 具有团队协作和沟通能力。
3. 具有爱国情怀和文化自信。

【知识目标】
1. 掌握市场细分的概念。
2. 掌握市场细分的标准和步骤。

【能力目标】
能够选用恰当的标准进行市场细分。

案例导入

中国移动通信集团公司(中国移动)于2000年4月20日成立,是一家基于GSM、TD-SCDMA和TD-LTE制式网络的移动通信运营商,2000年5月16日正式挂牌。中国移动通信集团公司全资拥有中国移动(香港)集团有限公司,由其控股的中国移动有限公司在内地31个省(自治区、直辖市)和香港特别行政区设立全资子公司,并在香港和纽约上市。中国移动拥有"动感地带""神州行""全球通""动力100""G3"等品牌产品。

2013年12月18日,中国移动公布了与正邦合作设计的4G品牌"And!"和"移动4G,国际主流,快人一步",标志着中国移动4G业务的正式启动。

2018年8月,中国移动推出惠台方案,将港澳台地区纳入流量不限量适用范围,取消台湾漫游费。同年12月1日起推出以短信的形式向用户发送本月账单。

2019年6月6日,工信部向中国移动发放5G商用牌照。

资料来源:https://baike.baidu.com/item/中国移动。

4.1.1 市场细分的含义

市场细分是指根据顾客需求上的差异把某个产品或服务的市场划分为一系列细分市场的过程。营销者通过市场调研,依据消费者的需要和欲望、购买行为及购买习惯等方面的差异,把某一产品的市场整体划分为若干消费者群的市场,每一个消费者群就是一个细分市场,每一个细分市场都是由具有类似需求倾向的消费者构成的群体。

市场细分以消费者需求的某些特征或变量为依据,将整体市场区分为具有不同需求的消费者群体的过程。经过市场细分,同类产品市场上,就某一细分市场而言,消费者需求具有较多的共同性,而不同细分市场之间的需求具有较多的差异性。

市场细分的概念和作用:http://www.cqooc.com/learn/mooc/structure? id=334569388。

市场细分的概念及作用

4.1.2 市场细分的条件

企业进行市场细分的目的是通过对顾客需求差异予以定位,来取得较大的经济效益。但同时,产品的差异化必然导致生产成本和推销费用的相应增长,所以,企业必须在市场细分所得收益和所增成本之间进行权衡,对市场进行有效细分。有效的市场细分必须具有以下特点:

(1)可衡量性 是指各个细分市场的购买力和规模能被衡量的程度。如果细分变数很难衡量的话,就无法界定市场。

(2)可赢利性 是指企业新选定的细分市场容量足以使企业获利。

(3)可进入性 具体表现在信息进入、产品进入和竞争进入,是指所选定的细分市场必须与企业自身状况相匹配,企业有优势占领这一市场。这实际上也是分析其营销活动的可行性。

（4）差异性　是指细分市场在观念上能被区别，存在差异性，并对营销组合因素和方案有不同的反应。

4.1.3　市场细分的步骤

市场细分的原则及程序

1. 选定产品市场范围

企业应明确自己在某行业中的产品市场范围，并以此作为制定市场开拓战略的依据。企业对市场的细分，不是简单地将一个偌大的市场作为分析对象，而是根据企业自身实力和业务发展方向，将需要分析的目标市场确定在一定的范围之内，确定要进入什么行业，生产什么产品。

2. 确定进行市场细分的标准

市场细分标准的确定，可从地理、人口、心理、行为等方面列出影响产品市场需求和顾客购买行为的各项变数。

1）地理标准

地理标准就是按照消费者所在的地理位置、地理环境等因素来细分市场。消费者所处的地理环境不同，对于同一类产品往往会有不同的需求和偏好。

（1）地理位置。我国的地理区域可按行政区划划分为省、自治区、市、县等，或按照地理位置分为内地、沿海城市、农村等。地理位置的不同，往往伴随着不同的气候、地形条件，使得人们对同类产品的需求偏好产生差异。

（2）城镇大小。可划分为大城市、中等城市、小城市和乡镇。处在不同规模城镇的消费者，在消费结构方面存在较大的差异。

（3）地形和气候。按地形可划分为平原、丘陵、山区、沙漠地带等，按气候可分为热带、亚热带、温带、寒带等。

2）人口标准

（1）年龄。不同年龄段的消费者，由于生理、性格、爱好、经济状况的不同，对消费品的需求往往存在很大的差异。按年龄可将消费者市场分为婴儿市场、儿童市场、青年市场、中年市场、老年市场等。

（2）性别。人们常说男女有别，男性与女性在衣、食、住、行等方面，无论是购买动机、购买行为还是购物习惯，都有着显著的差异。随着社会的快速发展，即使在原来被认为是同质市场的某些领域，也出现了性别间的需求差异。

（3）收入。收入直接影响消费者的需求欲望和选择。

（4）职业。不同职业的消费者，由于知识水平、工作条件和生活方式不同，其消费需求存在很大的差异，因而也会形成不同的细分市场。

（5）婚姻状况。消费者婚姻状况也会影响其消费需求。

（6）受教育程度。受教育程度不同的消费者，在兴趣、生活方式、文化素养、价值观念等方面都会有所不同，因而会影响他们的购买种类、购买行为、购买习惯。

（7）民族。我国是一个多民族的大家庭，除汉族外，还有 55 个少数民族。这些民族都各有自己的传统习俗、生活方式，从而呈现出各种不同的商品需求，形成不同的细分市场。

（8）宗教。世界上有三大宗教，即基督教、佛教、伊斯兰教，不同宗教信仰的人们在饮食、风俗、行为等方面有其喜好或禁忌。

(9)家庭生命周期。一个家庭处在不同的阶段,即青年单身、二人世界、三口之家、成年家庭、三代同堂等,家庭人口数目不一样,也会影响其消费需求。

3)心理标准

按心理因素细分,就是将消费者按其生活方式、性格、购买动机、态度等变数细分成不同的群体。

(1)生活方式。根据消费者生活方式的不同,可以分为朴素型、时髦型和高雅型。

(2)购买动机。消费者选购产品时,追求的利益可能是求实、求廉、求新、求美、求名、求安等,各不相同,这些都可作为细分的变量。

4)行为标准

按行为因素细分,就是按照消费者购买或使用某种商品的时间、购买数量、购买频率、对品牌的忠诚度、使用状况等变数来细分市场。

(1)购买时间。许多产品的消费具有时效性,因此,企业可以根据消费者产生需要、购买并使用产品的时间进行市场细分。

(2)购买数量。据此可分为大量用户、中量用户和小量用户。

(3)购买频率。据此可分为经常购买、一般购买、不常购买(潜在购买者)。

(4)购买习惯。根据消费者对品牌的忠诚度,消费者可划分为坚定品牌忠诚者、多品牌忠诚者、转移的忠诚者、无品牌忠诚者等。

(5)使用状况。按使用状况细分,消费者可划分为非使用者、曾经使用者、潜在使用者、首次使用者和经常使用者几种类型。

3. 分割市场

公司应对不同的潜在顾客进行抽样调查,并对所列出的需求变数进行评价,了解顾客的共同需求,对市场进行分割。

(1)单一因素细分法。是指选择一个细分变量作为标准对市场进行划分,如根据居民收入水平可以将市场分为高收入阶层市场、中等收入阶层市场和低收入阶层市场。

(2)双因素细分法。是指采用二维变量对市场进行划分,最常见的是产品-市场矩阵法。

(3)多层次细分法。根据市场需要,有时可用三个或三个以上的变量对市场进行细分。具体操作思路是分层次进行细分,即在第一次细分的基础上,再运用变量继续进行细分。照此,经过一层一层的市场细分,用户类型就会逐渐清晰。

4. 聚合标准形成细分市场

将整个市场分割为不同的子市场后,还要根据多方面的信息和资料,聚合为几个对企业经营活动有用的细分市场。常用的方法有以下几种。

(1)列表法。企业可以将市场分割后形成的多个子市场列在一张表格上,将各个细分标准下对应的子市场特征填在表格内,根据这些特征的分布,结合企业的需要,将其中的部分细分市场合并,进行不同细分市场的聚合。

(2)系列问题法。系列问题法类似于列表法,但这种方法不是将分割形成的全部市场都列出来,而是根据企业的经营提出几个关键问题,根据对这几个问题的回答,将分割的不同市场聚合成为一个或者多个细分市场。

(3)图解法。画出坐标图,选择关键特征变量作为横坐标或者纵坐标的变量,将不同的消费者细分群体标在坐标图中,按照这几个变量的要求,如果一个细分市场的全部或者大部分落在另外一个细分市场上,则可以将这两个细分市场聚合;否则,可以考虑将不同的细分市场并列。

5. 对细分后的市场进行评估

调查、分析、评估各细分市场,最终确定可进入的细分市场。选择细分市场要考虑市场的可衡量性、可进入性、可赢利性、差异性和相对稳定性。

(1)可衡量性。是指用来细分市场的标准和变数及细分后的市场是可以识别和衡量的,即有明显的区别,有合理的范围。如果某些细分变数或购买者的需求和特点很难衡量,细分市场后无法界定、难以描述,那么市场细分就失去了意义。

(2)可进入性。是指企业能够进入所选定的市场部分,能进行有效的促销和分销,实际上就是考虑营销活动的可行性。一是企业能够通过一定的广告媒体把产品信息传递到该市场众多的消费者中去;二是产品能通过一定的销售渠道抵达该市场。

(3)可赢利性。是指细分市场的规模要大到能够使企业足够获利的程度,使企业值得为它设计一套营销规划方案,以便顺利地实现其营销目标,并且有可拓展的潜力,以保证按计划能获得理想的经济效益和社会服务效益。

(4)差异性。是指细分出的市场在行为或观念上能被区别并对不同的营销组合因素和方案有不同的反应;否则,就是同质市场,不需要细分。

(5)相对稳定性。是指细分后的市场在需求特征、需求数量和消费行为等方面,会在一定时间内保持相对稳定,因为这直接关系到企业生产、销售的稳定性。

4.1.4　市场细分的方法

市场细分的标准及方法

1. 单一标准变量法

所谓单一标准变量法,是指根据市场营销调研结果,把选择影响消费者或用户需求最主要的因素作为细分变量,从而达到市场细分的目的。这种细分法以公司的经营实践、行业经验和对客户的了解为基础,在宏观变量或微观变量间,找到一种能有效区分客户并使公司的营销组合产生有效对应的变量而进行的细分。

2. 主导因素排列法

主导因素排列法即用一个因素对市场进行细分,如按性别细分化妆品市场,按年龄细分服装市场等。这种方法简便易行,但难以反映复杂多变的顾客需求。

3. 综合因素细分法

综合因素细分法即用影响消费需求的两种或两种以上的因素进行综合细分,如用生活方式、收入水平、年龄三个因素可将妇女服装市场划分为不同的细分市场。

4. 系列因素细分法

当细分市场所涉及的因素是多项的,并且各因素是按一定的顺序逐步进行时,可由粗到细、由浅入深,逐步进行细分,这种方法称为系列因素细分法。

4.1.5　市场细分的作用

(1)有利于企业发现更好的发展机会。市场机会是市场上客观存在的未被满足或未被充分满足的需求。通过市场细分,企业可以深入了解不同消费者的需求及其满足程度,把握细分市场上的竞争情况,发现有利于自己的市场机会,确定适合自身发展的目标市场。

(2)有利于企业制定最佳的营销策略。企业通过市场细分之后,可以非常明确地对目标市场量体裁衣,提供相应的产品来满足目标消费者的需求。

(3)有利于企业改良现有的产品和开发新产品。进行市场细分之后,企业往往会发现消费者需求有新的变化,当现有产品已难以满足消费者需要的时候,必须对现有产品进行改良,或开发新产品才能适销对路。

(4)有利于企业集中使用资源。通过市场细分,企业能发现最好的市场机会,确定适合进入的目标市场,从而集中人力、物力、财力为目标市场服务,将有限的资源用于能产生最大效益的地方,形成经营上的竞争优势,取得理想的经济效益。

保洁公司市场细分:http://www.cqooc.com/res/detail?id=896027。

任务4.2 选择目标市场

任务目标

【素质目标】
1. 具有全局意识。
2. 具有团队协作和沟通能力。
3. 具有爱国情怀和文化自信。

【知识目标】
1. 掌握目标市场的概念。
2. 了解目标市场选择的模式和策略。

【能力目标】
能够根据企业实际选择合适的目标市场。

案例导入

中国移动的全球通、动感地带、神州行三个产品有不同的目标市场。全球通主要针对高端用户,即漫游和电话比较多的用户;动感地带主要针对各大高校和中小学学生,特点是短信多,市话便宜;神州行主要针对低消费用户,即打电话少,接电话多的用户。

4.2.1 什么是目标市场

通过市场细分,有利于明确目标市场;通过市场营销策略的应用,有利于满足目标市场的需要。目标市场就是通过市场细分后,企业准备以相应的产品和服务满足其需要的一个或几个子市场。目标市场的选择是指企业从细分后的市场设定目标,围绕占据细分市场进行一系列的目标规划。

目标市场是企业选中的将要为之服务的细分市场。选择目标市场是指评估每个细分市场的价值或者吸引力程度,并选择进入一个或多个细分市场。企业选择的目标市场应是能为企业创造最大顾客价值并能具有一定的时间持续性的细分市场。

4.2.2 企业选择目标市场的标准

目标市场的选择模式

1. 有一定的规模和发展潜力

企业进入某一市场是期望能够有利可图的,如果市场规模狭小或者趋于萎缩状态,企业进入后难以获得发展,所以企业选择目标市场时,应审慎考虑,狭小市场不宜轻易进入。当然,企业也不宜以市场规模作为唯一取舍标准,特别是应力求避免"多数谬误",即与竞争企业遵循同一思维逻辑,将规模最大、吸引力最大的市场作为目标市场。如果行业内的企业共同争夺同一个顾客群,结果必会造成过度竞争和社会资源的无端浪费,同时使消费者的一些本应得到满足的需求遭受冷落和忽视。

2. 细分市场结构的吸引力

细分市场可能具备理想的规模和发展特征,然而从赢利的观点来看,它未必有吸引力。波特认为有五种因素决定整个市场或其中任何一个细分市场的长期的内在吸引力。这五个因素是:同行业竞争者、潜在的新参加的竞争者、替代产品、购买者和供应商。他们具有如下五种威胁性:

(1)细分市场内激烈竞争的威胁。

如果某个细分市场已经有了众多的、强大的或者竞争意识强烈的竞争者,那么该细分市场就会失去吸引力。如果该细分市场处于稳定或者衰退状况,企业生产能力不断大幅度扩大,固定成本过高,撤出市场的壁垒过高,竞争者投资又很大,那么情况就会更糟。这常常会导致价格战、广告争夺战,新产品推出,迫使参与竞争的企业付出高昂的代价。

(2)新竞争者的威胁。

如果某个细分市场可能吸引增加新的生产能力、大量资源以及争夺市场份额的新的竞争者,那么该细分市场就会没有吸引力。问题的关键是新的竞争者能否轻易地进入这个细分市场。进入细分市场的壁垒越高,且细分市场内原有企业的抵制、阻碍新企业进入的障碍越大,新的竞争者就很难进入这个细分市场;反之,如果新的竞争者很容易进入这个市场,当然也说明这个细分市场就越缺乏吸引力。根据行业利润的观点,最有吸引力的细分市场应该是进入的壁垒高、退出的壁垒低。如果细分市场进入和退出的壁垒都较低,公司便可以进退自如,虽然获得的回报稳定,但不高。最坏的情况是进入细分市场的壁垒较低,而退出的壁垒却很高。于是,在经济良好时,大家蜂拥而入,但在经济萧条时,却很难退出。其结果是大家都生产能力过剩,收入下降。

(3)替代产品的威胁。

如果某个细分市场存在着替代产品或者有潜在替代产品,那么该细分市场就失去吸引力。替代产品会限制细分市场内价格和利润的增长。企业应密切注意替代产品的价格趋向。如果在这些替代产品行业中技术有所发展,或者竞争日趋激烈,这个细分市场的价格和利润就可能会下降。

(4)购买者讨价还价能力加强的威胁。

如果某个细分市场中购买者的讨价还价能力很强或正在加强,该细分市场就没有吸引力。购买者会设法压低价格,对产品质量和服务提出更高的要求,并且使竞争者互相斗争,所有这些都会使销售商的利润受到损失。购买者比较集中或者有组织,或者该产品在购买者的成本中占较大比重,或者产品无法实行差别化,或者顾客的转换成本较低,或者由于购买者的利益较低而对价格敏感,或者顾客能够向后实行联合,购买者的讨价还价能力就会加强。

(5)供应商讨价还价能力加强的威胁。

如果企业的供应商能够轻易提价或者降低产品和服务的质量,或减少供应数量,那么该企业所在的细分市场就会没有吸引力。如果供应商集中或有组织,或者替代产品少,或者供应的产品是重要的投入要素,或者转换成本高,或者供应商可以向前实行联合,那么供应商的讨价还价能力就会较强大。与供应商建立良好关系和开拓多种供应渠道是企业必备的防御策略。

3. 符合企业目标和能力

某些细分市场虽然有较大吸引力,但不能推动企业实现发展目标,甚至分散企业的精力,使之无法完成其主要目标,这样的市场企业应考虑放弃。企业在选择目标市场时,还应考虑企业的资源条件是否适合在这一细分市场经营。只有选择那些企业有条件进入、能充分发挥其资源优势的市场作为目标市场,企业才会立于不败之地。

4.2.3 选择目标市场的策略

1. 无差别性市场策略

无差别性市场策略就是企业把整个市场作为自己的目标市场,只考虑市场需求的共性,而不考虑其差异,运用一种产品、一种价格、一种推销方法,吸引尽可能多的消费者,它的特点是简单、节约成本,但是不能满足不同类型消费者的个性化需求。

2. 差别性市场策略

差别性市场策略就是把整个市场细分为若干子市场,针对不同的子市场,设计不同的产品,制定不同的营销策略,满足不同的消费需求。这种策略的优点是能满足不同消费者的不同要求,有利于扩大销售、占领市场、提高企业声誉。其缺点是由于产品差异化、促销方式差异化,增加了管理难度,提高了生产和销售费用。

3. 集中性市场策略

集中性市场策略就是在细分后的市场上,选择两个或少数几个细分市场作为目标市场,实行专业化生产和销售。采用集中性市场策略,能集中优势力量,有利于产品适销对路,降低成本,提高企业和产品的知名度。但也有较大的经营风险,因为它的目标市场范围小,品种单一。采用这种策略的企业对目标市场有较深入的了解,这是大部分中小型企业应当采用的策略。

目标市场策略的类型

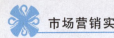

目标市场策略的类型:http://www.cqooc.com/learn/mooc/structure? id=334569388。

市场定位的概念和步骤

任务4.3　明确市场定位

任务目标

【素质目标】
1. 具有全局意识。
2. 具有团队协作和沟通能力。
3. 具有爱国情怀和文化自信。

【知识目标】
1. 掌握市场定位的含义。
2. 了解市场定位选择的模式和策略。

【能力目标】
能够为企业产品进行市场定位。

案例导入

"我的地盘我做主"

中国移动"动感地带"的品牌个性定位是时尚、好玩、探索、创新、个性、归属感;文化定位是年轻人的通信自治乡,社区文化倡导流行、前卫、另类、新潮。

"动力100"是中国移动面向集团客户推出的统一的业务标识。"动力"源于实力、科技与创新,信息动力将推动政府效能,助力大客户创新和中小企业成长,协同伙伴共赢;"100"代表着百分百动力,百倍效能,是我们为客户创造效能、实践价值的承诺。"动力100"将致力于为集团客户提供综合信息化应用服务,并从"效率""创新""竞争""共赢"四个层面助力各行各业推进信息化进程。

资料来源:360百科 https://baike.so.com/doc/5336487-5571926.html。

企业一旦选择了目标市场,就要在目标市场上进行产品的市场定位。市场定位是企业全面战略计划中的一个重要组成部分,它关系到企业及其产品的市场形象。

4.3.1　市场定位的含义

市场定位就是在营销过程中把其产品或服务确定在目标市场中的一定位置上,即确定自己产品或服务在目标市场上的竞争地位,也叫"竞争性定位"。

市场定位是指企业针对潜在顾客的心理进行营销设计,创立产品、品牌或企业在目标顾客心目中的某种形象或某种个性特征,保留深刻的印象和独特的位置,从而取得竞争优势。

招商银行金葵花产品定位:http://www.cqooc.com/res/detail?id=921954。

市场定位的实质是使本企业与其他企业严格区分开来,使顾客明显感觉和认识到这种差别,从而在顾客心目中占有特殊的位置。

需要指出的是,市场定位中所指的产品差异化与传统的产品差异化概念有本质区别,它不是从生产者角度出发单纯追求产品的差异,而是在对市场分析和细分化的基础上,寻求建立某种产品特色,因而它是现代市场营销观念的体现。

市场定位的概念和步骤:http://www.cqooc.com/learn/mooc/structure?id=334569388。

4.3.2　市场定位的实施步骤

1. 识别可能的竞争优势

消费者一般都选择那些给他们带来最大价值的产品和服务。因此,企业可以把自己的市场定位为:向目标市场提供优越的价值,从而赢得竞争优势。企业可以提供比竞争者较低的价格或者提供更多的价值以使较高的价格显得合理,通过产品差异、价格差异、服务差异、人员差异、形象差异等建立企业形象,使自己不同于竞争对手。

2. 选择合适的竞争优势

如果企业已发现了若干个潜在的竞争优势,必须选择其中几个竞争优势,以建立起市场定位战略。企业必须决定促销的类别,以及对应的优势。当然,企业在进行市场定位时,要避免定位过低、定位过高或者定位混乱。

3. 传播和送达选定的市场定位

一旦选择好市场定位,企业就必须采取切实步骤把理想的市场定位传达给目标消费者。企业所有的市场营销组合必须支持这一市场定位战略。市场定位策略的有效性,要求企业必须谨慎选择能使其与竞争者相区别的途径。

4.3.3　市场定位策略

1. 直接对抗定位战略

市场定位策略

直接对抗定位也称为针锋相对定位,指企业采取与细分市场上最强大的竞争对手同样的定位,即企业把产品或服务定位在与竞争者相似或相同的位置上,与竞争者争夺同一细分市场。一般来说,当企业能够提供比竞争对手更令顾客满意的产品或服务、比竞争对手更具有竞争实力时,可以实行这种定位战略。如果竞争对手实力很强,且在消费者心目中处于强势地位,实施直接对抗定位策略有一定的市场风险,这不仅需要企业拥有足够的资源和能力,而且需要在知己知彼的基础上实施差异化竞争,否则将很难化解市场风险,更别说取得市场竞争胜利了。

2. 市场补缺式定位战略

市场补缺式定位战略是指企业把自己的市场位置定位在竞争者没有注意和占领的市场位置上的策略。当企业对竞争者的市场位置、消费者的实际需求和自己经营的商品属性进行评价分析后，如果发现企业所面临的目标市场存在一定的市场缝隙和空间，而且自身所经营的商品又难以正面抗衡，这时企业应该把自己的位置定在目标市场的空当位置，与竞争者成鼎足之势。采用这种市场定位策略，必须具备以下条件：

(1) 本企业有满足这个市场所需要的货源。
(2) 该市场有足够数量的潜在购买者。
(3) 企业具有进入该市场的特殊条件和技能。
(4) 企业经营必须盈利。

3. 另辟蹊径式定位战略

另辟蹊径式定位战略又称独坐一席定位战略。这种定位方式是指企业意识到很难与同行业竞争对手相抗衡从而获得绝对优势定位，也没有填补市场空白的机会或能力时，可根据自己的条件，通过营销创新，在目标市场上树立起一种明显区别于各竞争对手的新产品或新服务，突出宣传自己与众不同的特色，在某些有价值的产品属性上取得领先地位。

4. 重新定位战略

重新定位战略是指企业通过努力发现最初选择的定位战略不科学、不合理、营销效果不明显，继续实施下去很难成功获得强势市场定位时，及时采取的更换品牌、更换包装、改变广告诉求策略等一系列重新定位方法的总称。企业重新定位的目的在于能够使企业获得新的、更大的市场活力。

市场定位的策略：http://www.cqooc.com/learn/mooc/structure? id＝334569388。

4.3.4　市场定位的作用

市场定位对于企业进行目标市场营销至关重要。

(1) 市场定位有利于企业在竞争中找准自己的位置，做到有的放矢。市场定位是一种帮助企业确认竞争地位，寻找竞争战略的方法。通过定位，企业可以进一步明确竞争对手和竞争目标，发现竞争双方各自的优势与劣势，从而找准自己的位置，扬长避短，有的放矢。

(2) 市场定位有利于企业实现差异化，塑造其产品特色。企业要想在目标市场上取得竞争优势和更大效益，就必须在市场定位的基础上，确立企业形象，为产品赋予特色，以特色吸引目标消费者，这也是当代企业的经营之道。例如，宝洁公司将海飞丝定位为"去屑"，飘柔定位为"柔顺"，沙宣定位为"锁住水分"，潘婷定位为"营养"。

(3) 市场定位有利于企业制定针对性的营销策略。市场定位不仅能够实现产品差异化，更能通过一系列的营销活动把这种个性或形象强有力地传递给顾客。也就是说，企业在产品设计、价格制定、渠道选择、促销宣传等方面都要与企业产品的定位相符合。因此，进行市场定位，便于企业制定针对性的营销策略。

小　　结

STP 理论是战略营销的核心内容，S、T、P 分别为 segmenting、targeting、positioning，即

市场细分、目标市场和市场定位。STP理论的根本要义在于选择确定目标消费者或客户,或称市场定位理论。

市场细分是指根据顾客需求上的差异把某个产品或服务的市场划分为一系列细分市场的过程。通过市场细分,有利于明确目标市场;通过市场营销策略的应用,有利于满足目标市场的需要。

目标市场的选择是指企业从细分后的市场设定目标,围绕占据细分市场进行一系列的目标规划。选择目标市场是指评估每个细分市场的价值或者吸引力程度,并选择进入一个或多个细分市场。企业选择的目标市场应是能为企业创造最大顾客价值并能具有一定的时间持续性的细分市场。

市场定位就是在营销过程中把其产品或服务确定在目标市场中的一定位置上,即确定自己产品或服务在目标市场上的竞争地位,也叫"竞争性定位"。市场定位是企业针对潜在顾客的心理进行营销设计,创立产品、品牌或企业在目标顾客心目中的某种形象或某种个性特征,保留深刻的印象和独特的位置,从而取得竞争优势。市场定位的实质是使本企业与其他企业严格区分开来,使顾客明显感觉和认识到这种差别,从而在顾客心目中占有特殊的位置。

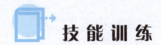
技 能 训 练

中国移动属于国有控股企业,中国移动通信集团公司于2000年4月20日成立,中国移动全资拥有中国移动(香港)集团有限公司,由其控股的中国移动有限公司在内地31个省(自治区、直辖区)和香港特别行政区设立全资子公司,并在香港和纽约上市。

目前,中国移动有限公司是我国在境外上市公司中市值最大的公司之一,也是亚洲市值最大的电信运营公司之一。中国移动已经成功进入国际资本市场,良好的经营业绩和巨大的发展潜力吸引了众多国际投资。

除原有"动感地带""神州行""全球通""动力100""G3"等品牌产品外,中国移动在2013年12月18日公布了与正邦合作设计的4G品牌"And!和",标志着中国移动4G业务的正式启动,发展口号是:移动4G,国际主流,快人一步。2018年8月,中国移动推出惠台方案,将港澳台地区纳入流量不限量适用范围,取消台湾漫游费。12月1日起推出以短信的形式向用户发送本月账单。

2019年6月6日,工信部向中国移动发放5G商用牌照。

企业发展历程:

1987年11月18日,第一个模拟蜂窝移动电话系统在广东省建成并投入商用。

1994年3月26日,邮电部移动通信局成立。

1995年,GSM数字电话网正式开通。

1996年,移动电话实现全国漫游,并开始提供国际漫游服务。

1997年7月17日,中国移动第1000万个移动电话客户在江苏诞生。

1997年10月22日、23日,广东移动通信和浙江移动通信资产分别注入中国电信(香港)有限公司(后更名为中国移动(香港)有限公司),分别在纽约和香港挂牌上市。

1999年4月底,根据国务院批复的《中国电信重组方案》,移动通信分营工作启动。

2000年4月20日,中国移动通信集团公司正式成立。

2000年底,中国移动的交换容量超过1亿户。

2001年2月20日,在法国戛纳举行的第六届全球GSM年会上,中国移动通信公司李默芳总工程师荣获"GSM联盟突出贡献奖"。

2001年9月14日,中国移动通信广州国际局实现了顺利割接入网,这标志着中国移动通信第一个国际通信出入口局正式开通。

2002年1月22至24日,中国移动通信集团公司工作会议召开,提出实施"服务与业务领先"的战略重点。

2002年3月5日,中国移动通信与韩国KTF公司在京正式签署了GSM-CDMA自动漫游双边协议,实现了GSM-CDMA之间的自动漫游。

2002年5月17日,中国移动率先在全国范围内正式推出GPRS业务。11月18日,中国移动通信与美国AT&T Wireless公司联合宣布,两公司GPRS国际漫游业务正式开通。

2002年5月20日,中国移动通信赴韩服务小组到达韩国,为观看韩日足球世界杯的中国移动通信客户提供GSM-CDMA原号漫游服务。这是中国移动首次出国提供现场移动通信服务。

2004年7月21日,中国移动通信集团公司正式成为北京2008年奥运会移动通信服务合作伙伴。

2004年,中国移动通信集团公司资产净值达到2331.6100亿元人民币,纯利达到420.04亿元人民币。

2005年10月,中国移动通信集团公司宣布收购香港移动电讯商PEOPLES(华润万众电话),现已成为其全资附属机构,并改名为中国移动万众电话有限公司。

2007年1月9日,中国移动通信集团公司发布中国信息产业企业的第一份企业责任报告。1月22日,中国移动通信集团公司宣布与米雷康姆国际移动通信公司(Millicom International Cellular S.A.)签订了收购其所持有的巴科泰尔有限公司(Paktel Limited)88.86%的在外发行股份的协议,这次收购,是中国通信运营商实施"走出去"战略的重大突破。

2007年2月14日,中国移动通信集团公司宣布,成功完成收购米雷康姆所持有的巴科泰尔的股份。此举意味着中国移动通信正式进入巴基斯坦电信市场,跨国经营实现零的突破。

2007年2月,国家科技奖励大会上,中国移动通信集团公司的《数据业务管理平台(DSMP)设计与研发》项目在2005年获得中国通信学会科技进步一等奖的基础上,又获得国家科技进步二等奖。这是中国移动通信在技术创新上的又一次重大突破。

2007年4月12日,中国移动通信集团公司战略决策咨询会2007年年会在京召开。公司领导与来自政府、电信行业、经济界和法律界的15位中外专家委员齐聚一堂,围绕"如何提升公司软实力"等重大战略议题各抒己见、共商大计。

2007年7月26日,中国移动通信集团公司控股的中国移动有限公司在香港证券交易所的收市价达到89.35港元/股,市值达到17873亿港元,成为香港市值最大的公司。

2007年8月11日,中国移动通信集团公司正式成为"2007年上海夏季特殊奥林匹克运动会合作伙伴"。

2007年8月30日,中国移动通信集团公司携手中国国际广播电台(CRI)在京举行新闻发布会,宣布CRI手机电视在中国移动通信的流媒体平台上正式开通。

2007年11月13日,位于珠穆朗玛峰海拔6500米的世界最高基站开通,珠峰顶上不能拨打手机的情况彻底成为历史。

2008年5月23日,中国铁通集团有限公司并入中国移动通信集团公司,成为其全资子企业,保持相对独立运营。

2008年2月25日,中国移动发布2007年度企业社会责任报告,实施五大责任工程,追求"和谐共成长"。

2008年3月3日,铁道部与中国移动战略合作协议签字仪式举行。

2008年4月1日,中国移动在全国八个城市开放157号,启动TD-SCDMA社会化测试和试商用工作。

2008年5月8日,中国移动在西藏自治区珠峰大本营建成全球海拔最高的移动基站和营业厅。

2008年5月23日,中国移动通信集团公司通报,独立运营。

2008年9月,中国移动成为中国大陆首家入选道·琼斯可持续发展指数(DowJones Sustain ability Indexes)的公司。入选该指数,意味着中国移动已成为全球企业社会责任与可持续发展的领跑企业之一。

2015年11月27日,中国移动宣布,其全资子公司中移铁通与铁通签订收购协议。中移铁通收购铁通相关目标资产和业务,收购价格为318.8亿元。根据收购协议的约定,中移铁通将收购铁通的若干资产、业务及相关负债并接收相关从业人员。其中,收购的资产和业务包括约9.9万皮长公里的全国骨干网络、约182.2万皮长公里的城市光缆、约2471万个IPv4地址资源、房屋1814项及土地685项、约1198万的固网宽带用户和约1829万固话用户(其中含1388万的传统固话用户)。此外,铁通拥有固网运营经验的从业人员约4.7万人。

2017年9月1日起,取消手机国内漫游费和长途费。

2018年3月,中国移动发布2017年财务报告,称2017年中国移动营运收入7405亿元,增长4.5%;净利润1142.79亿元,增长5.1%。截至2017年底,中国移动用户数达8.87亿户,其中4G用户数为6.49亿户。

2018年5月25日,中移物联正式推出智能物联China Mobile Inside计划,同时发布国内首款提供"eSIM+连接服务"的芯片。

2018年5月,中国移动国际公司日本子公司成立,意在加强5G交流合作。

2018年6月1日起,中国移动宣布,天津、上海、南京、杭州、广州、深圳、成都7个城市的移动用户可以体验一号双终端业务。一号双终端业务主要是运用了eSIM技术,简单地说,是将传统SIM卡直接嵌入设备芯片上,而不是作为独立的可移除零部件加入设备中,用户无需插入"实体"的SIM卡。

2018年6月20日,中国移动通信集团有限公司以基石投资者身份参与小米集团的香港IPO。

2018年7月6日,中国移动在河北雄安新区宣布设立中国移动(雄安)产业研究院,研究院将与在北京的中国移动研究院一体化深度协同,面向智慧城市、人工智能和新一代网络技术等领域,构建产学研深度融合的创新体系和开放共享的研发生态,助力雄安新区智能城市建设。

2018年12月1日起,中国移动有一个新的调整。中国移动已正式发布"铁令",未来每个月会以短信的形式向用户发送本月账单。短信提醒月账单,可以比邮件让用户更清晰地了解扣费内容,而工信部的目的也是打击那些不明确的隐藏消费,这样一来运营商就不敢那么明显地扣除你的费用了,而一些奇怪的增值业务也不会那么轻易出现在你的月账单中。

2018年12月17日,中国移动通信集团宣布成立全资子公司中移动金融科技有限公司,并落户北京金融科技与专业服务创新示范区。

2019年6月6日,工信部向中国移动发放5G商用牌照。

资料来源:

1.业百科:https://www.yebaike.com/22/817656.html

2.360百科:https://baike.so.com/doc/5336487-5571926.html

阅读中国移动案例,收集相关信息资料,利用市场细分的基本程序和方法、目标市场的定位和选择等知识的学习,以组为单位选择中国移动的一种产品,试分析:

1."我的客户是谁?""我的目标市场在哪里?"。

2.此产品是如何进行市场细分的?并对其进行分析评价。

3.此产品是如何进行目标市场选择的?目标市场策略是什么?并对其目标市场选择策略进行分析评价。

4.此产品实施的市场定位依据是什么?市场定位策略是什么?并对其市场定位策略进行分析评价。

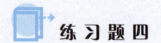

练习题四

不定项选择题

1.市场细分的客观依据是(　　)。

　A.需求的差异性　　　　　　　　　B.需求的客观性
　C.需求的同质性　　　　　　　　　D.需求的有效性

2.有效的市场细分具有的特点是(　　)。

　A.可衡量性　B.可赢利性　C.可进入性　D.差异性

3.根据消费者生活方式的不同,可以分为朴素型、时髦型和高雅型。这种市场细分的标准是(　　)。

　A.地理标准　B.人口标准　C.心理标准　D.行为标准

4.用影响消费需求的两种或两种以上的因素进行综合细分,如用生活方式、收入水平、年龄三个因素可将妇女服装市场划分为不同的细分市场。这种市场细分的方法是(　　)。

　A.单一标准变量法　　　　　　　　B.主导因素排列法
　C.综合因素细分法　　　　　　　　D.系列因素细分法

5.企业把整个市场作为自己的目标市场,只考虑市场需求的共性,而不考虑其差异,那么它实施的是(　　)。

　A.无差别性市场策略　　　　　　　B.差别性市场策略
　C.集中性市场策略　　　　　　　　D.以上都是

6.企业针对不同的市场,设计不同的产品,制定不同的营销策略,以满足不同的消费需求,那么它实施的是(　　)。

　A.无差别性市场策略　　　　　　　B.差别性市场策略
　C.集中性市场策略　　　　　　　　D.以上都是

7.企业主要选择两个或少数几个细分市场作为目标市场,实行专业化生产和销售,那么它实施的是(　　)。
　　A.无差别性市场策略　　　　　　　　B.差别性市场策略
　　C.集中性市场策略　　　　　　　　　D.以上都是
8.(　　)就是企业针对潜在顾客的心理进行营销设计,创立产品、品牌或企业在目标顾客心目中的某种形象或某种个性特征,保留深刻的印象和独特的位置,从而取得竞争优势。
　　A.市场细分　　B.市场定位　　C.市场竞争　　D.市场营销
9.市场定位对企业进行目标市场营销至关重要,常用的策略有(　　)。
　　A.直接对抗定位　　　　　　　　　　B.市场补缺式定位
　　C.另辟蹊径式定位　　　　　　　　　D.重新定位
10.企业进行市场定位主要的作用有(　　)。
　　A.有利于企业找到自己的目标市场
　　B.有利于企业在竞争中找准自己的位置,做到有的放矢
　　C.有利于企业实现差异化,塑造其产品特色
　　D.有利于企业制定针对性的营销策略

练习题四
答案

项目五　制定产品策略

 项目描述

产品是市场营销组合中最重要也是最基本的因素。企业在制定营销组合策略时,首先必须决定发展什么样的产品来满足目标市场需求。同时,产品策略还直接或间接地影响到其他营销组合因素的管理。从这个意义上说,产品策略是整个营销组合策略的基石。

 核心概念

产品整体概念　产品组合　产品生命周期　新产品　包装策略

任务5.1　分析产品与产品组合

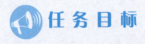 **任务目标**

【素质目标】
1. 具有诚信品质、责任意识、团队合作精神。
2. 具有探索实践的创新思维能力。
3. 具有一定的审美和人文素养。
4. 具有爱国情怀与文化自信。

【知识目标】
1. 掌握产品的核心概念,理解产品组合的内涵。
2. 熟悉产品的分类。
3. 掌握产品组合策略。

【能力目标】
1. 具有能够认识与辨别核心产品的能力。
2. 具有能够灵活运用产品组合策略的能力。

项目五 制定产品策略

 案例导入

从制造大国迈向制造强国

在新时代,已是制造大国的中国,要实现发展的可持续性,必然要经历由大到强的转变。在新科技革命兴起、人类步入智能制造时代的当下,建设制造强国,具有重大而深远的意义。从制造大国走向制造强国,这条路该怎么走,是我们必须思考的时代课题。

2018年1月8日,在美国拉斯维加斯举办的国际消费电子展上,一辆名为拜腾的新能源汽车吸引了众多参展者的目光。这款车的独特之处在于车内的中控和仪表盘被一块长达1.25米的50英寸全触摸屏幕取代。这是全球量产车型里最大的车载屏幕,它不但支持触摸控制、语音识别,而且功能丰富,可用于导航、播放音乐与视频、接听电话等。这块屏幕的设计制造商是中国企业京东方。

在京东方,平均每天有15件发明专利诞生,全球首发产品覆盖率达39%;各种炫酷的产品足以让每个看到它的人瞠目——全球尺寸最大的8K分辨率显示屏;比普通A4纸更薄的柔性显示屏;不同角度会显示不同画面的双视屏幕……京东方的成功,只是中国制造由大变强的万千缩影之一。

而驱动这一切变化极速发生的,是创新。

在过去的10年中,中国专利数增长了10倍,中国正从制造大国向全球创新研发引擎转变。2017年前11个月,中国先进制造业增长迅速。其中,高技术制造业主营业务收入同比增长13.4%,智能制造产业产值已达到1.5万亿元。中国的先进制造业不但打造出航天航空、数控机床、高铁、超算、新能源等多张"名片",更逐步向数字化、网络化、智能化方向迈进。

2017年,三一重工集团联合腾讯云打造"根云"平台,为制造企业提供专业数据分析、应用开发等服务,成为中国首个国家战略级工业互联网平台。目前,该平台已经在全球接入超过23万台工程机械,累积工程机械数据1000多亿条。与同行业相比,该平台的易损件备件呆滞库存降低了至少40%,下游经销商每年因此将节约库存超过3亿元。建设工业互联网,实现智能制造,被认为是第四次工业革命的核心,同时也是欧美强国制造业目前努力的方向。中国电子信息产业发展研究院工业经济研究所所长秦海林认为,2017年,中国先进制造业正加速应用互联网、大数据、人工智能等新技术,破解生产过程中的"信息孤岛",实现"数据实时共享",促进"物理世界+数字世界"加速融合。

2017年,无论是政府工作报告,还是中共十九大报告,都明确提出将人工智能作为一项发展方向。智能家电、机器人、无人驾驶汽车、智能工厂……在消费升级的背景下,中国诸多制造企业拥抱了智能化浪潮。2015年,在国务院印发的《中国制造2025》战略中,"创新驱动"被列为我国从制造大国向制造强国转变的首要基本方针。2017年11月27日,《关于深化"互联网+先进制造业"发展工业互联网的指导意见》则将"工业互联网"看作是新工业革命的关键支撑和深化"互联网+先进制造业"的重要基石。

不论是发展高精尖领域,还是推动制造业数字化、网络化、智能化,创新都将成为中国走向世界的"硬通货"。

资料来源:http://www.gov.cn/xinwen/2018-02/13/content_5266404.htm。

2021年9月11日数据显示:我国制造业增加值连续11年位居世界第一,在500种主要工业品中,超过四成产品的产量位居世界第一,新能源汽车、智能手机、消费级无人机等重点产业跻身世界前列。中国是制造大国更是制造强国,我们作为大学生要为实现中国梦而不懈奋斗。

5.1.1 产品的概念

产品整体概念

广义的产品是指人们通过购买而获得的能够满足某种需求和欲望的物品的总和,它既包括具有物质形态的产品实体,又包括非物质形态的利益,这就是"产品的整体概念"。

1. 核心产品

核心产品也称实质产品,指产品能够提供给购买者的基本效用或益处,是购买者所追求的中心内容。例如,买自行车是为了代步,买汉堡是为了充饥,买化妆品是希望美丽、体现气质、增加魅力等。因此,企业在开发产品、宣传产品时应明确产品能提供的利益,产品才具有吸引力。

2. 有形产品

有形产品是产品在市场上出现时的具体物质外形,它是产品的形体、外壳,核心产品只有通过有形产品才能体现出来。产品的有形特征主要指质量、款式、特色、包装。如冰箱,有形产品不仅仅指电冰箱的制冷功能,还包括它的质量、造型、颜色、容量等。

3. 附加产品

附加产品是指顾客购买产品所得到的各种附加利益的总和。它包括安装、使用指导、质量保证、维修等售前售后服务。由于产品的消费是一个连续的过程,既需要售前宣传产品,又需要售后持久、稳定地发挥效用,因此,服务是不能少的。可以预见,随着市场竞争的激烈展开和用户要求不断提高,附加产品越来越成为竞争获胜的重要手段。

4. 心理产品

心理产品是指产品的品牌和形象提供给顾客心理上的满足。产品的消费往往是生理消费和心理消费相结合的过程。随着人们生活水平的提高,人们对产品的品牌和形象看得越来越重,因而它也是产品整体概念的重要组成部分。有关产品整体构成如图5-1所示。

在现代营销观念下,产品分类的思维方式是每一个产品类型都有与之相适应的市场营销组合策略。

5.1.2 非耐用品、耐用品和服务

产品可以根据其耐用性和是否有形分为以下三类。

1. 非耐用品(nondurable goods)

非耐用品一般是指有一种或多种消费用途的低值易耗品,如啤酒、肥皂和盐等。非耐用

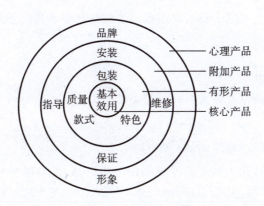

图 5-1　产品整体构成

品售价中的加成要低,还应加强广告以吸引顾客试用并形成偏好。

2. 耐用品（durable goods）

耐用品一般是指使用年限较长、价值较高的有形产品,如冰箱、彩电、机械设备等。耐用品需要较多的人员推销和服务等。

3. 服务（services）

服务是为出售而提供的活动、利益或满意,如理发和修理。服务的特点是无形、不可分、异质性和不可储存。一般来说,它需要更多的质量控制、供应商信用以及适用性。

5.1.3　消费品分类

消费品可以根据消费的特点分为便利品、选购品、特殊品和非渴求物品四种类型。

1. 便利品（convenience goods）

便利品是指顾客频繁购买或随时购买的产品,如烟草制品、肥皂和报纸等。便利品可以进一步分成常用品、冲动品以及救急品。常用品（staples）是顾客经常购买的产品,例如,某顾客也许经常要购买可口可乐、佳洁士牙膏。冲动品（impulse goods）是顾客没有经过计划或搜寻而顺便购买的产品。救急品（emergency goods）是当顾客的需求十分紧迫时购买的产品。救急品的地点效用很重要,一旦顾客需要应能够迅速实现购买。

2. 选购品（shopping goods）

选购品是指顾客对适用性、质量、价格和式样等基本方面要作认真权衡比较的产品,如家具、服装、汽车和大的器械等。选购品可以划分为同质品和异质品。购买者认为同质选购品的质量相似,但价格却明显不同,所以有选购的必要,销售者必须与购买者"商谈价格"。但对顾客来说,在选购服装、家具和其他异质选购品时,产品特色通常比价格更重要。经营异质品的经营者必须备有大量的品种花色,以满足不同的爱好;他们还必须有受过良好训练的推销人员,为顾客提供信息和咨询。

3. 特殊品（specialty goods）

特殊品是指具备独有特征和(或)品牌标记,购买者愿意做出特殊购买努力的产品,如特殊品牌和特殊式样的花色商品、小汽车、立体声音响、摄影器材以及男式西服等。

4. 非渴求品（unsought goods）

非渴求品是指消费者不了解或即便了解也不想购买的产品。传统的非渴求品有人寿保险、墓地、基碑以及百科全书等。经营非渴求品的经营者要对非渴求品付出广告和人员推销等大量营销努力。

5.1.4 产业用品分类

各类产业组织需要购买各种各样的产品和服务。产业用品可以分成：材料和部件、资本项目以及供应品与服务三类。

1. 材料和部件(materials and parts)

材料和部件指完全转化为制造商产成品的一类产品，包括原材料、半制成品和部件，如农产品、构成材料（铁、棉纱）和构成部件（马达、轮胎）。上述产品的销售方式有所差异。农产品需进行集中、分级、储存、运输和销售服务，其易腐性和季节性的特点，决定了要采取特殊的营销措施。构成材料与构成部件通常具有标准化的性质，意味着价格和供应商的可信性是影响购买的最重要因素。

2. 资本项目(capital items)

资本项目是指部分进入产成品中的商品，包括两个部分：装备和附属设备。装备包括建筑物（如厂房）和固定设备（如发电机、电梯）。该产品的销售特点是售前需要经过长时期的谈判；制造商需使用一流的销售队伍；设计各种规格的产品和提供售后服务。附属设备包括轻型制造设备和工具以及办公设备。这种设备不会成为最终产品的组成部分。它们在生产过程中仅仅起辅助作用。这一市场的地理位置分散、用户众多、订购数量少，质量、特色、价格和服务是用户选择中间商时所要考虑的主要因素，促销时人员推销比广告重要得多。

3. 供应品和服务(supplies and business services)

供应品和服务指不构成最终产品的那类项目，如打印纸、铅笔等。供应品相当于工业领域内的方便品，顾客人数众多、区域分散且产品单价低，一般都是通过中间商销售。由于供应品的标准化，顾客对它无强烈的品牌偏爱，价格因素和服务就成了影响购买的重要因素。商业服务包括维修或修理服务和商业咨询服务，维修或修理服务通常以签订合同的形式提供。

上述关于产品分类的方法，说明产品特性对营销策略有很大的影响。针对不同的产品特征来制定不同的市场营销策略是企业不容忽视的一个重要方面。

产品组合

5.1.5 产品组合策略

1. 产品组合及其相关概念

企业为了进行正确的产品决策，除了要用"产品整体"概念研究产品外，还要对企业生产营销的全部产品的组合情况进行分析和选择。

1）产品组合、产品线及产品项目

产品组合是指企业全部产品线和产品项目的组合或结构，即企业的业务经营范围。

产品线是指产品组合中的某一产品大类，是一组密切相关的产品。比如，以类似的方式发挥产品功能，售给相同的顾客群，通过相同的销售渠道出售，属于相同的价格范畴等。

产品项目是衡量产品组合各种变量的一个基本单位，指产品线内不同的品种以及同一品种不同的品牌。

例如，某商场经营家电、百货、鞋帽、文教用品等，这就是产品组合；而其中"家电"或"鞋帽"等大类就是产品线；每一大类里包括的具体品牌、品种为产品项目。

2)产品组合的宽度、长度、深度和关联度

产品组合包括四个衡量变量,即宽度、长度、深度和关联度。

产品组合的宽度是指产品组合中所拥有的产品线数目。产品组合的宽度越大,说明企业的产品线越多;反之,产品线越少。

产品组合的长度是指产品组合中产品项目的总数。以产品项目总数除以产品线数目即可得到产品线的平均长度。

产品组合的深度是指产品项目中每一品牌所含不同花色、规格、质量的产品数目的多少,如"佳洁士"牌牙膏有三种规格和两种配方(普通味和薄荷味),其深度就是6。通过统计每一品牌的不同花色、规格、质量的产品的总数目,除以品牌总数,即为企业产品组合的平均深度。产品组合的深度越大,企业产品的规格、品种就越多;反之,产品就越少。

实际上,一般公司的产品组合总长度要长得多,深度也要大得多。例如,童帽作为一个品种,可以有几个、十几个品牌,其中一个品牌不同花色、规格、质量的产品可以有几十个甚至几百个,因此有的公司经营的产品如按花色、规格、质量统计可达几万种以至几十万种。

产品组合的关联度是指各条产品线在最终用途、生产条件、分配渠道或其他方面相互关联的程度。例如,某家用电器公司拥有电视机、收录机等多条产品线,但每条产品线都与电有关,这一产品组合具有较强的相关性。产品组合的深度越浅,宽度越窄,则产品组合的关联性越大;反之,关联性越小。

产品组合的宽度、深度和关联度对企业的营销活动会产生重大影响。通常,增加产品组合的宽度,即增加产品线的数目、扩大经营范围,可以使企业获得新的发展机会,能更充分地利用企业的各种资源,分散企业的投资风险;增加产品组合的深度,会使各条产品线具有更多规格、花色、型号的产品,更好地满足消费者的不同需要和偏好,增强企业的竞争力;增加产品组合的关联度,可以发挥企业在其擅长领域的资源优势,避免进入不熟悉的领域可能带来的风险。因此,企业根据市场需求、竞争态势和企业自身能力,对产品组合的宽度、深度和关联度进行选择是非常必要的。

知识链接

海尔集团的产品组合

海尔集团现有家用电器、信息产品、家居集成、工业制造、生物制药和其他6条产品线,表明产品组合的宽度为6。产品组合的长度是企业所有产品线中产品项目的总和。根据标准不同,长度的计算方法也不同。例如,海尔现有15100种不同类别、型号的具体产品,表明产品组合的长度是15100。产品组合的深度是指产品线中每一产品有多少品种。例如,海尔集团的彩电产品线下有宝德龙系列等17个系列的产品,而在宝德龙系列下,又有29F8D-PY、29F9D-P等16种不同型号的产品,这表明海尔彩电的深度是17,而海尔宝德龙系列彩电的深度是16。产品组合的关联度是各产品线在最终用途、生产条件、分销渠道和其他方面相互关联的程度。例如,海尔集团所生产的产品都是消费品,而且都是通过相同的销售渠道销售,就产品的最终使用和分销渠道而言,这家公司产品组合的关联度较大;但是,海尔集团的产品对消费者来说有各自不同的功能,就这一点来说,其产品组合的关联度小。

资料来源:中国市场营销网 http://www.ecm.com.cn。

2. 产品组合策略

根据产品组合的四种尺度,企业可以采取四种方法发展业务组合:开拓产品组合的宽度,扩展企业的经营领域,实行多样化经营,分散企业投资风险;增加产品组合的长度,使产品线丰满充裕,成为更全面的产品线公司;加强产品组合的深度,占领同类产品的更多细分市场,满足更广泛的市场需求,增强行业竞争力;加强产品组合的关联度,使企业在某一特定的市场领域内加强竞争和赢得良好的声誉。

1)扩大产品组合

扩大产品组合包括开拓产品组合的宽度和加强产品组合的深度。前者是指在原产品组合中增加产品线,扩大经营范围,如某企业在家电类产品的基础上开始生产通信类产品手机;后者是指在原有产品线内增加新的产品项目。当企业预测现有产品线的销售额和盈利率在未来可能下降时,就应当考虑在现有产品组合中增加新的产品线,或加强其中有发展潜力的产品线,如某家电企业推出智能型的新款洗衣机。

2)缩减产品组合

市场繁荣时期,较长、较宽的产品组合会为企业带来更多的盈利机会。但是在市场不景气或原材料、能源供应紧张时期,缩减产品线反而能使总利润上升,因为剔除那些获利小甚至亏损的产品线或产品项目,企业可集中力量发展获利多的产品线和产品项目。

3)产品线延伸策略

每一家企业的产品都有特定的市场定位,如美国的"林肯"牌汽车定位在高端汽车市场,"雪佛莱"牌汽车定位在中端汽车市场,而"斑马"牌汽车则定位在低端汽车市场。产品线延伸策略是指全部或部分地改变原有产品的市场定位,具体有向下延伸、向上延伸和双向延伸三种实现方式。

(1)向下延伸。

有些生产经营高档产品的企业渐次增加一些较低档的产品项目,称为向下延伸。这种策略通常适合于下列几种情况:①利用高档名牌产品的声誉,吸引购买力水平较低的顾客慕名购买此产品线中的低档廉价产品;②高档产品的销售增长速度下降;③企业最初进入高档产品市场的目的是建立品牌信誉,树立高级的企业形象,然后再进入中、低档产品市场,以扩大销售增长率和市场份额;④补充企业的产品线空间,以防止新的竞争者涉足。

但是,实行这种策略会使企业面临一些风险:①推出较低档的产品可能会使原有高档产品的市场萎缩;②如果处理不慎,可能影响企业原有产品的市场形象及名牌产品的市场声誉;③可能迫使竞争者转向高档产品的开发;④经销商可能不愿意经营低档货。同时,采用这种策略必须辅之以一套相应的营销策略,如对销售系统的重新设置等,所有这些将大大增加企业的营销费用。

(2)向上延伸。

有些企业原来生产经营低档产品,渐次增加高档产品,称为向上延伸。这种策略通常适合于下列几种情况:①高档产品市场具有较高的销售增长率和毛利率;②企业的技术设备和营销能力已具备进入高档产品市场的条件;③为了追求高、中、低档完整的产品线;④以较高级的产品项目来提高整条产品线的地位。

实行这种策略的企业也要承担一定的风险:①发展高档产品可能促使原来生产经营高档产品的企业采取向下延伸策略,从而增加了竞争压力;②顾客可能对该企业生产经营高档产品的能力缺乏信任(要改变产品在顾客心目中的地位是相当困难的);③原有的销售人员和经销商可能没有推销高档产品的经验和技能。

(3)双向延伸。

有些生产经营中档产品的企业,掌握了市场优势以后,逐渐向高档和低档两个方向延伸,称为双向延伸。

产品延伸有利有弊。例如,可以满足更多消费者的需求,迎合消费者求异求变的心理,适应不同层次价格的需求,以及减少企业开发新产品的风险等。但其负面作用是,降低品牌忠诚度、产品的不同项目难以区分、引起成本增加等。因此,把握好延伸的度至关重要,企业经营者应当及时关注产品利润率的情况,集中生产利润较高的产品,削减那些利润低或者亏损的产品;当需求紧缩时,缩短产品线,当需求旺盛时,延伸产品大类。

3. 产品线现代化决策

产品线现代化决策是强调把现代科学技术应用于生产经营过程,并不断改进产品线使之符合现代顾客需求的发展潮流。如果产品组合的宽度、深度和长度都很适宜,但是生产方式已经落后,或者产品跟不上现代顾客需求的潮流,就会影响企业生产和市场营销效率,这时就必须实施产品线现代化决策。例如,我国一些纺织企业为了迎接WTO给国内纺织企业带来的国际市场机会,在设备更新改造方面进行了大量的投资,从而增强了我国纺织企业在国际纺织品市场的竞争能力,大大增强了纺织品的出口创汇水平。

当企业决定实施产品线现代化决策时,面临的主要问题是:以渐进方式还是以快速方式实现产品线的技术改造? 逐步实现产品线现代化可以节省资金,但也容易被竞争者发现和模仿;快速实现产品线现代化,可以快速产生市场效果,并对竞争者形成威胁,但需要在较短的时间内投入大量的资金。

4. 产品线号召决策

有的企业在产品线中选择一个或少数几个产品项目进行精心打造,使之成为颇具特色的号召性产品去吸引顾客。有时候,企业以产品线上低档产品进行特别号召,使之充当开拓销路的廉价品。

任务 5.2　辨别产品生命周期

【素质目标】

1. 具有质量意识、环保意识、安全意识。
2. 勇于奋斗、乐观向上,具有自我管理能力。
3. 具有职业生涯规划的意识,有较强的集体意识和团队合作精神。

4.具有绿色营销、创新意识。
5.具有文化自信、诚信营销的意识。

【知识目标】
1.掌握产品市场生命周期的内涵。
2.熟悉产品生命周期各个阶段的特点及相应的营销策略。

【能力目标】
1.能够认识与辨别产品生命周期。
2.能够灵活运用产品生命周期理论开展营销工作。

案例导入

微软的产品生命周期和产品组合策略

成立于1975年的微软公司经过二十多年的发展,在全球50多个国家和地区设有分公司,共有员工44000多人,其董事长比尔·盖茨在2000年前后荣登世界首富的宝座,并造就了3000多个百万富翁。微软的成功,在很大程度上取决于其产品策略。

软件产品的生命周期符合摩尔定律。在软件的生命周期中,投入期、成长期较长,而其产品成熟期较短,产品一旦步入衰退期,现有产品在极短时间内就会被市场淘汰。面对激烈的市场竞争,微软应用了快速的新产品策略,每年投入约50亿美元用于基础研究和产品开发,平均2~3年就推出新的产品。就操作系统而言,从Windows 3.2到Windows 95花了5年的时间,从Windows 95到Windows 98花了不到3年的时间,从Windows 98到Windows 2000花了2年的时间,而从Windows 2000到Windows XP花了1年的时间。

微软在采取新产品策略的同时,还综合采用了各种产品组合策略,在中国的产品类型主要有商用软件、操作系统平台、开发工具、Internet技术、硬件产品系列、Macitach产品系列和家用游戏产品系列等。不但其产品涉及面广,而且其同一类型的产品考虑了不同人的需要。此外,微软还通过与信息高科技产品相配套的其他相关产品系列,强化其市场地位,获得较高利润,增加资本积累。

资料来源:中国市场营销网 http://www.ecm.com.cn。

任何产品在市场营销过程中,都有一个发生、发展到被淘汰的过程,就像任何生物都有其出生、成长到衰亡的生命过程一样。在市场上,同一种用途的新产品问世并取代了旧产品以后,旧产品的市场生命也就结束了。一般来说,新产品一旦投入市场,就开始了它的市场生命。

产品生命周期

5.2.1 产品生命周期的概念

产品生命周期,亦称"商品生命周期",是指产品从投入市场到更新换代和退出市场所经历的全过程,是产品或商品在市场运动中的经济寿命。产品生命周期主要是由消费者的消费方式、消费水平、消费结构和消费心理的变化所决定的,一般以产品销量和利润的变化为标志分为导入(进入)期、成长期、成熟期、衰退(衰落)期四个阶段,如图 5-2 所示。

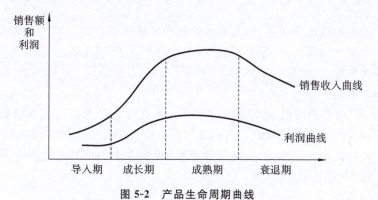

图 5-2 产品生命周期曲线

5.2.2 产品生命周期各阶段的特点

产品在完成研制以后,从投入市场开始到被市场淘汰为止所经历的时间,即为产品生命周期。在产品生命周期的不同阶段中,销售量、利润、购买者、市场竞争等都有不同的特征,这些特征可用表 5-1 来概括。

表 5-1 产品生命周期不同阶段特征

	导入期	成长期	成熟期		衰退期
			前期	后期	
销售量	低	快速增大	继续增长	有降低趋势	下降
利润	微小或负	大	高峰	逐渐下降	低或负
购买者	爱好新奇者	较多	大众	大众	后随者
市场竞争	甚微	兴起	增加	甚多	减少

5.2.3 产品生命周期各阶段的营销策略

由于产品生命周期各阶段的特点不同,企业在各阶段作出的经营决策也不同。

1. 导入期的营销策略

这一阶段新产品刚投入市场销售,由于销售量少而且销售费用高,企业往往无利可图或者获利甚微,企业营销重点主要集中在"促销-价格"策略方面,如图 5-3 所示。

	促销水平	
	高	低
价格水平 高	快速撇取策略	缓慢撇取策略
价格水平 低	快速渗透策略	缓慢渗透策略

图 5-3 导入期"促销-价格"策略组合

1）快速撇取策略

即以"高价格-高促销水平"策略推出新产品,迅速扩大销售量来加速对市场的渗透,以图在竞争者还没有反应过来时,先声夺人,把本钱赚回来。"健妮健身鞋"就是采取这一策略。

采用这一策略的市场条件是:绝大部分的竞争者还没有意识到该产品的潜在市场;顾客了解该产品后愿意支付高价;产品十分新颖,具有老产品所不具备的特色;企业面临着潜在竞争。

2）缓慢撇取策略

即以"高价格-低促销费用"策略推出新产品,高价可以迅速收回成本撇取最大利润,低促销费用又是减少营销成本的保证。高档进口化妆品大都采取这样的策略。

采用这一策略的市场条件是:市场规模有限;消费者大多已知晓这种产品;购买者愿意支付高价;市场竞争威胁不大。

3）快速渗透策略

即以"低价格-高促销费用"策略推出新产品,花费大量的广告费,以低价格争取更多消费者的认可,获取最大的市场份额。

采取这一策略的市场条件是:市场规模大;消费者对该产品知晓甚少;大多数购买者对价格敏感;竞争对手多,且市场竞争激烈。

4）缓慢渗透策略

即以"低价格-低促销费用"策略推出新产品,降低营销成本,并有效地阻止竞争对手介入。

采取这一策略的市场条件是:市场容量大;市场上该产品的知名度较高;市场对该产品价格相对敏感;有相当多的竞争对手。

2. 成长期的营销策略

成长期的主要标志是销售量迅速增长。这是因为已有越来越多的消费者喜欢这种产品,大批量生产能力已形成,分销渠道也已疏通,新的竞争者开始进入,但还未形成有力的对手。在这一阶段企业营销应尽力发展销售能力,紧紧把握取得较大成就的机会。

1）改进产品质量和增加产品的特色、款式等

在产品成长期,企业要对产品的质量、性能、式样、包装等方面努力加以改进,以对抗竞争产品。

2）开辟新市场

通过市场细分寻找新的目标市场,以扩大销售额。在新市场要着力建立新的分销网络,扩大销售网点,并建立好经销制度。

3）改变广告内容

随着产品市场逐步被打开,该类产品已被市场接受,同类产品的各种品牌都开始走俏。此时,企业广告的侧重点要突出品牌,力争把上升的市场需求集中到本企业的品牌上来。

4）适当降价

在扩大生产规模、降低生产成本的基础上,选择适当时机降价,适应多数消费者的承受力,并限制竞争者加入。

3. 成熟期的营销策略

成熟期的主要特征是:"二大一长",即在这一阶段产品生产量大、销售量大,阶段持续时

间长。同时,市场竞争异常激烈。为此,企业总的营销策略要防止消极防御,采取积极进攻的策略。

1)市场改进策略

通过扩大顾客队伍和提高单个顾客使用率,来提高销售量。例如,强生婴儿润肤露是专为婴儿设计的,而如今"宝宝用好,您用也好"的宣传,使该产品的目标市场扩展到成年人,从而扩大了目标市场范围,进入新的细分市场。

2)产品改进策略

通过改进现行产品的特性,以吸引新用户或增加新用户使用量。例如,吉列剃须刀从"安全剃须刀""不锈钢剃须刀"到"双层剃须刀""三层剃须刀",不断改进产品,使其生命周期得以不断延长。

3)营销组合改进策略

通过改变营销组织中各要素的先后次序和轻重缓急,来延长产品成熟期。

4. 衰退期的营销策略

产品进入衰退期,销售量每况愈下;消费者已在期待新产品的出现或已转向;有些竞争者已退出市场,留下来的企业可能会减少产品的附带服务;企业经常调低价格,处理存货,不仅利润下降,而且有损于企业声誉。因此,衰退期采取以下营销策略。

1)收缩策略

即把企业的资源集中在最有利的细分市场、最有效的销售渠道和最易销售的品种上,力争在最有利的局部市场赢得尽可能多的利润。

2)榨取策略

大幅度降低销售费用,也降低价格,以尽可能增加眼前利润。这是由于再继续经营市场下降趋势已明确的产品,大多得不偿失;而且不下决心淘汰疲软产品,还会延误寻找替代产品的工作,使产品组合失去平衡,削弱了企业在未来的根基。

产品生命周期不同阶段的营销策略如表5-2所示。

表5-2 产品生命周期不同阶段的营销策略

营销策略	产品生命周期阶段	导入期	成长期	成熟期	衰退期
产品策略		确保产品的核心产品层次	提高质量、改进款式、特色	改进工艺、降低成本、改进产品	有计划地淘汰滞销品种
促销策略		介绍商品	品牌宣传	突出企业形象	维护声誉
分销策略		开始建立与中间商的联系	选择有利的分销渠道	充分利用并扩大分销网络	处理淘汰产品的存货
价格策略		撇脂价或渗透价	适当调价	价格竞争	削价或大幅度削价

5.2.4 延长产品生命周期的方法

1. 市场调整

这种策略不是要调整产品本身,而是发现产品的新用途、寻求新的用户或改变推销方式等,以使产品销售量得以扩大。

2. 产品调整

这种策略是通过产品自身的调整来满足顾客的不同需要,吸引有不同需求的顾客。整体产品概念的任何一层次的调整都可视为产品再推出。

3. 市场营销组合调整

通过对产品、定价、渠道、促销四个市场营销组合因素加以综合调整,刺激销售量的回升。常用的方法包括降价、提高促销水平、扩展分销渠道和提高服务质量等。

4. 改善产品品质

改善产品品质的方法包括增加新的功能、改变产品款式、发展新品型号、开发新的用途等。对产品进行改进,可以提高产品的竞争能力,满足顾客更广泛的需求,吸引更多的顾客。

5. 寻找新的细分市场

通过市场细分,找到新的尚未满足的细分市场,根据其需要组织生产,迅速进入这一新的市场。

6. 改变广告宣传的重点

把广告宣传的重心从介绍产品转到建立产品形象上来,树立产品名牌,维系老顾客,吸引新顾客。

7. 适时降价

在适当的时机,可以采取降价策略,以激活那些对价格比较敏感的消费者产生购买动机和采取购买行动。

5.2.5 产品生命周期的优缺点

1. 优点

产品生命周期提供了一套适用的营销规划观点,它将产品分成不同的策略时期,营销人员可针对各个阶段不同的特点而采取不同的营销组合策略。此外,产品生命周期只考虑销售和时间两个变数,简单易懂。

2. 缺点

(1)产品生命周期各阶段的起止点划分标准不易确认。

(2)并非所有的产品生命周期曲线都是标准的 S 形,还有很多特殊的产品生命周期曲线。

(3)无法确定产品生命周期曲线到底适合单一产品项目层次还是一个产品集合层次。

(4)该曲线只考虑销售和时间的关系,未涉及成本及价格等其他影响销售的变数。

(5)易造成"营销近视症",认为产品已到衰退期而过早将仍有市场价值的好产品剔除出产品线。

(6)产品衰退并不表示无法再生。通过合适的改进策略,公司可能再创产品新的生命周期。

任务 5.3　开发新产品

任务目标

【素质目标】
1. 具有创新思维、服务意识。
2. 具有爱国情怀、文化自信。
3. 具有诚信经营、公平竞争、奉献社会的精神。
4. 具有大国工匠精神、责任意识。

【知识目标】
1. 掌握新产品的概念。
2. 了解新产品开发的流程。
3. 熟悉新产品的分类。
4. 掌握新产品开发策略。

【能力目标】
1. 能够认识与辨别新产品的能力。
2. 能够灵活运用新产品开发的策略。

案例导入

新产品开发组织体制比较

荷兰飞利浦是一家典型的多母国营销公司,20世纪60年代遭遇到三菱等日本公司的挑战。这些日本公司采取的是全球营销战略,与飞利浦公司存在很大差异。表现在电视接收器产品上,三菱提供给欧洲消费者的是建立在单一品种底座基础上的两种模式接收器,而飞利浦由于在各主要欧洲国家中的子公司高度自主,都自行设计接收器,体现出更多技术设计上的不同,提供给欧洲各国消费者的是建立在四种底座基础上的七种模式接收器。但遗憾的是,多种模式的产品并非是顾客所需要的,欧洲人想要的是质量、性能、外形、价格等方面的价值。顾客从三菱的全球营销战略中获得了比从飞利浦的多母国营销战略中更多的价值。三菱集中资源创造顾客所需要的价值,而飞利浦则把资源浪费在一些重复的活动上,导致成本增加却没有给顾客带来相应的价值。由于三菱战略的成功,飞利浦失去了很多市场份额,迫使飞利浦最终从多母国营销战略转变为全球营销战略。

资料来源:中国营销传播网 http://www.emkt.com.cn。

新产品开发

5.3.1 新产品的概念和类型

科技进步日新月异,文明发展一日千里,各种新知识、新产品、新技术不断产生,一些传统旧观念、方法和技术,不是被淘汰,就是被大幅度地改进。产品生命周期迅速缩短,已成为当代企业不可回避的现实。正是这种现实迫使每个企业不得不把开发产品作为关系企业生存与兴亡的战略重点。例如,日本索尼公司为了不断扩大自己在国际市场上的竞争力,每年向市场推出 1000 种新产品。又如,创建于 1902 年的美国明尼苏达矿业制造公司,从生产砂纸开始,逐步发展到卫生保健、电力、运输、航空、航天、通信、建筑、教育、娱乐与商业,在它 100 多年的发展中,始终保持着锐意创新的精神,它比其他公司更快、更多地开发出新产品。它曾气度非凡地推出一份引人注目的产品目录,从不干胶贴纸到心肺治疗仪器,竟达 6 万多种。据统计,公司年度销售额的 30% 左右来自近 5 年内开发出的新产品。正因为如此,明尼苏达矿业制造公司在 2016 年美国 500 家大企业中位居第 28 位,销售额 140 多亿美元,利润达到 12 亿美元。

1. 新产品概念

新产品开发是指从研究选择适应市场需要的产品开始到产品设计、工艺制造设计,直到投入正常生产的一系列决策过程。从营销的角度来考察,新产品是一个广义的概念,既指绝对新产品,又指相对新产品;生产者变动整体产品任何一个部分所推出的产品,都可理解为一种新产品。

2. 新产品的类型

新产品可分为四种类型:

(1)完全创新产品　是指采用新原理、新技术和新材料研制出来的、市场上从未有过的产品。

(2)换代新产品　是指采用新材料、新元件、新技术,使原有产品的性能有飞跃性提高的产品。

(3)改革新产品　是指从不同侧面对原有产品进行改革创新而创造的产品。例如,采用新设计、新材料改变原有产品的品质、降低成本,但产品用途不变;采用新式样、新包装、新商标改变原有产品的外观而不改变其用途;把原有产品与其他产品或原材料加以组合,使其增加新功能;采用新设计、新结构、新零件增加其新用途。

(4)仿制新产品　是指企业未有但市场已有而模仿制造的产品。

5.3.2 新产品开发的必要性

从广义而言,新产品开发既包括新产品的研制,也包括原有的老产品改进与换代。新产品开发是企业研究与开发的重点内容,也是企业生存和发展的战略核心之一。企业新产品开发的实质是推出不同内涵与外延的新产品。对大多数公司来说,是改进现有产品而非创造全新产品。

(1)新产品开发是企业发展的生命线。

(2)新产品开发是企业保持市场竞争优势的重要条件。

(3)新产品开发是充分利用企业资源、增强企业活力的条件。

(4)新产品开发是提高企业经济效益的重要途径。

5.3.3 新产品开发的方向

企业开发新产品,把有限的人、财、物,有效地分配在急需的开发项目上,使新产品开发取得最佳效果,关键在于准确地确定新产品开发方向。由于市场竞争日益激烈,消费需求日益多样化和个性化,新产品开发呈现出多能化、系列化、复合化、微型化、智能化、艺术化等发展趋势。

企业在选择新产品开发方向时应考虑以下几点。

1. 产品性质和用途

在进行新产品开发前,应充分考察同类产品和相应的替代产品的技术含量和性能用途,确保所开发产品的先进性或独创性,避免"新"产品自诞生之日起就被市场淘汰。

2. 价格和销售量

系列化产品成本低,可以降价出售增加销售量,但是系列化产品单调,也可能影响销售量。因此,对系列化、多样化产品的价格与销售量之间的关系,要经过调查研究再加以确定。

3. 消费者需求变化速度和变化方向

随着人们物质生活水平的提高,消费者的需求呈多样化趋势,并且变化速度很快。而开发一种新产品需要一定的时间,这个时间一定要比消费者需求变动的时间短,才能有市场,才能获得经济效益。

4. 企业产品创新满足市场需求的能力

曾经代表中国民族通信旗帜的巨龙、大唐、中兴、华为四家企业,面对的市场机会差不多,起步也差不多,但经过三四年时间,华为、中兴已走在了前面,巨龙则几乎退出了通信市场。决定四家企业差距的关键因素就是各自推向市场的产品所包含的技术创新。

5. 企业技术力量储备和产品开发团队建设

5.3.4 新产品开发的形式

企业开发新产品,选择合适的方式很重要。选择得当,适合企业实际,就能少承担风险,易获成功。新产品开发的形式一般有独创方式、引进方式、改进方式和结合方式四种。

1. 独创方式

从长远考虑,企业开发新产品最根本的途径是自行设计、自行研制,即所谓独创方式。采用这种方式开发新产品,有利于产品更新换代及形成企业的技术优势,也有利于产品竞争。自行研制、开发产品需要企业建立一支实力雄厚的研发队伍、一个深厚的技术平台和一个科学、高效率的产品开发流程。

2. 引进方式

技术引进是开发新产品的一种常用方式。企业采用这种方式可以很快地掌握新产品制造技术,减少研制经费和投入的力量,从而赢得时间,缩短与其他企业的差距。但引进技术不利于形成企业的技术优势和企业产品的更新换代。

3. 改进方式

这种方式是以企业的现有产品为基础,根据用户的需要,采取改变性能、变换型号或扩大用途等措施来开发新产品。采用这种方式可以依靠企业现有设备和技术力量,开发费用低,成功的可能性大。但是,长期采用改进方式开发新产品,会影响企业的发展速度。

4. 结合方式

结合方式是独创与引进相结合的方式。

5.3.5　新产品开发的过程

新产品开发是一项极其复杂的工作,从根据用户需要提出设想到正式生产产品并投放市场为止,其中经历许多阶段,涉及面广、科学性强、持续时间长,因此必须按照一定的程序开展工作,这些程序之间互相促进、互相制约,才能使产品开发工作协调、顺利地进行。产品开发的程序是指从提出产品构思到正式投入生产的整个过程。由于行业的差别和产品生产技术的不同特点,特别是选择产品开发方式的不同,新产品开发所经历的阶段和具体内容并不完全一样。现以加工装配性质企业自行研制产品的开发方式为对象,来说明新产品开发需要经历的各个阶段。

1. 调查研究阶段

发展新产品的目的,是为了满足社会和用户需要。用户的要求是新产品开发选择决策的主要依据,为此必须认真做好调查研究工作。这个阶段主要是提出新产品构思,以及新产品的原理、结构、功能、材料和工艺方面的开发设想和总体方案。

2. 新产品开发的构思创意阶段

新产品开发是一种创新活动,产品创意是开发新产品的关键。在这一阶段,要根据社会调查掌握的市场需求情况以及企业本身条件,充分考虑用户的使用要求和竞争对手的动向,有针对性地提出开发新产品的设想和构思。产品创意对新产品能否开发成功有至关重要的意义和作用。企业新产品开发构思创意主要来自以下三个方面。

(1)来自用户。企业着手开发新产品,首先要通过各种渠道掌握用户的需求,了解用户在使用老产品过程中有哪些改进意见和新的需求,并在此基础上形成新产品开发创意。

(2)来自该企业职工。特别是销售人员和技术服务人员,经常接触用户,他们都比较清楚用户对老产品的改进意见与需求变化。

(3)来自专业科研人员。科研人员具有比较丰富的专业理论和技术知识,要鼓励他们发扬这方面的专长,为企业提供新产品开发的创意。此外,企业还通过情报部门、工商管理部门、外贸等渠道,征集新产品开发创意。

新产品创意包括三个方面的内容:产品构思、构思筛选和产品概念的形成。

(1)产品构思。

产品构思是在市场调查和技术分析的基础上,提出新产品的构想或有关产品改良的建议。

(2)构思筛选。

并非所有的产品构思都能发展成为新产品。有的产品构思可能很好,但与企业的发展目标不符合,也缺乏相应的资源条件;有的产品构思可能本身就不切实际,缺乏开发的可能性。因此,必须对产品构思进行筛选。

(3)产品概念的形成。

经过筛选后的构思仅仅是设计人员或管理者头脑中的概念,离产品还有相当长的距离。

还需要形成能够为消费者接受的、具体的产品概念。产品概念的形成过程实际上就是构思创意与消费者需求相结合的过程。

3. 新产品设计阶段

产品设计是指从确定产品设计任务书起到确定产品结构为止的一系列技术工作的准备和管理，是产品开发的重要环节，是产品生产过程的开始，必须严格遵循"三段设计"程序。

1）初步设计阶段

此阶段一般是为下一步技术设计做准备。这一阶段的主要工作就是编制设计任务书，让上级对设计任务书提出体现产品合理设计方案的改进性和推荐性意见，经上级批准后，作为新产品技术设计的依据。它的主要任务在于正确地确定产品最佳总体设计方案、设计依据、产品用途及使用范围、基本参数及主要技术性能指标、产品工作原理及系统标准化综合要求、关键技术解决办法及关键元器件，经过特殊材料资源分析、对新产品设计方案进行分析比较，运用价值工程，研究确定产品的合理性能（包括消除剩余功能）及通过不同结构原理和系统的比较分析，从中选出最佳方案等。

2）技术设计阶段

技术设计阶段是新产品的定型阶段。它是在初步设计的基础上完成设计过程中必需的试验研究（新原理结构、材料元件工艺的功能或模具试验），并写出试验研究大纲和研究试验报告；作出产品设计计划书；画出产品总体尺寸图、产品主要零部件图，并校准；运用价值工程，对产品中造价高的、结构复杂的、体积笨重的、数量多的主要零部件的结构、材质精度等选择方案，进行成本与功能关系的分析，并编制技术经济分析报告；绘出各种系统原理图；提出特殊元件、外购件、材料清单；对技术任务书的某些内容进行审查和修正；对产品进行可靠性、可维修性分析。

3）工作图设计阶段

工作图设计的目的，是在技术设计的基础上完成供试制（生产）及随机出厂用的全部工作图样和设计文件。设计者必须严格遵守有关标准规程和指导性文件的规定，设计绘制各项产品工作图。

4. 新产品试制与评价鉴定阶段

新产品试制阶段又分为样品试制和小批量试制阶段。

1）样品试制阶段

它的目的是考核产品设计质量，考验产品结构、性能及主要工艺，验证和修正设计图纸，使产品设计基本定型，同时也要验证产品结构工艺性，审查主要工艺上存在的问题。

2）小批量试制阶段

这一阶段的工作重点在于工艺准备，主要目的是考验产品的工艺，验证它在正常生产条件下（即在生产车间条件下）能否保证所规定的技术条件、质量和良好的经济效果。

试制后，必须进行鉴定，对新产品从技术上、经济上作出全面评价，然后才能得出全面定型结论，投入正式生产。

5. 生产技术准备阶段

在这个阶段，应完成全部工作图的设计，确定各种零部件的技术要求。

6. 正式生产和销售阶段

在这个阶段，不仅需要做好生产计划、劳动组织、物资供应、设备管理等一系列工作，还要考虑如何把新产品引入市场,如研究产品的促销宣传方式、价格策略、销售渠道和提供服务等方面的问题。新产品的市场开发既是新产品开发过程的终点,又是下一代新产品再开发的起点。通过市场开发,可确切地了解开发的产品是否适应需要以及适应的程度,分析与产品开发有关的市场情报,可为开发产品决策、改进下一批(代)产品、提高开发研制水平提供依据,同时还可取得有关潜在市场大小的数据资料。

5.3.6　新产品开发策略

新产品的开发是企业产品策略的重要组成部分。新产品开发的主要策略有以下几种。

1. 领先策略

这种策略就是在激烈的产品竞争中采用新原理、新技术、新结构优先开发出全新产品,从而先入为主,领略市场上的无限风光。这类产品的开发多从属于发明创造范围,采用这种策略,投资金额大,科学研究工作量大,新产品实验时间长。

2. 超越自我策略

这种策略的着眼点不在于眼前利益而在于长远利益。这种暂时放弃一部分眼前利益,最终以更新、更优的产品去获取更大利润的经营策略,要求企业有长远的"利润观"理念,要注意培育潜在市场,培养超越自我的气魄和勇气,不仅如此,更需要有强大的技术作后盾。

3. 紧跟策略

采用这类策略的企业往往针对市场上已有的产品进行仿造或进行局部的改进和创新,但基本原理和结构是与已有产品相似的。这种企业跟随既定技术的先驱者,以求用较少的投资得到成熟的定型技术,然后利用其特有的市场或价格方面的优势,在竞争中对早期开发者的商业地位进行侵蚀。

4. 补缺策略

每一个企业都不可能完全满足市场的所有需求,所以在市场上总存在着未被满足的需求,这就为企业留下了一定的发展空间。这就要求企业详细地分析市场上现有产品及消费者的需求,从中发现尚未被占领的市场。

 任务 5.4　识别品牌与包装

【素质目标】
1. 具有探索实践的创新思维。
2. 具有爱国情怀和文化自信。

3.具有绿色营销意识。
4.具有责任意识、服务意识。
【知识目标】
1.掌握品牌的概念,理解品牌的策略。
2.理解品牌与商标的区别。
3.掌握包装策略。
【能力目标】
1.具有能够认识与辨别各种品牌的能力。
2.能够灵活运用包装策略。
3.能够区别品牌与商标。

 案例导入

包装的重要性

苏州生产的檀香扇,历史悠久,闻名海内外。但是因为其包装简单,貌不惊人,最好的扇子在香港的售价也不过65元。当生产者意识到包装的重要性后,采用了成本5元的锦盒包装,售价可高达165元。销售量也有大幅度增长。

贵州茅台号称国酒,可以说是白酒中的国王。在茅台改进包装前,国际市场上的价格仅为20美元,改进包装后,一下飙升到125美元。

下面是几个不重视包装或包装不善而吃亏的例子。

(1)榨菜:原产四川的榨菜,大坛装运,获利甚微;上海人买入,改为中坛,获利渐涨;香港人买入,小坛出售,获利又倍之;日本人买入,破坛,切丝,装铝箔小袋中,获利又倍之,与四川大坛获利相比,翻番又翻番矣。

(2)乌龙茶:福建产乌龙茶,日本人尤喜,几乎家家必备。我国连年出口的乌龙茶皆以木桶储藏,抵香港后,日本人运输到加工厂,拆而熬制成乌龙茶水,装入易拉罐中,风靡全国,年销售量达6亿美元。

(3)中华礼品唐三彩:一日,某人拜访一位重要客人,送唐三彩一套,当面开启,抽出纸条若干,堆于桌上,又抽出纸条若干,堆于桌上,"彩"始露面,抚而视之,马尾已断,主客皆尴尬。

资料来源:https://www.lishixinzhi.com/miwen/1215100.html。

5.4.1 品牌策略

1.品牌的概念

品牌简单地讲是指消费者对产品及产品系列的认知程度。品牌是人们对一个企业及其产品、售后服务、文化价值的一种评价和认知,是一种信任。品牌已是一种商品综合品质的

品牌策略

体现和代表,当人们想到某一品牌的同时总会和时尚、文化、价值联想到一起,企业在创品牌时不断地创造时尚,培育文化,随着企业做大做强,不断从低附加值转向高附加值升级,向产品开发优势、产品质量优势、文化创新优势的高层次转变。当品牌文化被市场认可并接受后,品牌才产生其市场价值。

中国品牌定位与塑造权威机构段马乐咨询结合当今商业环境和消费心理学给出了新的品牌定义:人们在接触商品、服务以及相关宣传时,通过和心目中已经熟悉的同类商品和服务对比形成的,对商品及服务的识别印象和对比感受。因此,没有对比就没有品牌。段马乐咨询认为,真正的品牌营销从品牌调研就开始了。品牌是制造商或经销商加在商品上的标志,它由文字、标记、符号、图案、颜色等要素或这些要素的组合构成,一般包括两个部分:品牌名称和品牌标志。

1)一般意义上的定义

品牌是一个名称、名词、符号和设计,或者是它们的组合,其目的是识别某个销售者或某群销售者的产品或劳务,并使之同竞争对手的产品和劳务区别开来(市场营销专家菲利普·科特勒)。

2)作为品牌战略开发的定义

品牌是通过以上这些要素及一系列市场活动而表现出来的结果所形成的一种形象认知度、感觉、品质认知,以及通过这些而表现出来的客户忠诚度,总体来讲它属于一种无形资产,所以这时候品牌是作为一种无形资产出现的。

3)品牌的创建是一个系统工程,需要激情、智慧与信念

品牌的强大取决于品牌领导力,其中,定位(position)是方向,平衡(balance)是方略;平衡中蕴含定位,定位使平衡具有力量。这就是IBF品牌之道"平衡力"理论的精义。品牌是企业或品牌主体(包括城市、个人等)一切无形资产总和的全息浓缩,而"这一浓缩"又可以以特定的"符号"来识别;它是主体与客体、主体与社会、企业与消费者相互作用的产物。

品牌是指用以识别某个销售者或某群销售者的产品或服务,并使之与竞争对手的产品或服务区别开来的商业名称及其标志,通常由文字、标记、符号、图案和颜色等要素或这些要素的组合构成。

2. 品牌的内涵

品牌最持久的含义和实质是其价值、文化和个性;品牌是一种商业用语,品牌注册后形成商标,企业的专用权即获得法律保护;品牌是企业长期努力经营的结果,是企业的无形载体。

为了深刻揭示品牌的含义,还需要从以下六个方面透视。

属性:品牌代表着特定商品的属性,这是品牌最基本的含义。

利益:品牌不仅代表着一系列属性,而且还体现着某种特定的利益。

价值:品牌体现了生产者的某些价值感。

文化:品牌还附着特定的文化。

个性:品牌也反映一定的个性。

用户:品牌暗示了购买或使用产品的消费者类型。

基于上述六个层次的品牌含义,营销企业必须决策品牌特性的深度层次。

3. 品牌的价值

品牌的价值包括用户价值和自我价值两部分。

品牌的功能、质量和价值是品牌的用户价值要素,即品牌的内在三要素;品牌的知名度、美誉度和普及度是品牌的自我价值要素,即品牌的外在三要素。

品牌的用户价值取决于内在三要素,品牌的自我价值取决于外在三要素。

4. 误区

社会各界都在谈品牌,企业希望把自己的品牌做起来,把品牌做好,国家在政策上也给予了很多支持,媒体也在传播各种品牌理念。但当前企业的品牌观念存在很多误区,很多企业经营者与营销人员对品牌的认识并不清晰,认为品牌的塑造与建设,只是品牌价值与传播语的创意,只是推广活动的进行,造成其塑造品牌的行为模糊、随意,产生的品牌结果自然也是不尽如人意。企业没有建立品牌承诺与履行对照评估的机制,企业所承诺的内容与履行的内容不一致,就会导致企业在品牌塑造与建设过程中存在偏差与错位。市场上各行各业的大品牌,承诺、履行错位的例子比比皆是。

5. 品牌与商标

商标与品牌是两个不同领域的概念,极易混淆。在日常工作中,很多人把这两个术语混用、通用,甚至错误地认为标注商标的符号就成为一个品牌。果真如此,那所有在工商局注册了的商标都可以称之为品牌了。

事实上,两者是既有联系,又有区别。中国是一个商标大国,中国又是一个品牌弱国,全球最有价值的100个品牌中,中国品牌屈指可数。可见,商标与品牌并不能够划等号,两者是从不同角度指称同一事物,它们既有密切联系又有所区别。生活中,很多人常常把这两个概念混淆,认为商标注册后就成了一个品牌,其实,注册商标要成为一个真正的品牌还要经历一个艰辛漫长的过程。

品牌(brand)一词来源于古挪威文字brandr,它的中文意思是"烙印"。在当时,西方游牧部落在马背上打上不同的烙印,用以区分自己的财产,这是原始的商品命名方式,同时也是现代品牌概念的来源。1960年,美国营销学会(AMA)对品牌给出了较早的定义:品牌是一种名称、术语、标记、符号和设计,或是它们的组合运用,其目的是借以辨认某个销售者或某群销售者的产品或服务,并使之同竞争对手的产品和服务区分开来。而商标(trademark)是指按法定程序向商标注册机构提出申请,经审查,予以核准,并授予商标专用权的品牌或品牌中的一部分,商标受法律保护,任何人未经商标注册人许可,皆不得仿效或使用。可以看出,品牌的内涵更广一些。

如果把品牌比作一个巨大的冰山,商标只是冰山露出水面的一小部分。商标是品牌的一个组成部分,它只是品牌的标志和名称,便于消费者记忆识别。但品牌有着更丰厚的内涵,品牌不仅仅是一个标志和名称,更蕴含着生动的精神文化层面的内容,品牌体现着人的价值观,象征着人的身份,抒发着人的情怀。

品牌起名字和标志设计只是品牌建立的第一步骤,真正打造一个卓越品牌,还要进行品牌调研诊断、品牌规划定位、品牌传播推广、品牌调整评估等各项工作,还需要提高品牌的知名度、美誉度、忠诚度,积累品牌资产,并且年复一年、持之以恒地坚持自己的品牌定位,信守对消费者所作的承诺,使品牌形象深入人心,历久不堕。虽然商标和品牌都是商品的标记,但商标是一个法律名词,而品牌是一个经济名词。品牌只有打动消费者的内心,才能产生市场经济效益,同时品牌只有根据《商标法》登记注册后才能成为注册商标,才能受到法律的保护,避免其他任何个人或企业侵权模仿使用。从归属上来说,商标掌握在注册人手中,而品牌植根于消费者心里。商标的所有权掌握在注册人手中,商标注册人可以转让、许可自己的商标,可以通过法律手段打击别人侵权使用自己的商标。但品牌则植根于广大消费者心中,品牌巨大的价值及市场感召力是来源于消费者对品牌的信任、偏好和忠诚,如果一个品牌失去信誉,失去消费者的信任,品牌会一文不值。因为产品质量问题,失去了消费者的信任,结果虽然风光一时,但最终难逃覆灭的厄运。所以说,品牌经营实质上是企业在消费者心中不断进行下去的,未来可以顺利拿回来的一大笔信誉存款,是建设一座"立于现在、功于未来"的商业信用宝库。

知识链接

娃哈哈商标

杭州娃哈哈集团"娃哈哈"商标的成功之处在于以下三方面:①"娃哈哈"三个字读音中的韵母a是孩子最易发的音节,极易模仿,且发音响亮,音韵和谐,容易记忆,因而容易被他们所接受;②从字面上看,"娃哈哈"是各种肤色的人表达欢笑喜悦之情的共同表达方式,包含了一种健康和喜悦的寓意,不仅孩子喜欢,孩子的父母也会喜欢;③同名儿歌以其特有的欢乐明快的音调和浓烈的民族色彩,唱遍了大江南北,把一首广为流传的民族歌曲与产品品牌联系起来,既为产品增强了文化色彩,又可以使千万个消费者通过艺术旋律的体验,在愉悦的心情中熟悉它、想起它、记住它,从而提高其知名度。

资料来源:何毓颖.市场营销基础[M].成都:电子科技大学出版社,2009.

6. 品牌效益

培养品牌的目的是希望此品牌能变为名牌,于是在产品质量上下工夫,在售后服务上做努力。同时品牌代表企业,企业从长远发展的角度必须从产品质量上下工夫,特别名牌产品、名牌企业,于是品牌特别是知名品牌就代表了一类产品的质量档次,代表了企业的信誉。

7. 品牌设计

造型美观,构思新颖,这样的品牌不仅能够给人一种美的享受,而且能使顾客产生信任感,能表现出企业或产品特色。品牌所使用的文字、图案、符号都不应该冗长、繁复,应力求简洁,给人以深刻的印象。符合传统文化,为公众喜闻乐见。设计品牌名称和标志都特别注意各地区、各民族的风俗习惯、心理特征,尊重当地传统文化,切勿触犯禁忌,尤其是涉外商品的品牌设计更要注意。

8. 品牌营销

一提到做品牌的营销,人们就会想到商场里的促销场景,各种叫卖、讨价还价声音。但是消费者因消费习惯更加理性,他们对这种促销的热情并不太大。所以,品牌的营销还是应该放在品牌宣传、完善销售链和人员培训等方面。

1) 主动宣传推广

淡季虽然顾客比较少,但是中国品牌企业一定要主动去做宣传推广。不要生意不好就打牌,要开始从坐商转变为行商,应主动上门推销和上门服务。最简单实用的方法就是派发宣传单页或者进入小区推广。

2)适度降价促销

我们都知道,很多商家在淡季的时候就会采取降价打折,甚至亏本甩货,这种方法虽然减轻库存压力,暂时增加了现金流,但会破坏品牌加盟店的品牌形象,影响后续的销售。在淡季适度的促销才是可行的,可以考虑提高产品的附加值和增加一些服务,这样能在增加短期销量的同时,不会对已经购买了产品的消费者造成太大的负面影响。

3)分季转移市场

淡季除了有时间限制外,还有区域限制,也就是说,在同一时间内,在不同的区域市场,不同的城市地域,淡旺季是不同的,至少程度上是不同的。例如,在一线城市出现淡季时,在二三线城市可能根本没有淡季的迹象,那么就可以在淡季时把目光转移到这些地方。

4)打开网络营销

我们都知道网络的作用是无法想象的,通过网络,无名人士可能一夜间家喻户晓,可是很多企业并没有很好地利用网络,大多停留在传统的销售模式上。淡季的时候更要在网络上做宣传,无论是文字宣传,还是广告宣传,一定时间后肯定会达到为人知的效果,而且网络上很多工具都是免费的,如抖音、快手、博客、论坛、微信等,这些都是很好的宣传渠道。

5)培训导购人员

提升导购人员的导购水平,改变传统的导购模式。例如,橱柜导购员可从整体橱柜文化、装修风格、品牌背景、工程案例、服务承诺、产品个性等方面去介绍产品,决不能只停留在以折扣留客的服务层面。淡季时候,店面客流量相对比较少,因此导购、老板都比较空闲,利用这段时间用来学习、储备知识,为旺季的到来做好充分的准备。

6)淡季宣传品牌

在淡季进行品牌宣传,一方面,可以使广告在很大程度上摆脱销售目标的困扰;另一方面,淡季的宣传成本低,品牌宣传效益比高。另外再附加一些增值服务吸引顾客,如灯具配送、安装调试、定期清洗、上门免费维修、免费设计效果图等。

5.4.2 品牌解读

品牌,是广大消费者对一个企业及其产品过硬的产品质量、完善的售后服务、良好的产品形象、美好的文化价值、优秀的管理结果等所形成的一种评价和认知,是企业经营和管理者投入巨大的人力、物力甚至几代人长期辛勤耕耘建立起来的与消费者之间的一种信任。

与品牌紧密联系的有如下一些概念。

品牌名:品牌中可以读出的部分——词语、字母、数字或词组等的组合。

品牌标志:品牌中不可以发声的部分——包括符号、图案或明显的色彩或字体。

1. 品牌是专有的品牌

品牌是用以识别生产者或销售者的产品或服务的。品牌拥有者经过法律程序的认定,享有品牌的专有权,有权要求其他企业或个人不能仿冒和伪造,这一点也是指品牌的排他性。然而我们国家的企业在国际竞争中没有很好地利用法律武器,没有发挥品牌的专有权作用,进入21世纪以来我们不断看到国内的金字招牌在国际市场上遭遇的尴尬局面:100多个品牌在日本被抢注,180多个品牌在澳大利亚被抢注。

2. 品牌是企业的无形资源

由于品牌拥有者可以凭借品牌的优势不断获取利益,可以利用品牌的市场开拓力、形象

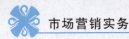

扩张力、资本内蓄力不断发展,因此我们可以看到品牌的价值。这种价值并不能像物质资产那样用实物的形式表述,但它能使企业的无形资产迅速增大,并且可以作为商品在市场上进行交易。中国的品牌创造虽起步较晚,但国内的名牌发展较为迅速,很多品牌的价值也不菲。

3. 品牌转化具有一定的风险及不确定性

品牌创立后,在其成长的过程中,由于市场不断变化,需求不断提高,企业的品牌资本可能壮大,也可能缩小,甚至某一品牌在竞争中退出市场。品牌的成长由此存在一定风险,对其评估也存在难度。对于品牌的风险,有时由于企业的产品质量出现问题,有时由于服务不佳,有时由于品牌资本盲目扩张,运作不佳,这些都给企业品牌的维护带来难度,对企业品牌效益的评估也出现不确定性。

4. 品牌的表象性

品牌是企业的无形资产,不具有独立的实体,不占有空间,但它最原始的目的就是让人们通过一个比较容易记忆的形式来记住某一产品或企业,因此,品牌必须有物质载体,需要通过一系列的物质载体来表现自己,使品牌有形化。品牌的直接载体主要是文字、图案和符号,间接载体主要有产品的质量、产品服务、知名度、美誉度、市场占有率。没有物质载体,品牌就无法表现出来,更不可能达到品牌的整体传播效果。优秀的品牌在载体方面表现较为突出,如"可口可乐"的文字,使人们联想到其饮料的饮后效果,其红色图案及相应包装能起到独特的效果;再如"麦当劳",其黄色的似拱形"M"会给人们独占的视觉效果。

5. 品牌的扩张性

品牌具有识别功能,代表一种产品、一个企业,企业可以利用这一优点展示品牌对市场的开拓能力,还可以帮助企业利用品牌资本进行扩张。

品牌可以依据不同的标准划分为不同的种类。

1)根据品牌知名度的辐射区域划分

根据品牌的知名度和辐射区域划分,品牌可分为地区品牌、国内品牌、国际品牌、全球品牌。

地区品牌是指在一个较小的区域生产销售的品牌,如地区性生产、销售的特色产品。这些产品一般在一定范围内生产、销售,产品辐射范围不大,主要是受产品特性、地理条件及某些文化特性影响,这有点像地方戏种,如秦腔主要在陕西,晋剧主要在山西,豫剧主要在河南等。

国内品牌是指国内知名度较高,产品辐射全国的品牌。

国际品牌是指在国际市场上知名度、美誉度较高,产品辐射全球的品牌。

2)根据品牌产品生产经营的不同环节划分

根据产品生产经营的所属环节,品牌可分为制造商品牌和经营商品牌。制造商品牌是指制造商为自己生产制造的产品设计的品牌。经销商品牌是经销商根据自身的需求,对市场的了解,结合企业发展需要创立的品牌。

3)根据品牌来源划分

依据品牌的来源,品牌可分为自有品牌、外来品牌和嫁接品牌。自有品牌是企业依据自身需要创立的。外来品牌是指企业通过特许经营、兼并、收购或其他形式而取得的品牌。嫁接品牌主要指通过合资、合作方式形成的带有双方品牌的新品种。

4）根据品牌的生命周期长短划分

根据品牌的生命周期长短,品牌可以分为短期品牌和长期品牌。

短期品牌是指品牌生命周期持续较短时间的品牌,由于某种原因在市场竞争中昙花一现或持续一时。

长期品牌是指品牌生命周期随着产品生命周期的更替,仍能经久不衰、永葆青春的品牌。

5）根据品牌产品内销或外销划分

根据产品品牌是针对国内市场还是国际市场,品牌可以划分为内销品牌和外销品牌。由于世界各国在法律、文化、科技等宏观环境方面存在巨大差异,一种产品在不同的国家市场上有不同的品牌,在国内市场上也有单独的品牌。品牌划分为内销品牌和外销品牌对企业形象整体传播不利,但由于历史、文化等原因,不得不采用。对于新的品牌命名,应考虑到国际化的影响。

6）根据品牌的行业划分

根据品牌产品的所属行业,品牌可分为家电业品牌、食用饮料业品牌、日用化工业品牌、汽车机械业品牌、商业品牌、服务业品牌、服装品牌、女装品牌、网络信息业品牌等几大类。

除了上述几种分类外,品牌还可依据产品或服务在市场上的态势划分为强势品牌和弱势品牌;依据品牌用途不同,划分为生产资料品牌和生活资料品牌,等等。

5.4.3 品牌的作用

1. 产品或企业核心价值的体现

品牌——消费者或用户记忆商品的工具,不仅要将商品销售给目标消费者或用户,而且要使消费者或用户通过使用对商品产生好感,从而重复购买,不断宣传,形成品牌忠诚。消费者或用户通过对品牌产品的使用,得到满足,就会围绕品牌形成消费经验,储存在记忆中,为将来的消费决策形成依据。一些企业更为自己的品牌树立了良好的形象,赋予了美好的情感,或代表了一定的文化,使品牌及品牌产品在消费者或用户心目中形成美好的记忆,人们对于这个品牌会体会到一种文化,会联想到一种质量、标准和卫生。

2. 识别商品的分辨器

品牌的建立是由于竞争的需要,用来识别某个销售者或某群销售者的产品或服务。品牌设计应具有独特性,有鲜明的个性特征,品牌的图案、文字等与竞争对手的区别,代表该企业的特点。同时,互不相同的品牌各自代表着不同的形式、不同质量、不同服务的产品,可为消费者或用户购买、使用提供借鉴。通过品牌,人们可以认知产品并依据品牌选择购买。每种品牌代表了不同的产品特性、不同的文化背景、不同的设计理念、不同的心理目标,消费者和用户便可根据自身的需要进行选择。

3. 质量和信誉的保证

企业设计品牌、创立品牌。树品牌、创名牌是企业在市场竞争的条件下逐渐形成的共识,人们希望通过品牌对产品、企业加以区别,通过品牌形成品牌追随,通过品牌扩展市场。品牌的创立、名牌的形成正好能帮助企业实现上述目的,使品牌成为企业的有力的竞争武器。品牌,特别是名牌的出现,使用户形成一定程度的忠诚度、信任度、追随度,由此使企业在与对手竞争中拥有了坚实的后盾。品牌还可以利用其市场扩展的能力,带动企业进入新市场,带动新产品打入市场;品牌可以利用品牌资本运营的能力,通过一定的形式如特许经营、合同管理等进行企业的扩张。

4. 企业的"摇钱树"

品牌以质量取胜,品牌常附有文化、情感内涵,所以品牌给产品增加了附加值。同时,品牌有一定的信任度、追随度,企业可以为品牌制定相对较高的价格,获得较高的利润,品牌中的知名品牌在这方面表现得更为突出。由此可见,品牌特别是名牌给企业带来了较大的收益,而品牌作为无形资产,已为人们所认可。

5. 助力新产品开发,节约成本

为适应市场竞争的需要,企业需要同时生产多种产品。因此,依据市场变化,不断开发新产品、淘汰市场不能继续接受的老产品是企业产品策略的重要组成部分,而品牌则是支持其新产品组合(特别是扩大的产品组合)的无形力量。一个新产品进入市场,面临着巨大的风险,而且投入成本也相当大,但是企业可以成功地进行品牌延伸,借助于已经成功或知名的品牌,扩大企业的产品组合或延伸产品线。采用现有的知名品牌,利用其一定的知名度和美誉度,推出新产品,能够大大减少推广成本。

6. 区分对手

即制造商利用品牌将自己的产品与竞争对手的产品相区别。早期的企业对品牌的认识就是这么简单。它们相信只要给自己的产品或服务起一个名称,就足以将对手区分开。所以许多品牌的名字直接采用企业创办者的姓氏或名字,以便客户识别。但一个品牌要在竞争对手林立的市场中脱颖而出,还需要通过产品提供给消费者特殊的利益,满足消费者的实际需求才能获得成功。例如,如果不能给消费者带来"与众不同"的感受,它就无法真正与其他品牌相区别。

7. 产品价值与品牌价值的区别

关于产品价值一般容易理解,对于品牌价值这个概念很多人还是比较模糊。怎么看待二者之间的区别呢?首先任何价值都是相对于人而言的,可以说万物本无价,因人的需求才产生了价值。所以无论产品价值与品牌价值都是相对于需求而言的。

5.4.4 包装策略

包装(packaging)是为在流通过程中保护产品、方便储运,促进销售,按一定的技术方法所用的容器、材料和辅助物等的总体名称;也指为达到上述目的在采用容器、材料和辅助物的过程中施加一定方法等的操作活动。营销型包装侧重策划、策略,成为广义的包装。

中国国家标准 GB/T 4122.1—2008 对包装的定义是:"为在流通过程中保护产品、方便储运,促进销售,按一定技术方法而采用的容器、材料及辅助物等的总体名称。也指为了达到上述目的而采用容器、材料和辅助物的过程中施加一定方法等的操作活动。"其他国家或组织对包装的定义有不同的表述和理解,但基本意思是一致的,都以包装功能和作用为其核心内容,一般有两重含义:第一是关于盛装商品的容器、材料及辅助物品,即包装物;第二是关于实施盛装和封缄、包扎等的技术活动。

1. 包装的分类

运输包装——用于储运、装卸过程中直接保护商品,或通过保护销售包装而达到保护商品的目的。

运输包装必须有识别标识、指示标识、警告标识。

销售包装——保护商品便于储运,更重要的是便于经营者展示商品和消费者识别、选购、携带、使用商品。销售包装的标识可用于装潢商品、刺激购买,其类型除指示、警告标识外,还有解释标识、激励标识、管理标识等。

2. 包装的作用

1）保护与盛载

保护与盛载被包装物是包装制品的最基本功能。被包装物品的复杂性决定了它们具有各样的质地和形态,有固体的、液体的、粉末的或膏状的等。这些物品一旦形成商品后,就要经过多次搬运、储存、装卸等过程,最后才能流入消费者手中。在以上流通过程中,商品都要经历冲撞、挤压、受潮、腐蚀等不同程度的损毁。如何将商品保持完好状态,使各类损失降到最低点,这是包装制品生产制造之前首先要考虑的问题,同时也是选材设计乃至结构设计的理论依据,具体表现在以下几个方面。

（1）防止震动、挤压或撞击：商品在运输过程中要经历多次装卸、搬运、震荡、撞击、挤压及偶然因素极易使一些商品变形、变质。因此,应该选取那些具有稳定保护性的材料,设计结构合理的盛装制品才能充分发挥包装的功能。

（2）防干湿变化：过于干燥、过分潮湿都会影响某些被包装物品的品质,在这一类物品的包装选材上,就应选取那些通透性良好的材料。

（3）防冷热变化：温度、湿度高低会影响某些商品的性质。适宜的温度、湿度有利于保质保鲜,不适宜的温度、湿度往往造成商品干裂、污损或霉化变质。因此,包装在选材上要考虑温度、湿度变化对包装的适应性的影响。

（4）防止外界对物品的污染：包装能有效地阻隔外界环境与内装物品之间的联系,形成一个小范围的相对"真空"地带,这样可以阻断不清洁环境产生的微生物对内装物品的侵害,防止污物接触物品而使其发生质变。

（5）防止光照或辐射：有些商品不适于紫外线、红外线或其他光照直射,如化妆品、药品等,光照后容易产生质变,使其降低功效或失去物质的本色。

（6）防止酸碱的侵蚀：一些商品本身具有一定的酸碱度,如果在空气中与某些碱性或酸性及具有挥发性的物质接触时,就会发生潮解等化学变化,影响被包装物质品质。如油脂类,如果用塑料制品包裹时间过长,就会产生化学变化而影响产品的品质。

（7）防止挥发或渗漏：许多种液态商品的流动性,极易使其在储运过程中受损,如碳酸饮料中溶解的二氧化碳膨胀流失,某些芳香制剂和调味品挥发失效等,而包装物的选择恰恰能避免其特性的改变。

2）储运与促销

由于包装与被包装物都属于商品,商品在流通领域中就存在着运输、储存等客观因素。各类商品大小形态不一,这样会给运输或储存带来许多不便,而包装恰恰能够解决这一问题,它可以统一商品的大小规格,以方便储运或流通过程中的搬运或数量的清点。同时,包装物还可以印上各类图形、文字,利用鲜明的色彩提醒消费者使用或注意,以达到促进消费的最终目的。例如,香烟包装上的"吸烟有害健康"的字样,提醒人们在购买这类商品时应引起注意,同时使消费者受到教育；在食品包装中,关于注意卫生或有关其他方面的教育也屡见不鲜。

3）美化商品与传达信息

包装中视觉效果的传达是包装的精华,也是包装最具商业性的特质。包装通过设计,不仅使消费者熟悉商品,还能增强消费者对商品品牌的记忆与好感,铭刻对生产商品企业的信任度。包装物还可以通过造型给人以美感,体现浓郁的文化特色。包装物品以明亮鲜艳的色调,使之在强烈的传统文化节律中表达或渗透着现代的艺术风韵和时代气息,这就使包装的商品具有了生命活力和美妙的诗意。当然商品的自身价值也会身价百倍。有的包装制品甚至可以当作艺术品供人玩味珍藏。这样一来,就能将消费环节的诸多因素调动起来,在消费环节中进行全方位的渗透,以达到促进消费的最佳实效。

4）卫生与环保

包装就是将各类物品盛装在特定的容器中,在盛装之前包装物都要经过清洗、干燥、消毒、除尘等几道工序的处理。盛装物品后,使物品与外界细菌或有毒物质隔离,在一定程度上保持了物品流通过程中的稳定性。包装的这个功能恰恰减少了物品的二次污染,充分体现了现代文明社会中产品卫生的首要准则。包装制品除了美观大方、便于使用外,更要无毒、无污染。特别是近几年在包装行业中兴起的绿色革命,使人们心目中形成环保消费的观念,提倡消费者使用那些可以循环再生利用的或是不会造成环境污染的包装制品。例如,我们常见的啤酒瓶、可降解的一次性快餐盒等,已广为人知,并备受广大消费者的青睐。而那些污染性强的包装物,一方面已被限制或禁止使用,另一方面也没有市场前景,最终要被社会所淘汰。

5）循环与再生利用

包装制品有许多是可以多次循环使用的,有的可以通过回收处理后反复使用,有的通过有效的方式进行再加工处理,也可制成包装制品。包装制品的这种循环与再生利用功能,一方面可降低包装制品的成本,另一方面又可充分利用和节省资源,更符合可持续发展的要求。

6）成组化与防盗功能

成组化是指将同一种商品或同一类商品或不同类商品,以包装为单位,通过中包、大包的形式将其组合包装在一起,使包装后商品的功能更加完备,从而达到一个新的商品价值和使用效果的过程。

防盗功能是保护功能的延伸,是为防止被包装的商品遗失而设计的一种特殊功效。例如,包装药品罐的铅封一旦被打开,就会留下明显的开启痕迹,从而起到警示作用。

3. 包装策略

包装设计中包装要素的不同使用与组合,形成不同的包装策略。归纳起来,包装策略大致有以下六种:统一包装策略、配套包装策略、再使用包装策略、附赠品包装策略、改进包装策略、等级包装策略。

1）统一包装策略

企业对其生产的各种不同产品,在包装上采用相同的图案、色彩或其他共同特征,使顾客很容易发现是同一家企业的产品。特别是对于有一定知名度的企业,采用类似包装策略对产品的宣传有一定的作用,而且节省包装的设计费用,还可以消除和减少消费者对新产品的不信任感,为新产品迅速打开市场创造条件。

值得注意的是,类似包装策略只能适宜于质量相同的产品,对于品种差异大、质量水平悬殊的产品则不宜采用。

2）配套包装策略

即企业为了促销，按各地消费者的消费习惯，将数种有关联的产品配套包装在一起成套供应。这种包装形式，一般以一种商品为主，然后配以相关联的产品。例如，将旅游用的牙刷、牙膏、刮脸刀等装配在一起；强生婴儿护肤品组成系列套装，等等。配套包装策略便于消费者购买、使用、携带，同时还可扩大产品的销售。在配套产品中，如加进某种新产品，还可使消费者不知不觉地习惯使用新产品，有利于新产品上市和普及。

3）再使用包装策略

这种策略又称为双重包装策略，即原包装的商品用完之后，空的包装容器可移作其他用途。例如，各种形状的香水瓶可作装饰物，精美的食品盒也可被再利用，等等。这种包装策略可使消费者感到一物多用而激发起其兴趣与购买欲望，而且包装物的重复使用也起到了对产品的广告宣传作用。需要说明的是，在使用这种包装策略时，要尽量谨慎，以避免因成本加大引起商品价格过高而影响产品的销售。

4）附赠品包装策略

附赠品包装策略也称为万花筒包装策略，是现代包装的重要策略之一。这种策略即在包装物内附有赠券、物品或用包装本身可换礼品等，借以刺激消费者的购买欲或重复购买，从而扩大销售。例如，儿童玩具、糖果中的连环画、识字卡片；食品附带的小玩具；我国出口的"芭蕾珍珠膏"，每个包装盒就附赠珍珠别针一枚，顾客购至50盒即可串一条美丽的珍珠项链，这使珍珠膏在国际市场十分畅销。

5）改进包装策略

改进包装策略是指用改进商品包装的办法来达到扩大销售的目的。当某种商品由于包装不善影响销路，商品的包装设计缺乏吸引力，或已显陈旧，往往通过改换新包装来扩大销路。由于包装技术、包装材料的不断更新，消费者的偏好不断变化，采用新的包装可以弥补原包装的不足，吸引消费者购买。值得注意的是，企业在改变包装的同时必须配合做好宣传工作，以消除消费者以为产品质量下降或其他误解。可以说，这种包装上的改进也是产品改进的一个重要手段。例如，美国一种干邑白兰地酒，原来销量居世界第七位，改变产品包装后，在广为宣传的基础上，销量跃居世界第一。

6）等级包装策略

为适应消费者不同的购买力水平和不同的购买目的，同一产品可以采用不同档次的包装，或者是将不同品质的产品分为若干等级，对高档优质产品采用优质包装，一般产品采用一般包装。例如，上海冠生园生产的大白兔奶糖，既有盒装，又有袋装，还有散装，形式多样，满足不同顾客的需要。

总的来说，包装设计必须遵循保护商品、便于识别、便于使用、便于促销、增加利润、节省成本和维护社会公共利益等原则，选用现代化的包装材料、容器和科学的包装技术。在包装设计上体现社会性市场营销观念，不但要考虑企业利益，还要考虑社会的公共利益。例如，要执行有关的法规；要遵守包装道德；要保护生态平衡，等等。

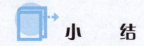

在现代市场营销学中，产品概念具有极其宽广的外延和深刻的内涵。产品是指能够通过交换满足消费者或用户某一需求和欲望的任何有形物品和无形的服务。菲利普•科特勒等营销学者认为,四个层次的表述方式能够更深刻和更准确地表述产品整体概念的含义。这四个层次是核心产品、有形产品、附加产品、心理产品。

消费品可以根据消费的特点区分为便利品、选购品、特殊品和非渴求品四种类型。各类产业组织需要购买各种各样的产品和服务,可以把产业用品分成三类:材料和部件、资本项目以及供应品与服务。本节介绍了产品组合及其相关概念、产品组合策略、产品生命周期、产品生命周期各阶段的特点与营销策略。

品牌是指用以识别某个销售者或某群销售者的产品或服务,并使之与竞争对手的产品或服务区别开来的商业名称及其标志,通常由文字、标记、符号、图案和颜色等要素或这些要素的组合构成,包括属性、利益、价值、文化、个性、用户六大要素。在现代市场竞争中,品牌竞争是提高企业核心竞争力的重要手段,品牌策略是企业产品营销策略的重要组成部分,也是培育名牌的根本途径。常见的品牌策略有统一品牌策略、多品多牌策略、分类品牌策略、贴牌策略、本土品牌策略及无品牌策略等。

产品包装不仅是产品的容器、包扎物或外观装饰,更是整体产品的一个重要组成部分。产品包装对市场营销有着重要的影响,它既可以充当产品广告的媒体,又可以提高产品的档次和形象,增加产品的附加值;产品包装的不同档次和规格,又是产品差异化和特色的重要体现。产品包装一般分为三个层次:内包装、中层包装、储存运输包装。包装的作用表现在三个方面,即保护商品、方便储运和促进销售。包装设计中包装要素的不同使用与组合,形成不同的包装策略,归纳起来,大致有以下六种:统一包装策略、配套包装策略、再使用包装策略、附赠包装策略、改进包装策略、等级包装策略。

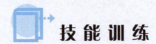

技能训练

1. 产品层次结构分析

由学生任选身边的某种产品进行层次结构分析,指出该产品中哪部分属于核心产品、哪部分属于形式产品、哪部分属于附加产品,并说明对自己有何启迪。

具体要求:

(1)指认复述准确,印象深刻。

(2)能举一反三,对各类商品均能指认并分析到位。

2. 客户的投诉

汕头移动通信公司客户服务部经理桌上搁着一封由经济日报汕头记者站转来的用户投诉信。投诉的内容大致为:电话清单记录不符;短信息存在多计的问题;向汕头移动通信公司客户经理反映,回答是客户经理生病了。至今已两个月无音信。你如何处理?

3. 帮老余卖瓜子

老余公司曾凭借自己的看家产品——老余西瓜子,顺利抢占了邻近的上海市场。然而,在全国设置了十几个办事处,花费了巨大成本抛出去的看家产品并没有得到其他地区消费者的青睐,全国一年的销售额还不如上海的一半。公司老板决定另辟蹊径,开发研制了带有环保理念的"全素"瓜子,可没想到又遭遇其他品牌强有力的挑战,忙活了一年,销售额还是远远不及对手。

你认为老余瓜子采取的市场战略怎么样?其开发的新产品为什么会遭遇市场失败?面对这种局面,假如现在聘用你为老余食品有限公司的总经理,你将如何帮助老余瓜子走出困境?

4.新产品推销说服话术演练

步骤:

首先学生应熟悉推销说服话术;然后利用课余时间反复演练,达到内容熟练、神情自然;再安排课堂时间让学生登上讲台,以两人为一组,一名学生扮演推销员,另一名学生扮演店老板,进行新品推销说服话术演练;最后进行角色互换,直到两人都能正确地、熟练地、恰到好处地演练为止。

要求:

(1)精心进行新产品推销说服话术准备。(20分)

(2)角色扮演神态自然,举止文雅,模拟逼真。(30分)

(3)内容熟练,口齿清楚,语言流利,有一定可信度和诱惑力。(50分)

5.养生堂案例分析

随着科学技术的飞速发展和消费需要的多样化、差异化,每年市场上都有许多新产品出现,但每种新产品能否获得成功及其成功的程度却各不相同。有的新产品一上市,就以惊人的魔力迅速占领市场;有的新产品上市初期销路尚好,但随着时间的推移,销量下滑;有的新产品上市初期,并没有很多消费者乐于接受,但其销路会慢慢地不断扩大;有的新产品根本打不开销路,很快在市场上销声匿迹。

养生堂公司的主要产品龟鳖丸、朵而胶囊、农夫山泉和清嘴含片,尽管分属不同行业(保健品、饮用水和休闲食品行业),但几乎每个产品都比较成功地进入市场,而且还能够长时间地维持稳定的市场份额。可以说,养生堂公司的过人之处,就在于清醒地意识到:面对快速更新的市场,如果不能保持产品和品牌的长期活力,将会被市场无情淘汰。所以,必须根据产品在市场上所经历的不同生命周期,通过一系列的营销组合,不时地传递新鲜的信息来增强产品和品牌的竞争力。在众多的营销组合中,养生堂公司运用得最多也最为得心应手的就是明确独特的品牌定位、富有创意的广告和灵活恰当的公益活动。

1)龟鳖丸

1993年,海南养生堂药业有限公司投产时,国内保健品行业已经硝烟弥漫。在保健品市场,充斥着铺天盖地的广告、遍地开花的促销活动,由于各类产品泛滥、宣传夸大失实,整个行业面临着信誉危机。

面对如此不利的境地,养生堂公司采取了完全不同的战略,致力于培育市场和树立品牌。养生堂的开堂元勋产品无疑是龟鳖丸,1993年10月当龟鳖丸产品刚进入市场时,公司将营销的重点放在传播概念、传递知识上。养生堂针对龟鳖制品过多、过滥、声誉不佳的情况,强调其产品的差异性:首先,养生堂龟鳖丸的原料来自海南的野生龟鳖;其次,运用科学的超低温冷冻粉碎工艺制成,充分利用龟鳖的药用价值;第三,全龟全鳖合用,龟鳖同食更补。一方面,利用中国传统的"药食同源""医食同药"观念,将龟鳖丸比作即时靓汤、健康美味和随身炖品;另一方面,进一步将传统吃甲鱼与服用龟鳖丸作了区别,强调"早晚一粒龟鳖丸,胜过天天吃甲鱼"。同时,策划了一系列的公益活动,比如,"寻找十大类千名病友"免费试用龟鳖丸的义诊活动,"100%野生龟鳖海南寻真"抽奖大行动,等等。

很快,龟鳖丸的功用开始为消费者所熟知,进入成长期。由于这一产品所适用的对象比较广泛,因而养生堂公司便快速顺应市场的变化,及时调整品牌定位,适时地扩大细分市场。从刚开始采取健康定位:"养生堂,为生命灿烂",还未体现出明确的市场指向;接着便逐渐转向亲情定位:龟鳖丸广告的父女篇、父子篇和生日篇,并配合开展"父亲的生日"征文活动,力图以"养育之恩,何以为报"来引起正在求学或已经开始工作的子女们的共鸣。同时配合一些大事件,及时作出反应:"清晨六粒龟鳖丸,看球工作不耽误",便是巧借1998年世界杯盛典的应时之作。1998年4月,养生堂又发起的"雄鹰计划",将其设计成"助学、奖学、勤工俭学"一个系统化的操作程序,针对备受关注的高考学生,具有持续的影响力。

2001年,养生堂龟鳖丸已进入市场8个年头,产品正在逐步进入成熟期。从近期的广告宣传上来看,养生堂公司也正在进一步调整产品的定位。由于消费者已对龟鳖丸产品比较熟悉,因此在营销策划上着重重申其优良品质"百分百野生品牌"。

2)朵而胶囊

继龟鳖丸产品创出品牌后,养生堂公司又乘胜追击,于1995年推出了养生堂朵而胶囊。"朵而"的最大特点在于其"以内养外"的原理,这是对传统美容理念的一场变革。于是在朵而胶囊产品的介绍期,养生堂公司将重点放在对这种美容理念的传递上,让消费者先认同观念,再接受产品。于是,各种媒体广告中便出现了一位身着白衣的美丽女子,就像是一个循循善诱的美育教师,向人们娓娓道来:"朵而胶囊,以内养外,补血养颜,使肌肤细腻红润有光泽",传达"美丽由内而外"。

相对龟鳖丸而言,朵而胶囊的适用对象就比较明确,即成年女性,特别是城市中青年女性。于是,养生堂公司便紧紧针对这一细分市场,进行了一系列的营销策划。随着"以内养外"的观念深入人心,朵而产品开始步入成长期。公司从"养生"的角度出发,以灵活的多层次、多阶段的品牌策略传送"美丽"。首先以"美丽"为诉求在各大媒体上接二连三提出朵而设问"女人什么时候最美?",引导人们对美进行讨论、产生遐想;继而斥巨资独家赞助轰动羊城的选美活动"美在城"的评比,之后在全国范围内开展"朵而女性新主持人大赛";接着在世纪之交推出"一千颗钻石送给一千个美丽的女人"活动;之后,开展了"在你最美丽的时候,遇见谁"的征文活动。

养生堂把一个个声势浩大的公关活动巧妙地与"美丽"挂上钩,赋予每个活动"美"的内涵,将"朵而"美的概念深植在人们的心中,使消费者在日后接触"美丽"二字时,便可能会有养生堂朵而胶囊的品牌联想。

3)农夫山泉

1997年,养生堂又开始以农夫山泉产品进入水市。当时经过十余年的发展,生产包装饮用水的企业已近千家。从1995年开始,娃哈哈、乐百氏等企业先后打进水市,并逐步确立了领导者的位置。两者最初都是由儿童食品发展到纯净水产品上来的,儿童乳酸奶制品和以青年时尚为指向的纯净水成为其两大主力。然而,由于这两类产品的定位和目标市场差异明显,因而娃哈哈和乐百氏都面临着一个尴尬的局面:无论哪一类产品的市场份额要进一步发展,都必须要解决将来势必无法共享一个品牌的矛盾。而"养生"本身就有关乎生命健康的含义,使得这一品牌有较大的延伸空间,养生堂公司在原来的保健品行业所具有的品牌效应,可以部分地延伸到饮用水行业上。同时,"农夫"二字给人以淳朴、敦厚、实在的感觉,"农"相对于"工",远离了工业污染,"山泉"则给人以回归自然的感觉。农夫山泉可以靠其淳朴自然和养生堂的健康形象打天下,比起以小儿用品起家的娃哈哈、乐百氏更有优势。

农夫山泉的市场介绍期,便实施了差异化战略,强调其产品的类别、水源、设备、包装、价格、口感和市场定位与同行其他企业的差别。

农夫山泉以取自千岛湖水面下70米无污染活性水为原料,并经先进工艺净化而成。在这一水源差异上,以"千岛湖的源头活水"来强调其水源的优良;同时,千岛湖作为华东著名的山水旅游景区和国家一级水资源的保护区拥有极高的公众认同度,这使农夫山泉形成了一个独占的良好品牌形象,"好水喝出健康来"。同时,在农夫山泉上市不久所策划的"千岛湖寻源"的大型活动,更是让消费者能够到其生产基地亲自探根寻源。

在包装差异上,于1997年在国内首先推出了4升包装,1998年初又推出运动瓶盖。农夫山尔并不是第一个采用了运动瓶盖的瓶装水品牌,1998年3月,上海老牌饮料正广和率先推出运动瓶盖。但值得注意的是,农夫山泉显然比正广和棋高一招:正广和在其宣传中只是生硬理解了运动盖的运动性、方便性,并在广告中选择了一些运动场景;而农夫山泉则把运动盖解释为一种独特的带有动作特点和声音特点的时尚情趣,选择中小学生这一消费群作为一个切入点,在"课堂篇"广告中的"哗扑"一声和那句"上课时不要发出这种声音",让人心领神会、忍俊不禁,使得农夫山泉在时尚性方面远远超出了其他品牌。

在市场定位上,"这水,有我小时候喝过的味道"以一个中年人对幼年回忆的情景交融来衬托产品的文化内涵,以历史的纵深感勾连起人们浓重的情感认同,也符合都市人返朴归真的心理需求;用"农夫山泉有点甜"来说明水的甘甜清冽,采取口感定位"一点甜",便占据了消费者巨大的心理空间,十足地有当年七喜推出"非可乐"的味道,一下子就区别于乐百氏经典的"27层过滤"品质定位,以及娃哈哈"我的眼里只有你"所营造的浪漫气息。

养生堂生产的农夫山泉瓶装水以一种清新、自然的特性进入瓶装水市场,打破了瓶装水娃哈哈和乐百氏二分天下的局面,在瓶装水市场上取得了一席之地。从1997年4月养生堂生产出第一瓶纯净水,到1998年养生堂的纯净水市场占有率已在全国占到第三位。据中华全国商业信息中心市场监评处对全国重点商场主导品牌的监测,1998年农夫山泉市场综合占有率居于第三,仅次于娃哈哈和乐百氏,一举冲入纯净水市场的三甲行列。

在农夫山泉产品逐步进入成熟阶段后,养生堂公司开始寻求新的产品定位。一方面,农夫山泉运动瓶盖的独特设计容易让消费者产生与运动相关的联想,值得将之作为一大卖点来推广。另一方面,饮料企业与运动的联姻由来已久,可口可乐和百事可乐便是借助竞技体育这一载体向中国饮料市场进行渗透的。于是,农夫山泉便开始贯彻其与体育事业相结合的策略,但它并不单纯靠搭体育之便车来推广产品,而是着力传播善待生命、关注健康、重视运动的理念和品牌形象:从1998年赞助世界杯足球赛中央五套的演播室,1999年成为中国乒乓球队唯一指定用水,到2000年被国家体育总局选为第27届奥运会中国体育代表团唯一饮用水赞助商,成为2001—2004年中国奥委会的长期合作伙伴和荣誉赞助商。当时,农夫山泉推出了"奥运军团喝什么水"的竞猜,广告打着"关心金牌从关心运动员开始"的旗帜,建议"为中国体育健儿选择一种天然、健康、安全的好水",在关心运动健儿的同时,也在传达和引导着一种健康的时尚。

4)清嘴含片

2000年5月,养生堂公司又开发了一种健康休闲小食品:清嘴含片,经常食用可以保持口腔清新、卫生,不上火,还清热解毒。

当清嘴产品刚上市时,配合了一则媒体广告:"你想知道清嘴的味道吗?"一位甜甜女生用少女特有的清脆音调对旁边的男生说,男生的脸上马上有了丰富的表情,"亲嘴"?这是怎么么一回事呢?"你想到哪里去了"。从播出后的反响来看,这不失为一则定位准确的广告。针对以少男少女为主的细分市场,广告中清新诙谐的氛围以及"你想知道清嘴的味道吗?"的提问,都容易引起这一群体的兴趣和好奇心,尝试一下新产品。

纵观养生堂公司针对其不同产品在不同阶段所采取的营销结合,可以归纳出其中的一些成功经验:在新产品的市场介绍期,着重概念、观念的传播,实施差异化策略,确立品牌特质;当产品进入成长期后,配合广告宣传和公关活动,进一步明确产品定位和细分市场,扩大市场份额;当步入成熟期后,巩固原有的消费群体,借助广告和促销活动重申和强化产品的优良品质。

资料来源:中国市场营销网 http://www.ecm.com.cn。

案例思考:

1. 为什么养生堂不同行业的产品都可以长时间地维持稳定的市场份额?
2. 试分析农夫山泉产品生命周期中所运用的不同的营销策略。

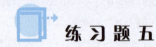

练 习 题 五

单项选择题

1. 当产品处于( )时,市场竞争最为激烈。
   A. 成长期　　　B. 投入期　　　C. 成熟期　　　D. 衰退期

2. 在产品整体概念中也是最基本、最主要的部分是( )。
   A. 附加产品　　B. 核心产品　　C. 有形产品　　D. 新产品

3. 产品组合的广度是指企业所拥有( )的数量。
   A. 产品品种　　B. 产品品牌　　C. 产品项目　　D. 产品线

4. 处于( )的产品,可采用无差异性的目标市场营销策略。
   A. 成长期　　　B. 衰退期　　　C. 导入期　　　D. 成熟期

5. 下列各项中,( )不属于产品整体范畴。
   A. 品牌　　　　B. 包装　　　　C. 价格　　　　D. 运送

6. 对现有产品的品质、款式、特点或包装等作一定的改进而形成的新产品,就是( )新产品。
   A. 仿制　　　　B. 改进　　　　C. 换代　　　　D. 完全

7. 品牌中可以用语言称呼、表达的部分是( )。
   A. 品牌　　　　B. 商标　　　　C. 品牌标志　　D. 品牌名称

8. ( )品牌就是指一个企业的各种产品分别采用不同的品牌。
   A. 个别　　　　B. 制造商　　　C. 中间商　　　D. 统一

练习题五
答案

项目六　制定价格策略

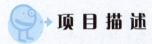
项目描述

价格是商品价值的货币表现,价格变化直接影响着消费者的购买行为,影响着生产经营目标的实现,是市场竞争的重要手段。现代市场营销环境变化多端,如何确定商品的价格极为重要。良好的商品价格决策既能吸引和保持顾客,扩大市场份额,又能使企业获得最佳的经济效益。

核心概念

定价目标　定价因素　成本导向定价　心理定价　新产品定价　产品组合定价

任务6.1　确定定价目标

任务目标

【素质目标】
1.具有营销职业岗位的诚信品质、责任意识、团队合作精神。
2.具有探索价格目标的创新思维能力。
3.具有营销岗位所需的审美和人文素养。

【能力目标】
1.具有选择企业定价目标的能力。
2.正确看待定价目标,建立合理的定价目标。

【知识目标】
1.正确理解定价目标的内涵。
2.掌握企业定价目标类型。

案例导入

沃尔玛的定价策略

沃尔玛公司(Wal—Mart Stores,Inc.)是一家美国的世界性连锁企业。沃尔玛在全世界能够迅速发展,除了正确的战略定位以外,也得益于其首创的"折价销售"策略。每家沃尔玛商店都贴有"天天廉价"的大标语。同一种商品在沃尔玛比其他商店要便宜。沃尔玛提倡的是低成本、低费用、低价格的经营思想,主张把更多的利益让给消费者,"为顾客节省每一美元"是他们的目标。沃尔玛的利润通常在30%左右,而其他零售商如凯马特利润率都在45%左右。沃尔玛每星期六早上举行经理人员会议,如果有分店报告某商品在其他商店比沃尔玛的低,可立即决定降价。低廉的价格、可靠的质量是沃尔玛的一大竞争优势,吸引了一批又一批的顾客。

资料来源:周斌.世界商业巨头沃尔玛的成功之道[J].中外管理,1999(5):47-49.

确定定价目标

6.1.1 定价目标的选择

1. 定价目标的含义

定价目标是指企业试图通过对特定商品价格的判定或者调整来达到企业的总体目标,它是指导企业进行价格决策的主要因素。定价目标取决于企业的总体目标。不同行业的企业,同一行业的不同企业,以及同一企业在不同的时期和不同的市场条件下,都可能有不同的定价目标。

2. 怎么选择定价目标

选择定价目标,可以从公司层面、竞争对手、顾客三个方面考虑。

从公司层面的角度出发,利润、生存、销售增长、产品质量、服务水平等都可以作为定价目标。

从竞争对手考虑,设置壁垒不让他们进来、把竞争者赶出去、与他们打价格战、把他们打得俯首称臣等可以作为企业的定价目标。

从顾客的角度看,提高市场占有率、恢复某些订货、诱导顾客等可以作为企业的定价目标。

那么,在确定定价目标时,哪些目标作为定价目标呢?企业要结合公司、顾客、竞争者等多种因素,综合考虑。

6.1.2 定价目标的类型

定价目标包括以下五种类型。

(1)最大利润目标。企业以获取最大限度的利润为定价目标。利润最大化取决于合理价格所推动的销售规模,而利润最大化的定价目标并不单纯意味着企业要制定最高单价。

(2)预期投资收益率目标。企业通过投资所要达到的最低收益率,是一个预期指标。项目完成后的实际收益率可能高于、等于或低于预期收益率,也是投资存在一定风险的表现。为此预期收益率通常包括安全收益率、通货膨胀率和风险报酬率,用于对通货膨胀和风险的补偿。

(3)以获取合理利润为定价目标。合理利润定价目标是指企业为避免不必要的价格竞争,以适中、稳定的价格获得长期利润的一种定价目标。采用这种定价目标的企业,往往是为了减少风险,保护自己,或限于力量不足,只能在补偿正常情况下的平均成本的基础上,加上适当利润作为产品价格。条件是企业必须拥有充分的后备资源,并打算长期经营。临时性的企业一般不宜采用这种定价目标。

(4)以提高市场占有率为目标定价。

①定价由低到高。定价由低到高,就是在保证产品质量和降低成本的前提下,企业入市产品的定价低于市场上主要竞争者的价格,以低价争取消费者,打开产品销路,抢占市场,从而提高企业产品的市场占有率。待占领市场后,企业再通过增加产品的某些功能,或提高产品的质量等措施来逐步提高产品的价格,旨在维持一定市场占有率的同时获取更多的利润。

②定价由高到低。定价由高到低,就是企业对一些竞争尚未激烈的产品,入市时定价可高于竞争者的价格,利用消费者的求新心理,在短期内获取较高利润。待竞争激烈时,企业可适当调低价格,赢得主动,扩大销量,提高市场占有率。

(5)以对付竞争者为定价目标。

以应付和防止竞争对手为目标的企业对竞争者的行为都十分敏感,尤其是价格的变动状况更甚。在市场竞争日趋激烈的形势下,企业在实际定价前,都要广泛收集资料,仔细研究竞争对手产品价格情况,通过自己的定价目标去对付竞争对手。

根据企业的不同条件,一般有以下决策目标可供选择:

①稳定价格目标。以保持价格相对稳定,避免正面价格竞争为目标的定价。

②追随定价目标。企业有意识地通过给产品定价主动应付和避免市场竞争。企业价格的制定,主要以对市场价格有影响的竞争者的价格为依据,根据具体产品的情况可稍高或稍低于竞争者的价格。

③挑战定价目标。如果企业具备强大的实力和特殊优越的条件,可以主动出击,挑战竞争对手,获取更大的市场份额。

任务6.2 影响定价的因素

【素质目标】

1.具有营销职业岗位的诚信品质、责任意识、团队合作精神

2.具有探索商品定价的创新思维能力。

3.具有营销岗位所需的审美和人文素养。

【能力目标】

1.具有合理确定商品价格的能力。

2.正确理解商品的价格因素。

【知识目标】

1.正确理解产品成本、市场需求的内涵。

2.掌握影响产品定价的因素。

案例导入

别克凯越轿车的价格策略

上海通用汽车先后推出了经济型轿车赛欧(8.98万元~12.98万元)和中高档轿车别克君威(22.38万元~36.9万元)。赛欧针对的是事业上刚刚起步、生活上刚刚独立的年轻白领,而别克君威则针对的是已经取得成功的人士。紧凑型轿车市场是中国轿车市场的主流,这一汽车板块为中国汽车业带来了巨大的利益,同时也是竞争最激烈的市场。紧凑型轿车市场多以公务、商务使用为主,兼顾私用。2003年8月紧凑型轿车月销售量在2.77万台左右,而且仍在迅速增长。上海通用汽车由此推出"别克凯越",从而正式进军极具潜力的紧凑型轿车市场。别克凯越的市场主要竞争对手包括爱丽舍、日产阳光、宝来、威驰、福美来、捷达、桑塔纳2000等。目前上市的别克凯越LE-MT豪华版(1.6升手动挡)售价为14.98万元,别克凯越LS-AT顶级版(1.8升自动挡)售价为17.98万元。

目前,中国国内的紧凑型轿车的市场竞争相当激烈,多种因素影响了别克凯越的上市价格。别克凯越要面对的是一个逐渐成熟的市场,爱丽舍、日产阳光、宝来、威驰、福美来、捷达、桑塔纳2000等车型已经占据相当大的市场份额,同时,这些车型又具有很高的性价比。

紧凑型轿车市场面对的是中国社会中最具有经济实力的一个阶层,一般来讲,这样的家庭都具有以下特征:男性,已婚,30岁~45岁,家庭月收入超过一万元,大专以上文化教育程度,在国企或私企担任中级经理或是中小型私营企业主,他们购买凯越的用途是以公务、商务为主,兼顾私用。因此,别克凯越是专为中层经理人、小型私企业主打造的中档公务、商务兼私用座驾,它以现代动感外观,高效人性化空间,卓越先进科技配备,满足了潜在车主实用、可靠、时尚、符合身份档次的用车需求,成为其事业和生活的可靠伴侣。

另外,在市场已经被占领的情况下,别克凯越只有更好的性价比才能在市场中占有一席之地。在性能上,别克凯越配置了许多高档车的设备;而在价格上,别克凯越在同档次的车型中居中上。

在分析以上影响因素之后,我们可以看到,别克凯越的市场定价不高,采用了满意定价的方法,制定不高不低的价格,可以同时兼顾厂商、中间商及消费者利益,使各方面满意。

相对于同类车而言,例如,宝来1.6手动基本型的售价是15.5万元,宝来1.8舒适型的售价是18.5万元,在性能相近的情况下,别克凯越的售价比同档次的宝来低了近7000元。因此,别克凯越对紧凑型轿车主力的宝来构成了巨大的冲击。

上海通用是世界最大的汽车制造厂商,别克是世界名牌。但是,别克凯越采用了一种跟随的定价方式,在同类车中,价格低于宝来和配置更好的威驰,并没有定高价,可见上海通用汽车进入紧凑型轿车市场的决心。

同时,我们可以看到它采用了尾数定价的技巧,这无疑又为别克凯越占领市场建立了一个好的口碑。别克凯越1.6的定价虽然离15万元只是差了200元,但是消费者在心理上没有突破15万元的心理价位,给顾客价廉的感觉。而同档次、性能相近的宝来的售价是15.5万元,使消费者感到价格昂贵的感觉。同时别克凯越采取了以数字8为结尾,很符合中国人的习惯,这与大多数轿车生产厂商的定价方法是相同的。

目前,我们还没有看到别克凯越降价的迹象,同时我们看到的都是在加价购车。虽然加价,但比起同性能的车型,价格还是相对便宜,因此,我们可以看到在近期面对同类紧凑型轿车的不断降价声,别克凯越很难降价。加价买车的现象会随着产量的增加而消失。面对众多竞争者相继降价,或者提高性能变相降价,别克凯越无疑将面对更大的压力。直接降价无疑会对品牌的声誉产生很大的影响,一个顾客很难接受一个汽车品牌不断地降价。降价不仅损害了顾客的利益,而且还损害了厂商自身的利益。因此,面对宝来、威驰等主力紧凑型轿车的降价,以上海通用一贯的价格策略,别克凯越将会采用提高性能或者实行优惠的政策来变相降价。

别克凯越进入市场3个月内,销量突破2万辆大关,创造了中国轿车业的奇迹,这和上海通用稳定的价格策略是分不开的。上海通用一般采取一种具有刚性的价格,很少采用降价销售的竞争手段,虽然赛欧一度降价,但总体保持了一定的稳定性,避免品牌知名度的下降。

对于别克凯越,上海通用同时又采用一种满意定价,其价格低于同类车中性能相近的车型,因此,消费者感到十足的满意。

资料来源:https://www.docin.com/p-1057364180.html。

商品价格是由什么决定的呢?影响商品价格的因素有哪些呢?带着这些问题,我们开始下面的学习。

商品定价是生产性企业和服务性企业等面临的共同问题。差异化的定价策略与实施过程将会体现在市场竞争格局的重新分配与消费者购买行为的分化,并最终表现为企业经营利润的规律性变动。除了定价目标外,商品定价的影响因素还有哪些?

影响定价的因素

6.2.1 产品成本

产品成本是产品定价的基础因素,是企业经济核算的盈亏临界点。产品定价必须至少能够补偿产品成本,这是企业再生产的最基本条件。

产品的成本由固定成本和变动成本两部分构成。

成本是定价的下限，成本可分为两种类型：固定成本和变动成本。固定成本又称间接成本，是指不随产量的变化而变化的成本，如机器、厂房、设备设施等。

变动成本又称直接成本，是指随产量的变动而变化的成本，如个人的工资、管理费用等。固定成本和变动成本构成总成本。

6.2.2 市场需求

市场需求，就是指在一定时间内和一定价格条件下，消费者对某种商品或服务愿意而且能够购买的数量。必须注意，需求与需要是不同的。产品的最高价格取决于产品的市场需求，最低价格取决于产品的成本。需求又受价格和收入变动的影响。

从图 6-1 可以看出价格与供需关系的需求规律。在一般情况下，需求和价格的变动呈反方向变化，即商品价格提高，消费者对它的购买量就会减少，反之亦然。价格与需求量之间这种呈反方向变化的关系，就叫需求规律。

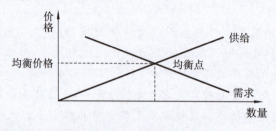

图 6-1　供给与需求

为什么会这样呢？如果一定数量的某种商品的边际效用越大，则消费者为购买这些数量的该种商品所愿意支付的价格就越高；反之，如果一定数量的某种商品的边际效用越小，则消费者为购买这些数量的该种商品所愿意支付的价格就越低。根据边际效用递减规律，当消费者购买某商品的数量增加时，该商品的边际效用对此消费者必然递减，因而该商品价格也要相应递减。

6.2.3 竞争者的产品与价格

在不同竞争条件下企业自身的定价自由度有所不同，在现代经济中可分为四种情况：完全竞争、纯粹垄断（或称完全垄断）、不完全竞争（也叫垄断性竞争）、寡头垄断竞争。在完全竞争的条件下，卖主和买主只能是价格的接受者而不是价格的决定者；在垄断性竞争的条件下，卖主已不是消极的价格接受者，而是强有力的价格决定者；在寡头垄断的条件下，少数几家大公司控制市场价格，而且它们相互依存、相互影响；在纯粹垄断（独家经营）的条件下，卖主完全控制市场价格。

6.2.4 商品的特点

1. 商品的种类

不同种类的商品对价格有不同的要求，有的种类商品价格高，有的种类商品价格低。

2. 标准化程度

标准化程度直接影响商品的价格决策。标准化程度高的商品价格变动的可能性一般低于非标准化或标准化程度低的商品。

3. 商品的易腐、易毁和季节性

一般情况下,容易腐烂、变质和不宜保管的商品(如生鲜食品等),价格变动的可能比较高。

4. 时尚性

时尚性强的商品价格变化比较显著,时尚性弱的商品价格变化不大。时尚的高峰期,价高;时尚的低谷期,价低。如流行服装、连衣裙,价格变化显著。

5. 需求弹性

需求弹性大,价格的调整会影响需求;需求弹性小,价格的调整不会影响需求。需求弹性是指市场需求对价格变动的反应程度,如摄像机的需求弹性比食盐的需求弹性大,摄像机的价格变化会显著影响消费者的需求变化。

6. 产品的生命周期

很多产品的生命周期一般包括导入期、成长期、成熟期、衰退期四个阶段。处在产品生命周期的不同阶段对价格策略的影响可从以下两方面考虑。

一是商品生命周期的长短对定价的作用不同。

二是不同产品生命周期阶段对商品定价的影响不同。导入期,价格高;成长期,价格有所回落;成熟期,价格趋于稳定;衰退期,价格最低或回升。

6.2.5　企业状况

企业的规模与实力:规模大、实力强的企业在价格制定上余地大,可以选择薄利多销或打价格战;实力弱的企业在价格制定上处于被动地位。

企业的销售渠道:渠道成员有力、控制程度高的企业在价格决策上有较大的灵活度。

企业的信息沟通:信息畅通以及与消费者保持良好关系的可以适时调整价格,并得到消费者的理解和认可。

企业营销人员的素质和能力:拥有熟悉生产经营、掌握市场销售、供求变化等情况,并具有价格理论知识和一定实践能力的销售人员,是企业制定出较有利的价格和适当调整价格的必要条件。

任务 6.3　成本导向定价法

任务目标

【素质目标】

1. 具有营销职业岗位的诚信品质、责任意识、团队合作精神。

2.具有探索成本导向定价的创新思维能力。

【能力目标】

1.具有成本导向定价的计算能力。

2.具有正确调整商品价格的能力。

【知识目标】

1.正确理解成本导向定价的内涵。

2.掌握成本导向定价的三种方法。

案例导入

一瓶矿泉水的价格究竟是多少

李建勇是一家矿泉水生产企业的成本核算员,由于他熟悉产品的成本核算方法,企业调他到市场营销部负责价格的制定工作,当年企业的预计生产能力是2800万瓶,必须要分摊的各种固定成本是420万元,企业每生产一瓶矿泉水的新增可变成本(人工费用、包装费用、电费、水费等)约是0.42元,企业年初确定的利润目标是680万元,则每瓶矿泉水的最低出厂价格应是多少?

资料来源:http://www.doc88.com/p-19228397917.html。

成本导向定价

在确定商品价格时,有哪些方法呢?究竟是如何确定商品的价格呢?让我们走进成本导向定价法。

什么是成本导向定价法呢?成本导向定价是企业以产品成本为中心的生产方导向定价思路,其目标是在不亏本的情况下获得尽可能高的利润,通常包括成本加成定价法、变动成本定价法、目标利润定价法等方法。

成本导向定价法的缺点在于仅仅从生产方的角度制定价格,而忽视了市场需求和市场竞争,因此所制定的价格可能偏离顾客心理对产品价值的感知,不利于获得企业的竞争优势。

1.成本加成定价法

首先,我们学习第一种定价法:成本加成定价法。其定价公式为

价格 = 单位产品成本 × (1 + 成本加成率)

成本加成定价法的优点是计算简便,体现了以产品价值为基础来定价的原理。采用这种方法确定的价格,可以保证获得正常的利润率,从而能够保障生产经营的正常进行。其缺点在于不能反映市场需求状况和竞争状况。

例题 6-1 如果一个手提箱的成本为10元,利润分别为10%、20%、50%,则其定价分别为多少?

解 $10 \times (1 + 10\%) = 11$ 元;$10 \times (1 + 20\%) = 12$ 元;$10 \times (1 + 50\%) = 15$ 元;

通过计算,其价格分别为11元、12元、15元。

2. 目标利润定价法

目标利润定价法是根据估算的总销售收入和估计的产量（销售量）来制定价格的方法。定价公式为

$$单价＝（固定成本＋目标利润）/预计销量＋单位变动成本$$

例题 6-2 某企业生产一种产品，投资额为 300 万元，预期投资收益率为 12%，预计产量为 15 万件，假定企业年固定成本消耗为 60 万元，单位变动成本为 6 元。单位产品售价达到多少才能实现预期投资收益？

解 价格＝（总成本＋目标利润）/总销量　　总成本＝固定成本＋总变动成本

$$目标利润＝投资额×投资收益率$$

$$总成本＝（600000＋6×150000）元＝1500000 元$$

$$目标利润＝3000000 元×12\%＝360000 元$$

$$价格＝（1500000＋360000）/150000 元＝12.4 元$$

3. 变动成本定价法

变动成本定价法，即在定价时只计算变动成本，而不计算固定成本，在变动成本的基础上加上预期的边际贡献。

$$单位边际贡献＝单价－单位变动成本$$

此方法重点是在考虑变动成本回收后能尽量补偿固定成本。

例题 6-3 假设某厂生产甲产品的生产能力为 10000 台，固定成本为 120 万元，国内只接到订货 8000 台，售价 1000 元，经核算只够保本。现有一外商洽谈订货 2000 台，要求把价格降低到 920 元。试确定该项订货是否可以接受？如果接受，利润有何变化？

解 设 Q 为生产产品数量，P 为产品单价，F 为固定成本，Cv 为变动成本，则

$$Cv＝P－F/Q＝(1000－1200000/8000)万/台＝850 元/台$$

第二次订货的价格 $P＝920＞Cv＝850$，该项定货可以接受。
由于

$$(920－850)×2000 元＝140000 元$$

故如果接受订货，利润比原来增加 140000 元。

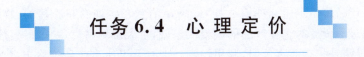

任务 6.4　心理定价

【素质目标】

1. 具有营销职业岗位的诚信品质、责任意识、团队合作精神。
2. 具有探索心理定价的创新思维能力。

【能力目标】
1. 具有声望定价、整数定价、尾数定价、分档定价、习惯定价的能力。
2. 具有合理使用定价方法的能力。

【知识目标】
1. 正确理解声望定价、整数定价、尾数定价、分档定价、习惯定价和招徕定价的内涵。
2. 掌握声望定价、整数定价、尾数定价、分档定价、习惯定价和招徕定价的定价方法。

案例导入

如此定价

珠海九洲城里有一只3000元港币的打火机。许多观光客听到这个消息,无不为之咋舌。如此昂贵的打火机,该是什么样子呢?于是,九洲城又凭增了许多慕名前来一睹打火机"风采"的顾客。

这只名曰"星球大战"的打火机看上去极为普通,它真值这个价钱吗?站在柜台前的观光者人人都表示怀疑,就连售货员对此亦未知可否地一笑了之。它被搁置在柜台里很长时间无人问津,但它旁边的3元港币一只的打火机却是购者踊跃。许多走出九洲城的游客坦诚相告:我原是来看那只"星球大战"的,不想却买了这么多东西。

无独有偶,日本东京都滨松町的一家咖啡屋竟然推出了5000日元一杯的咖啡,就连一掷千金的豪客也大惊失色。然而消息传开,抱着好奇心理的顾客蜂拥而至,使往常冷冷清清的店堂一下子热闹了,果汁、汽水、大众咖啡等饮料格外畅销。

资料来源:都医生.醉翁之意[EB/OL].[2013-07-24].

心理定价

每一件产品都能满足消费者某一方面的需求,其价值与消费者的心理感受有着很大的关系。这就为心理定价策略的运用提供了基础,使得企业在定价时可以利用消费者心理因素,有意识地将产品价格定得高些或低些,以满足消费者生理的和心理的、物质的和精神的多方面需求,通过消费者对企业产品的偏爱或忠诚,扩大市场销售,获得最大效益。

心理定价策略是指企业定价时,利用顾客心理有意识地将产品价格定高些或低些,以扩大销售。

心理定价策略主要包括声望定价、尾数定价、整数定价、习惯定价、分档定价和招徕定价。

6.4.1 声望定价策略

声望定价即针对消费者"便宜无好货、价高质必优"的心理,对在消费者心目中享有一定声望、具有较高信誉的产品制定高价。

不少高级名牌产品和稀缺产品,如豪华轿车、高档手表、名牌时装、名人字画、珠宝古董等,在消费者心目中享有极高的声望价值。

如图 6-2 所示,这双靴子为什么定价 588 元,而不是定价 168 元呢?因为定成 588 元,让消费者觉得其声望价值高。如图 6-3 所示,大家可以思考一下这颗钻石为什么定价 9999元,而不是 3000 元?

图 6-2　靴子定价

图 6-3　钻石定价

6.4.2　整数定价策略

整数定价与尾数定价正好相反,企业有意将产品价格定为整数,以显示产品具有一定质量。整数定价多用于价格较贵的耐用品或礼品,以及消费者不太了解的产品。对于价格较贵的高档产品,顾客对质量较为重视,往往把价格高低作为衡量产品质量的标准之一,容易产生"一分价钱一分货"的感觉,从而有利于销售。

如图 6-4 所示,为什么摄像机的价格定成 4100 元,而不定成 3997 元呢?因为定成 4100元整数价格,更能够显示产品质量好,性价比高。

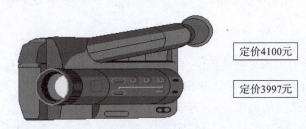

图 6-4　摄像机定价

6.4.3　尾数定价策略

尾数定价,也称零头定价或缺额定价,即给产品定一个零头数结尾的非整数价格。大多数消费者在购买产品时,尤其是购买一般的日用消费品时,乐于接受尾数价格,如 0.99 元、9.98 元等。

图 6-5 所示的为一把挂锁,下面来看一下它在不同国家的定价。

这把挂锁,在美国市场定价 9.97 元,为什么呢?因为美国人喜欢奇数。

这把挂锁,在日本市场定价 9.94 元,为什么呢?因为日本人喜欢偶数。

这把挂锁,在中国市场定价 9.98 元,为什么呢?因为中国人喜欢数字 8、6,这些数字有谐音。

图 6-5　挂锁定价

6.4.4　分档定价策略

分档定价,是指把同类商品比较简单地分成几档,每档定一个价格,以简化交易手续,节省顾客时间。

例如,经营鞋袜、内衣等商品,就是从××号到××号为一档,一档一个价格。

图 6-6 所示的为同类商品的分档定价。

图 6-6　分档定价

思考:分档定价有什么优势?分档定价能够体现品质差异,让顾客觉得卖方认真负责。

6.4.5　习惯定价策略

有些产品在长期的市场交换过程中已经形成为消费者所适应的价格,成为习惯价格。

企业对这类产品定价时,要充分考虑消费者的习惯倾向,采用"习惯成自然"的定价策略。对消费者已经习惯了的价格,不宜轻易变动。

如图 6-7 所示,啤酒定价采用了习惯定价策略,为什么?对消费者已经习惯了的价格,不宜轻易变动。

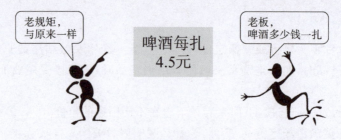

图 6-7　啤酒定价

6.4.6　招徕定价策略

这是适应消费者"求廉"的心理,将产品价格定得低于一般市价,个别的甚至低于成本,以吸引顾客,扩大销售的一种定价策略。

图 6-8 所示的为帽子定价,请思考企业采用这种定价,会亏本吗?

图 6-8　帽子定价

采用这种策略,虽然几种低价产品不赚钱,甚至亏本,但从总的经济效益看,由于低价产品带动了其他产品的销售,企业还是有利可图的。

任务 6.5　新产品定价策略运用

 任务目标

【素质目标】
1. 具有营销职业岗位的诚信品质、责任意识、团队合作精神。
2. 具有探索新产品定价的创新思维能力。

【能力目标】
1. 具有撇脂定价、低价策略、通行价格定价的能力。
2. 具有合理运用撇脂定价、低价策略、通行价格定价的能力。

【知识目标】
1. 正确理解撇脂定价、低价策略、通行价格定价的内涵。
2. 掌握撇脂定价、低价策略、通行价格定价的方法。

　案例导入

iPhone 策略 VS iPod 策略

我曾经花了很多时间试图去解读苹果的定价策略,事实证明,有两种截然不同的策略——iPhone 策略和 iPod 策略。去年秋季苹果推出 Apple Watch 第二代后,我曾总结过:"从 iPod 开始,苹果对 iPod 定位和定价都非常有侵略性。"

我原来认为,iPhone 的价格从长远来看将遵循相同的模式,但是,正如我在 iPhone 5C 发布之后所说的,Tim Cook 在苹果公司最重要的演讲中,明确表示他们将停留在高端市场。

"看来,苹果希望在 Apple Watch 上遵循类似的策略:它将比 Fitbit 制作的健身手环要贵得多,但是功能更为丰富;从长远来看,就像 iPhone 淘汰了单一用途的功能机和照相机,甚至包括自家的 iPod 一样,一款手表可以淘汰整个'健身'品类,让苹果通过高昂的定价拿下惊人的利润。"

"然而现在,不管是在演讲中还是在已经便宜了 27% 的第一代顶配 Apple Watch 中,都表明了这样一个新的策略:正如 iPod 不仅在利润方面也在功能组件方面主导音乐播放器市场,苹果希望用 Apple Watch 主导健康和健身市场,即使这意味着它成了 iPhone 的一个配件而不是 iPhone 的替代品,以及最重要的是,整体平均售价降低。"

事实上,如果 Apple Watch 第一代在明年再次降价,甚至更早就因为零售商的折扣而降价,我都不会感到惊讶。

还真的被我说中了!现在,Apple Watch 第一代的售价为 199 美元,比苹果的官方建议价格还低 70 美元,这就是 iPod 策略。

资料来源:Ben Thompson. 一胖子的世界[EB/OL]. 钛媒体 TMTPost.com,2017-03-27.

新产品定价是企业定价的一个重要方面。新产品定价合理与否,不仅关系到新产品能否顺利地进入市场、占领市场,取得较好的经济效益,而且关系到产品本身的命运和企业的前途。新产品定价可采用撇脂定价法、低价策略和通行价格定价策略。

6.5.1 撇脂定价法

撇脂定价就是新产品入市时,定一个高价。其适用的条件是:

(1)早期产品销售时,消费者对价格不敏感,到产品成熟和竞争者模仿出现后敏感性上升。

(2)当需求的价格弹性不确定时。

(3)高定价能带来更大的销售收入。

(4)导入期高价为今后降价留出了空间。

(5)销量不高,产能和财务资源也不多。

(6)产品或服务(在感受上)物有所值。

(7)顾客对产品利益难以判断,而品质要经过长时间才能显现出来。

符合上述情况,可以采用高价策略。

撇脂定价策略的优点是:①利润高;②回收成本快;③认知质量高;④利于品牌的建立;⑤有降价空间;⑥更新换代快。

撇脂定价策略的缺点是:①抑制需求;②易诱发竞争;③大的竞争者挤入。

如红牛的定价策略,一般人对小容量饮料能接受的价格为 2~4 元,连可口可乐、百事可乐都只卖 3 元,而红牛定价却超出 6 元,显然高得离谱了。红牛可以采用高价策略吗?是否高得离谱了?如果红牛的产品定位不是饮料而是保健品,其价位则可能被消费者接受。

6.5.2 低价策略

低价策略,也称渗透定价策略。渗透定价的适用条件是:

(1)消费者对产品价格极为敏感,在导入期早期产品就已表现出价格弹性。

(2)在使用或试用后,购买者可迅速确定产品的品质或利益。

(3)导入期后将很快面临强大竞争者。

(4)购买者中没有一个人愿意支付更高价格。

(5)生产分销能力巨大。

(6)销量的快速增加可实现"经验曲线"。较低的导入期价格可向顾客和竞争者表明,公司预期会出现相对较大的经验效应。

其优点是:①促进需求;②市场占有率高;③不易诱发竞争。

其缺点是:①利润低;②回收成本慢;③认知质量低;④没有降价空间;⑤后续产品难以定高价。

6.5.3　通行价格定价策略

通行价格定价策略就是随行就市定价法,又称流行水准定价法,是以本行业的平均价格水平为标准的定价方法,是竞争导向定价方法中广为流行的一种。其原则是使本企业产品的价格与竞争产品的平均价格保持一致。

如图 6-9 所示,请问价格定为多少?

图 6-9　通行价格定价

我们的定价是 23 元。为什么?取 A、B 两家公司价格的平均值,可以得出通行价格为 23 元。

任务 6.6　产品组合定价运用

【素质目标】

1.具有营销职业岗位的诚信品质、责任意识、团队合作精神。

2.具有探索产品组合定价的创新思维能力。

> 【能力目标】
> 1. 具有产品线定价、选择品定价、互补品定价的能力。
> 2. 掌握合理运用产品线定价、选择品定价、互补品定价的方法。
>
> 【知识目标】
> 1. 正确理解产品线定价、选择品定价、互补品定价的内涵。
> 2. 掌握产品线定价、选择品定价、互补品定价的方法。

案例导入

女装定价

某品牌服装店对某型号女装制定三种价格,分别为 198 元、388 元、598 元,在消费者心目中形成低、中、高三个档次,人们在购买时就会根据自己的消费水平选择不同档次的服装。如果一味地定成一个价格,效果就不好了。一般情况下,如果相邻两种型号的商品价格相差大,买主多半会买便宜的;如果价格相差较小,买主倾向于买好的。

产品组合定价

产品组合是指一个企业所生产经营的全部产品线和产品项目的组合。对于生产经营多种产品的企业来说,定价必然着眼于整个产品组合而不是单个产品的利润最大化。由于各种产品之间存在需求和成本上的联系,有时还存在替代、竞争关系,实际上定价难度相当大。

6.6.1 产品组合定价策略的含义

产品组合定价策略是对不同组合产品之间的关系和市场表现进行灵活定价的策略,一般是对相关商品按一定的综合毛利率联合定价,它包括系列产品定价策略、互补产品定价策略、成套产品定价策略、选择品定价策略等。

6.6.2 产品组合定价策略设计

第一种,产品线定价。产品线定价是根据购买者对同样产品线不同档次产品的需求,精选设计几种不同档次的产品和价格点。

请看图 6-10 中长虹电视机的产品线定价。其高端产品定了什么价格?

| 长虹14″ | 长虹18″ | 长虹21″ | 长虹25″ | 长虹29″ | 长虹34″ |
| 980元 | 1300元 | 1588元 | 2289元 | 3988元 | 7898元 |

图 6-10 电视机定价

长虹高端电视机定了一个特别高价 7898 元,主要是为了突出产品形象。那么它的低端产品定了什么价格? 定了一个很低的价格 980 元。

这样定价主要是满足不同层次顾客需要,攫取利润。

第二种,选择品定价。就是低价产品——招揽顾客,高价产品——成为利润点的策略。

图 6-11 所示的为选择品定价。当顾客喝酒、点菜时,面免费。为什么?因为可以用酒水、菜赚钱。

如果顾客只吃免费面条,怎么办?那面条按照正常价格定价,甚至还高点,这就是选择品定价。

图 6-11 选择品的定价

第三种,互补品定价。以较低价销售主产品来吸引顾客,以较高价销售备选和互补产品来增加利润。

如图 6-12 所示,打印机定价 850 元,而墨盒却定价 640 元。为什么呢?因为主要想在墨盒上赚钱,这就是互补品定价。

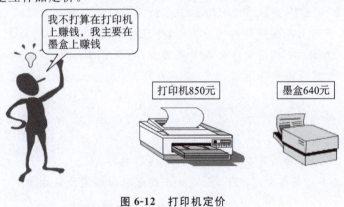

图 6-12 打印机定价

任务 6.7 产品价格调整

【素质目标】

1. 具有营销职业岗位的诚信品质、责任意识、团队合作精神。

2. 具有探索产品价格调整的创新思维能力。

【能力目标】

1. 具有确定价格变动的方法能力。

2. 具有合理确定产品价格变动的能力。

【知识目标】

1. 正确理解企业价格变动的内涵。

2. 掌握企业价格变动的影响因素。

案例导入

iPod的成功定价

苹果iPod是近几年来最成功的消费类数码产品之一。第一款iPod零售价高达399美元,即使对于美国人来说,也是属于高价位产品,但仍有很多"苹果迷"纷纷购买。苹果认为还可以"撇到更多的脂",于是不到半年又推出了一款容量更大的iPod,定价499美元,销路仍然很好。苹果的撇脂定价大获成功。

在什么情况下,企业可以采取撇脂定价法并能取得好的效果呢?

第一,市场上存在一批购买力很强,并且对价格不敏感的消费者。

第二,这样的一批消费者的数量足够多,企业有厚利可图。

第三,暂时没有竞争对手推出同样的产品,本企业的产品具有明显的差别化优势。

第四,当有竞争对手加入时,本企业有能力转换定价方法,通过提高性价比来提高竞争力。

第五,本企业的品牌在市场上有传统的影响力。

在上述条件具备的情况下,企业就应该采取撇脂定价的方法。

苹果iPod定价策略及时调整

苹果iPod在最初采取撇脂定价法取得成功后,就根据外部环境的变化,主动改变了定价方法。2004年,苹果推出了iPod shuffle,这是一款大众化产品,价格降低到99美元。之所以在这个时候推出大众化产品,一方面市场容量已经很大,占据低端市场也能获得大量利润;另一方面,竞争对手也推出了类似产品,苹果急需推出低价格产品来抗衡。但是原来的高价格产品并没有退出市场,只是略微降低了价格而已,通过推出大众化产品,苹果公司在产品线的配置上形成"高低搭配"的良好结构,改变了原来只有高端产品的格局。苹果的iPod产品在几年中的价格变化是撇脂定价和渗透式定价交互运用的典范。

在激烈的市场竞争中,采用撇脂定价法的风险增大,以高性价比迅速获得消费者的认可逐渐成为定价的主流。放弃撇脂定价法首先会从低端市场开始,这是应用撇脂定价法最薄弱的地方;高端市场的撇脂定价法会在最后被攻陷。例如,面向家庭的低端汽车价格下降得很快,在这个细分市场,几乎没有哪个企业还采用撇脂定价法;在高端汽车市场,奥迪、宝马等名车撇的脂也不像2000年以前那样"厚"了,价格逐渐向国际市场看齐。

在快速消费品和电子消费品行业,由于产品生命周期短,采取撇脂定价法的现象比耐用品行业要少得多,即使采取这种定价法,撇脂时间也非常短,很快就改变为渗透定价。所以,撇脂定价法对企业推出新产品的速度提出了很高要求。如果推出新产品速度快于竞争对手,就可以享受到一段难得的、短暂的撇脂时间,大幅获利,改善企业整体的赢利能力;如果推出新产品速度慢,每次推出时,都只能随行就市,企业的赢利情况就有可能恶化。奥林巴斯在2004年陷入巨亏,根本原因就是新产品推出速度慢,产品缺乏差别化优势。这些企业由于无法享受到撇脂,同时又不能有效降低运营成本而陷入困境。

资料来源:卢强.新产品的定价技巧[N].计算机报,2005.11.23(D1).

我们学习了商品定价的相关知识,了解了商品定价目标、程序、方法及定价策略等知识。产品在拟定价格之后,由于情况变化,经常需要对产品价格进行调整,企业应该在什么时候调整产品价格?是提价还是降价?顾客和竞争对手将会做出什么反应?对竞争对手的调价应采取什么对策?这些都是企业必须要考虑的问题。这也正是本节要介绍的内容,即价格调整策略。

6.7.1 企业价格的变动

企业价格的变动有三种情况:涨价、降价、价格不变。

第一种:发动降价。有几种情况可能导致企业考虑降价:过多的生产能力;面临强有力的价格竞争而本企业的市场份额正在下降;以低成本为基础进行降价,争取在市场上居于支配地位;发动降价以期望扩大市场份额,从而依靠较大的销量,降低成本;在经济衰退时期不得不降价。

第二种:发动涨价。促使企业涨价的原因主要有以下几点:由于通货膨胀,物价上涨,企业的成本费用提高,迫使企业不得不涨价以确保获取目标利润;企业产品供不应求,不能满足所有顾客的需要,在这种情况下,企业可以适度涨价。

第三种:价格不变。常用以下几种价格不变方法。

(1)采取推迟报价:生产周期长的产业。

(2)在合同上规定调价条款。

(3)采取不包括某些产品和服务定价策略。

(4)减少折扣。

(5)压缩产品分量,价格不变。

(6)使用便宜的材料作代用品。

(7)改变或减少服务项目。

6.7.2 顾客对企业变价的反应

1.顾客对降价的反应

顾客对降价的反应有以下几种情况:

(1)这种产品样式怕不行了,要让新型产品代替了,如流行服装过了时尚期。
(2)商品有毛病,卖不出去了,例如,商场对有些商品打折出售,因为有些商品有缺陷。
(3)企业遇到了财务困难,维持不下去了,例如,由于新冠疫情的影响,有些企业亏损严重,出现流动资金困难,就会对某些商品打折出售,收回流动资金。
(4)价格还会进一步下跌,不如再等一等。
(5)商品降价,质量肯定也下降了。某些商品价格降了,质量也会下降;但是,有些商品价格下降,质量很稳定。

2. 顾客对涨价的反应

涨价通常会减少销售量。但是顾客也可能从另一方面去看:
(1)商品畅销才涨价,不买就买不到了。
(2)商品涨价是因为质量好,价高质必优。
(3)卖主想多赚钱才涨价。

6.7.3　竞争者对企业变价的反应

企业可从两个方面来预测竞争者对本企业产品价格变动的可能反应:
(1)假设竞争对手采取老一套办法对付本企业价格变动,这时竞争对手的反应是能够预测的,并且企业可以根据竞争者的反应,对价格策略实行调整。
(2)假设竞争对手把每一次价格变动都看作是新的挑战,并根据当时自己的利益做出相应的反应,企业就必须断定当时竞争对手的利益是什么,及时作出调整。

例如,休布雷公司在美国伏特加酒的市场上属于营销出色的公司,其生产的史密诺夫酒在伏特加酒的市场占有率达23%。20世纪60年代,另一家公司推出一种新型伏特加酒,其质量不比史密诺夫酒的低,每瓶价格却比它低1美元。

按照惯例,休布雷公司有三条对策可选择:
(1)降价1美元,以保住市场占有率。
(2)维持原价,通过增加广告费用和推销支出来与对手竞争。
(3)维持原价,听任其市场占有率降低。

由此看出,不论该公司采取上述哪种策略,休布雷公司都处于市场的被动地位。

但是,该公司的市场营销人员经过深思熟虑后,却采取了对方意想不到的第四种策略。那就是将史密诺夫酒的价格再提高1美元,同时推出一种与竞争对手新伏特加酒价格一样的瑞色加酒和另一种价格更低的波波酒。

这一策略,一方面提高了史密诺夫酒的地位,同时使竞争对手的新产品沦为一种普通品牌。结果,休布雷公司不仅渡过了难关,而且利润大增。实际上,休布雷公司的上述3种产品的味道和成分几乎相同,只是该公司懂得以不同的价格来销售相同产品的策略而已。

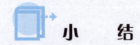

小　结

我们学习了定价目标的含义、定价目标的选择、定价目标的类型。我们在选择定价目标时,要综合考虑多种因素,选择适合企业的定价目标。在给商品定价时,要综合考虑这些因素,制定合理价格。成本导向定价有成本加成定价、目标利润定价、变动成本定价三种方法,并且要掌握三种方法的计算方法及优缺点。定价策略有声望定价、整数定价、尾数定价、分档定价、习惯定价、招徕定价,要把握每种定价策略的优缺点,在商品定价中灵活运用。撇脂定价法、低价策略、通行价格定价策略,每种策略各有优劣势,在定价过程中,要根据实际情况灵活运用。产品组合定价策略的含义,以及六种组合产品定价策略,每种策略都有其使用范围,在实际定价时要灵活运用。企业价格的变动有三种情况:涨价、降价、价格不变。企业在什么情况下,应该涨价、降价、价格不变,要根据实际情况确定。

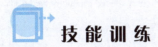

技能训练

某日,一外商前来洽谈,拟订购健身器400台,按摩器200台。在谈判中,外商坚持健身器每台按1000元付款,按摩器每台按450元付款,否则,这笔生意就不做。而企业出厂价健身器每台为1600元,按摩器每台为600元,由于对方出价太低,谈判陷入僵局。现营销部经理前来厂长办公室,汇报谈判情况,请示对策。

资料:健身器年生产能力为1500台,全年已落实要货计划1000台,全年应摊固定成本40万元,则每台应分摊固定成本400元(400000÷1000),单位变动成本800元。按摩器年生产能力为1000台,全年已落实要货计划1000台,全年应摊固定成本10万元,则每台应分摊固定成本100元(100000÷1000),单位变动成本400元。

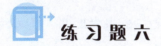

练习题六

一、判断题

1.关于商品价格的定义,马克思政治经济学的观点和市场营销学的观点完全一致。
( )

2.企业的定价目标要服从于企业的营销总目标。( )

3.品牌归属策略是指企业决定在产品上使用生产者品牌还是经销商品牌。( )

4.需求弹性系数不能小于零。( )

5.有些时候企业可以以消费者对商品价值的感受和理解程度来确定价格,而忽略商品的成本。
( )

6.企业定价依据的成本不是社会成本,只能是个别成本。( )

7.最大利润并不等于单位产品的最高价格,最高价格未必能带来最大利润。( )

8.假设某种商品提价10%,这种商品的需求量下降5%,说明这种商品的需求对其价格变化的反应很敏感。
( )

9.面对激烈的竞争,企业为了生存和发展,在任何时候都应始终坚持只降价不提价的原则。
( )

10.提价会引起消费者、经销商和企业推销人员的不满,因此提价不仅不会使企业的利润增加,反而导致利润的下降。
( )

11.在制定价格过程中,现行价格弹性的大小对确保企业实现利润最大化的定价没有影响。
( )

12.商品涨价是因为质量好,价高质必优。( )

13.商品有毛病,卖不出去了;商场对有些商品,打折出售,因为有些商品有缺陷。
( )

二、单项选择题

1. 某小型游乐场共有 4 个游乐项目,每个项目票价分别为 30 元、40 元、30 元、50 元,通票定价为 120 元。这种产品组合定价策略为( )。
   A. 产品线定价   B. 备选产品定价
   C. 产品束定价   D. 副产品定价

2. 某知名化妆品企业研发出来了一种新型的洗面奶,在给新产品定价的时候,适合( )策略。
   A. 尾数定价   B. 声望定价   C. 招徕定价   D. 分档定价

3. 下列定价策略中,属于心理定价策略的有( )。
   A. 产品束定价策略   B. 产品线定价策略   C. 招徕定价策略
   D. 尾数定价策略   E. 分档定价策略

4. 某企业规定购货量小于 100 台,单价是 100 元;购货量 100 台以上,单价是 90 元。这种折扣定价策略属于( )。
   A. 数量折扣   B. 现金折扣   C. 复合折扣   D. 季节折扣

5. 为了扩大计算机的销量,某企业与经销商签订协议,约定"10 天内付款的客户可享受 2%的价格优惠,30 天内付款的客户全价付款"。该企业与其计算机经销商签订的协议中,给出的优惠条件属于( )。
   A. 现金折扣   B. 数量折扣   C. 复合折扣   D. 交易折扣

6. 撇脂定价策略一般适用于( )。
   A. 替代品较多的老产品   B. 处于成熟期的老产品
   C. 没有替代品的革新产品   D. 技术改进的试制品

7. 在规定期限内,顾客购买总量累计达到一定数量,可享受折扣优惠的策略是( )。
   A. 季节折扣策略   B. 交易折扣策略
   C. 累计折扣策略   D. 非累计折扣策略

8. 企业利用消费者具有仰慕名牌商品或名店声望所产生的某种心理,对质量不易鉴别的商品的定价最适宜用( )法。
   A. 尾数定价   B. 招徕定价   C. 声望定价   D. 反向定价

9. 非整数定价一般适用于( )的产品。
   A. 价值较高   B. 高档   C. 价值较低   D. 奢侈

10. 在折扣与让价策略中,( )折扣并不是对所有商品都适宜。
    A. 交易   B. 季节   C. 数量   D. 现金

11. 在商业企业,很多商品的定价都不进位成整数而保留零头,这种心理定价策略称为( )策略。
    A. 尾数定价   B. 招徕定价   C. 声望定价   D. 习惯定价

12. 在经济比较发达、国民教育程度比较高、社会风气比较好的地区成功推行( )策略的可能性较高。
    A. 撇脂定价   B. 顾客自行定价
    C. 疯狂降价   D. 逆向涨价

项目七　制定渠道策略

 项目描述

企业营销渠道的选择、建立和管理将直接影响到企业的整个营销决策,它与产品策略、价格策略和促销策略一样,影响着企业是否能够降低运营成本,提高竞争力,成功开拓市场,实现企业的经营目标。本项目将通过认识分销渠道、中间商的选择、分销渠道的设计、分销渠道管理和实体分销五部分来讲述如何制定渠道策略。

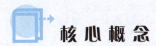 核心概念

渠道　渠道结构　中间商　分销渠道设计　分销渠道管理

任务7.1　了解分销渠道结构

 任务目标

【素质目标】
1. 具有沟通协作的团队意识。
2. 具有知识获取的自主学习能力。
3. 要有深耕中国市场的理想和决心。

【知识目标】
1. 了解营销渠道的概念与内涵。
2. 了解营销渠道的功能、特点和作用。
3. 掌握营销渠道的结构与模式。

【能力目标】
具有概念理解、分析能力。

案例导入

销量暴涨,渠道为王:红旗异军突起背后的市场逻辑

很长时间以来,作为国产自主汽车品牌的红旗汽车已经成为无数国人心目中民族品牌精神的象征。但无奈因为各种原因,近几年来红旗车的销量确实不怎么理想,甚至可以说已经逼近悬崖边缘……

但是情况发生了变化,就从今年 5 月份开始,红旗车竟然迎来了销量"井喷",甚至在今年 8 月份同比销量增幅达到了惊人的 713.05%,这背后到底隐藏着何种玄机?红旗车真的满血复活了吗?

销量暴涨,红旗表现足够抢眼。

在开始正题之前,还是先来看一组统计数据:

自 2017 年 9 月至 2018 年 4 月,红旗旗下的汽车品牌月销量最高不过 900 台,而更多的时间则是月销 500~600 台,甚至于最差时还交出过月销仅 100 台的成绩单。

但进入今年的 5 月份,红旗车却一反常态,月销量一路高歌猛进,直接飙升到 3000 台左右,更难能可贵的是这种"牛市"表现一直在延续,甚至于有企稳回升的态势。正因为下半年的销售数据抢眼,今年 1~8 月份累计销售 1.41 万台,较之去年同期仅有的 0.47 万台,累计同比暴增 457.57%!

尽管销量数据的绝对值与主流一线车企还不在同一水平线,但这种迅猛发展的势头却足以令人咂舌,红旗背后到底还有什么不为人知的销量秘密?

品系日益完善,销售渠道持续发力。

其实很多一线主流车企之所以能够将自家产品发挥到极致,甚至于动辄就能斩获月销过几万的销售佳绩,靠的也不外乎是完善的产品品系和合理的渠道布局。

红旗近段时间以来,也一直在这两方面持续发力。

先来看一下车型。除去旗下的顶级旗舰车型 L5 之外,以前的红旗基本上都在靠 H7 单打独斗。俗话说独木难支,姑且不论 H7 主打的 C 级车市场上实力竞品遍地都是,而且车型更新换代的速度也远超 H7,如此一来 H7 仅凭红旗品牌的感召力能留住多少用户的青睐,实在是不好说。

不过好在这种局面随着红旗 H5 的正式上市,终于可以告一段落了。

H5 定位于 B 级车市场,有着 B 级车应有的大气之感。2870 mm 的轴距可以秒杀很多同级竞品车型,而且配置的丰富程度也足以看出红旗此次十足的诚意。

不仅如此,当 4 月 25 日红旗 H5 以 14.98 万元~19.58 万元的"亲民"价格正式上市之时,市场顿时一阵惊呼:红旗这是要让自家产品"接地气"的节奏啊。

自打 H5 上市之日起,5 月份的红旗销量便扭转颓势,直接一路高歌猛进。进入 8 月份,红旗 H5 更是贡献了 2555 台的销量,占到了自家品系车型的 77.4%!

好产品,好车型,肯定不愁卖。只要号准这个脉搏,红旗的销量暴涨还不是很轻松的一件事情吗?

再来看一下红旗日臻完善的销售渠道布局。

自从去年11月份开始,红旗便开始在渠道建设上持续发力。先是启动了大规模百店招商计划,在短短的106天时间内,有62家红旗体验店落成。按照计划,今年红旗的体验店数量将达到100家。

毕竟对于汽车这种颇为特殊的产品而言,线下实体店销售渠道的建立和完善,才是增强品牌竞争力、提振车型销量的又一利器。

相信有如此两大法宝在手,红旗销量回暖指日可待。

有着共和国长子之称的红旗汽车,在经历了初期的辉煌之后,便是长时间的落寞与寂静无声。经过一段时间以来的梳理整合,红旗迎来了又一个不错的开始,衷心希望红旗这个汽车品牌能够真正长远地走下去,真正屹立于世界名车之林。

资料来源:https://www.sohu.com/a/258198338_99983274。

7.1.1 营销渠道的概念

分销渠道的定义和类型

随着社会的发展进步,人们的物质文化生活水平迅猛提高,消费者在购物时渴望获得更加便捷、快速、舒适的购物体验,具体来讲就是消费者要考虑在何时、何地和以何种方式便利地获得产品和服务。为此,营销渠道建设就成为企业经营的战略问题。

1. 营销渠道

营销渠道的实质就是让消费者能够在任何时间、任何地点以任何方式购买到他们想要的产品或服务。企业通过渠道的建立方便了与消费者的联系,渠道充当了企业与消费者之间彼此沟通交流、实现消费的"桥梁"。

营销渠道不仅以适当的地点、价格、数量和质量来提供产品或服务以满足人们的需求,而且能通过有关单位(如零售商、批发商、企业销售部、办事处)的促销活动刺激需求。因此,营销渠道可看成一个配合默契的网络系统,它通过提供时间、地点、销售形式、产品和服务为最终用户创造价值。

营销渠道是一个自循环的系统,系统本身具有其内在的动力源泉,那就是渠道利益的分配,其控制机制在于渠道利益的平衡。换言之,渠道各要素、各成员之间因为利益关系成为一个上下游相互紧密衔接、互动的交易整体和系统,成为一条渠道"价值链",体现出营销渠道作为一个系统的特征,如图7-1所示。

美国市场营销学家菲利普·科特勒认为:营销渠道是指某种产品或服务从生产者向消费者移动时,取得这种产品或服务所有权或帮助转移其所有权的所有企业或个人。简单地说,营销渠道就是产品或服务从生产者向消费者转移过程的具体通道或路径。

传统营销渠道按照有无中间环节可以分为直接营销渠道和间接分销渠道两种。由生产者直接把产品或服务销售给最终用户的营销渠道称为直接营销渠道,即直销;至少包括一个中间商的营销渠道则称为间接分销渠道,即分销。传统营销渠道还可以根据中间商的数量分类,直接营销渠道两端为生产者和消费者,没有中间商,称为零级渠道;间接分销渠道则根据中间环节的数量分为一级、二级、三级甚至多级渠道。这里分销的概念是相对于直销而言的,分销体现出销售的多个层次和环节,体现了销售的过程性。分销相对于直销还显示出对目标市场的扩散效应,具有市场覆盖的优势,往往为大多数消费品企业所采用。

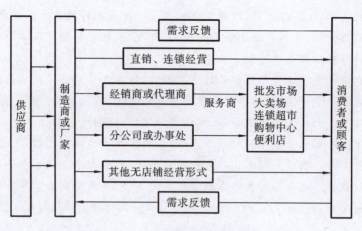

图 7-1　企业营销渠道运作系统

7.1.2　营销渠道类型

我国营销界、学术界一般没有对直接营销渠道和间接分销渠道做严格区分,大多是当作同一概念使用。根据我国学者郭国庆、李飞等人的研究,直接营销渠道和间接分销渠道这两个概念是有区别的,两者的内涵存在差异。这只是学术界的分歧,在实际营销工作中不作过分强调。二者的区别如下。

1. 定义不同

(1)直接营销渠道是指生产者将产品或服务直接供应给消费者或用户,没有中间商介入。

(2)间接分销渠道是指生产者利用中间商将产品或服务供应给消费者或用户,中间商介入交换活动。

2. 形式不同

(1)直接营销渠道的形式:生产者—用户。直接营销渠道是工业品分销的主要类型。例如,大型设备、专用工具及技术复杂设备等需要提供专门服务的产品,都采用直接营销。

(2)间接分销渠道的典型形式:生产者—批发商—零售商—个人消费者(少数为团体用户)。

3. 具体方式不同

(1)直接营销的方式比较多,但概括起来有如下几种:

①订购分销。它是指生产企业与用户先签订购销合同或协议,在规定时间内按合同条款供应产品或服务,交付款项。一般来说,主动接洽方多数是销售生产方(如生产厂家派员推销),也有一些走俏产品或紧俏原材料、备件等由用户上门求货。

②自开门市部销售。它是指生产企业通常将门市部设立在生产区外、用户较集中的地方或商业区。也有一些邻近于用户或商业区的生产企业将门市部设立于厂前。

③联营分销。如工商企业之间、生产企业之间联合起来进行销售。

(2)间接分销渠道的具体方式:企业在市场中通过中间商销售的方式很多,如厂店挂钩、特约经销、零售商或批发商直接从工厂进货、中间商为工厂举办各种展销会等。

7.1.3 营销渠道的功能

在企业的营销活动中,首先执行的功能主要是销售,使产品或服务顺利地转移到最终用户手中,但完成的功能可以细分为以下几个方面。

1. 销售功能

企业通过渠道实现产品或服务的销售,达到企业经营目标,赢取利润,这是渠道具有的最直接、最基本也是最有效的功能。

2. 洽谈功能

洽谈是生产者或经营者寻找潜在的购买者,并与之接触,实现交易的活动。

3. 沟通功能

渠道具有上下沟通商品信息、联系渠道成员之间关系的功能。

4. 服务功能

渠道还承担着为下游渠道成员提供服务的功能。

5. 信息功能

分销渠道成员通过市场调研收集和整理有关消费者、竞争者及市场营销环境中的其他影响者的信息,并通过各种途径将信息传递给渠道内的其他渠道成员。

6. 物流功能

物流主要是商品在流通环节的运输、储存及配送活动。

7. 承担风险功能

承担风险是指产品或服务在流通的过程中,随着产品或服务所有权的转移,市场风险在渠道成员之间的转换和分担。

8. 融资功能

渠道也是一个融资的通道。不论是制造商品,还是销售商品,都需要投入资金以完成商品所有权转移和实体流转的任务。

7.1.4 营销渠道的特点

渠道要素是所有营销要素中最为复杂的要素,产品、品牌、价格、资金、人员、广告、促销、客户关系、服务等都通过渠道这条"价值链"来整合和实现其价值。渠道又是千变万化的,经济发展水平的差异,地区文化、习惯的不同,渠道表现出明显的差异,其特点如下。

1. 本地化

由于每一个地区消费者的购物习惯不同,每一个企业在每一个地区的分销渠道都具有本地的特征,都打上了当地人消费文化的烙印。例如,上海人购物非常喜欢去超市,因为超市环境好,产品质量有保障,购物有面子,所以上海的连锁超市非常发达;反观广州就不一样,广州人比较喜欢平民化生活,购物还是喜欢去自由市场(如菜市场),甚至喜欢就在楼下小巷里的小店买东西,所以,广州的"士多店"很发达。

2. 排他性

渠道的排他性指的是有些渠道中,如果某一类产品被某一个企业或者品牌抢先占领,那么其他企业或者品牌就很难进入,就可能被排斥到渠道之外。例如,某学校的食堂,这是一个特殊渠道,又叫"特殊通道",每个月会消耗大量的大米、食用油、味精等。这是一个很好的大客户,如果大米用了"中粮"、食用油用了"福临门"、味精用了"莲花",则其他品牌就很难打入,要进入也要花费很大力气。所以渠道的排他性决定了企业应该抢先占领一些优质渠道、特殊渠道,以获得竞争优势。

3. 独特性

渠道的独特性是指每一个企业的渠道网络都和其他企业的渠道不同,每一个地区的渠道结构都和其他地区的渠道结构不同,每一种渠道模式都有其不同的特征。换句话说,每一个企业都可以在其目标市场建立自己独特的渠道结构和模式,通过渠道的差异化开展差异化营销,形成企业独特的渠道竞争优势。例如,娃哈哈的"联销体"渠道结构,格力的"区域股份制公司"渠道模式,联想的"联想1+1"连锁经营模式等,都是具有显著独特性的渠道结构模式,形成企业的竞争力。

4. 不可复制性

渠道的不可复制性又叫不可替代性,这是由渠道的本地化和独特性决定的。一个企业在某一个国家、某一地区具有优势的、完善的渠道网络,但它不能将其搬到另一个国家或另一个地区,目标市场渠道网络的建设都必须从头开始,一步一步地构建,没有什么捷径可走。例如,欧莱雅在欧洲网络密布,销售通畅,但到了中国市场,除了请中国明星代言之外,重点是建设其系列产品在中国的销售渠道,包括经销商、直营、专卖柜和专卖店等,还花了大本钱收购"小护士"的渠道。渠道不像产品那样可以大规模生产和复制,这就决定了渠道建设和渠道管理的复杂性和艰巨性。

7.1.5 营销渠道的作用

一段时间以来,许多企业更多地考虑产品、价格和促销因素,而忽视营销渠道的建设。目前企业的营销环境发生了巨大变化,营销渠道的设计与管理在企业营销中的地位越来越重要,作用也越来越明显,具体表现在以下四个方面。

1. 赢得和保持竞争优势

企业要想建立一套完善而高效的营销渠道,首先,要长期立足于市场,天天在市场上摸爬滚打,随时掌握市场千变万化的行情,随机而动,才能保持竞争优势,建立和维持高效的营销渠道系统;其次,营销渠道系统的建立和维护必须要投入较大的人力、物力和财力,才能招集到相关的人才,建立起一套合理、完善、高效的运营机构;最后,企业与企业间、企业与员工间、员工与员工间必须配合默契、顺畅,才能保证营销渠道系统的高效运行。以上三方面的建设不是一朝一夕、一蹴而就的,一旦企业建立起合理、完善、高效的营销渠道系统,其他企业很难在短期内模仿。为此,营销渠道比产品、价格和促销因素更能在市场竞争中赢得和保持可持续的竞争优势。

2. 与中间商合作共赢

随着社会的进步,市场的发展,世界各地一些大型零售商已经成为营销渠道的掌控者。例如,国外的有沃尔玛、家乐福、麦德龙,国内的有华润万家、永辉超市、大润发、苏宁、国美等,它们对传统的营销渠道构成巨大的威胁。它们凭借雄厚的实力、庞大的经营规模、跨区域连锁经营,掌握了丰富的进货渠道和庞大的销售网络,建立起高效专业的零售终端,迫使生产企业最大限度做出让利,使零售商们在价格上获得了竞争优势,这就意味着营销渠道的格局重新构建,其掌控权也由厂家转移到了商家。

3. 降低流通成本

随着市场的竞争越来越激烈,营销渠道的建设成本会越来越大,产品的研发费用也不断增加。为此企业着手机构重组、流程再造和组织扁平化等来降低制造成本和内外部营运成本——更加专注于营销渠道的设计和管理,来降低流通费用。

4. 可持续发展

企业在成熟的市场或增长缓慢的市场上如何快速成长？这是当今每个企业必须面对的问题。企业只有不断地增加自己的技术实力、降低营运成本、不犯错少失误,加强与中间商的支持与合作,建立高效的营销渠道,才能实现企业的可持续发展,实现企业的发展目标。

7.1.6 掌握营销渠道的结构与组合

企业进入某地开拓市场,必须先进行目标市场的营销方式的选择:密集营销、选择营销或独家营销。这三种方式有着显著的区别,各具优势劣势,相互排斥。表7-1所示的为三种典型营销方式的优劣对比分析表,企业只能根据自己的实际情况选择其中一种方式。

分销渠道的结构

表7-1 三种典型营销方式的优劣对比分析表

营销方式	优势	劣势
密集营销	能够快速实现市场覆盖 迅速扩大销量和影响力 利用经销商资源以节省费用	容易出现恶性竞争 容易出现乱价、窜货 渠道控制难度大
独家营销	能够保证市场秩序 营销层次和价格层次稳定 业务管理相对简单	渠道无竞争、无活力 渠道价格偏高、难控制 能力有局限、风险大
选择营销	能够实现市场覆盖最大化 能够保证销量、兼顾利润 合理组合、防范风险 优势互补、便于渠道控制	需要协调、组合 考验整体运筹能力

1. 密集营销

即厂家在一个目标市场尽可能通过更多的经销商、批发商、零售商等营销机构销售其产品。密集营销是一种宽渠道结构。

尽可能多地选择中间商营销产品,从而达到最广泛地覆盖目标市场,达到尽快实现销量最大化和市场份额最大化的目标。

密集营销的优势:市场开拓迅速,市场覆盖面大,在短时间内实现销量最大化,营销商多、客户多,顾客接触率高,能够迅速提升产品及品牌知名度和销售业绩;营销支持力度强,能够充分利用中间商的力量。

密集营销的劣势:厂商控制渠道较难,容易出现价格战并导致价格混乱;厂商前期需要花费大量的人力物力寻找客户、铺货、广告轰炸、促销等;营销商之间竞争会异常激烈,容易引发渠道冲突;容易导致营销商不忠诚,有钱赚就销售,没钱赚就放弃。

密集营销主要适用于日用消费品、食品、工业品中标准化产品及通用化商品、需要补充和替换或用于维修的商品、替代性强的商品。

总之,密集营销能够在短时间内达到目标市场营销最大化的效果,但对厂家的渠道管理能力是一个巨大的挑战,非常容易引起营销商之间的恶性竞争和价格战而崩溃。所以,采用密集营销必然要求设计随后的市场管控方案。

2. 独家营销

独家营销是指厂家在一个目标市场只通过一家中间商销售其产品,独家营销称为区域总经销,属于窄渠道结构。

在独家营销这种营销方式中,因为制造商在同一层次只选用一家中间商来进行商品营销,所以,市场开拓速度较慢;营销的规模较小,潜在中间商还没有开发出来;价格体系相对稳定,但偏高;市场秩序井井有条,竞争平和。

采用独家营销的好处:营销管理工作比较简单,在一个地区只需服务好一个营销商;有序的市场说明渠道容易控制;竞争不激烈,价格体系就相对稳定,价格及促销容易控制;厂家渠道拓展费用少;市场秩序稳定,不容易出现地区渠道冲突,出现市场问题也容易解决。

独家营销也有不利的方面:在该市场没有直接的竞争,容易固守市场,不思进取,渠道没有活力;市场覆盖面有限,容易出现市场空白;推广人员、服务人员有限,顾客接触率低;厂家会过分依赖该中间商,容易出现大户问题,使该渠道反而难以控制。所以,如果选择独家营销,营销协议必须详细约定双方的权利和义务,否则,日后很容易出现争议和冲突。

它是一种最为极端的专营型营销渠道,主要适用于一些技术性强、价值高的商品,大众消费品是不太适合采用独家营销的。

总之,一个营销商的能力毕竟是有限的,在市场上往往既有强项又有弱项,不可能满足厂家对一个市场开拓管理的全方位需求。因此,选择独家营销是要冒很大的管理风险和市场风险的。

3. 选择营销

选择营销是指厂家在一个目标市场通过精心挑选一家或几家特约经销机构进行渠道组合以销售其产品。选择营销属于组合型渠道结构。

在选择营销这种营销方式中,制造商在同层次的中间环节中选择少数中间商(如两三家)分别组合进行商品的营销。选择营销渠道政策,是根据一定的标准对销售该企业产品的营销商进行选择和组合,以形成合理分工及高效合作型的销售渠道。这类渠道方式多为产品线较多的消费品企业、消费品中的选购品或特殊品、工业品中的零配件销售等采用,是一种中宽渠道结构形式。通过选择营销渠道成员并进行渠道成员组合销售,厂家对该市场渠道的控制力得到加强。

采用选择营销方式,营销商的选择和组合是关键。营销商的选择主要考虑其经营特点(商超型、批发型、小店型、周边开发型)、渠道网络及范围、销售规模、销售能力、管理能力、资金实力、诚信状况、价格遵守度、协作水平、物流能力和信息处理能力等。选择范围不只限于批发商、经销商、代理商,还包括特定的零售商及中介机构等。

采用选择营销的好处:可以选择不同类型、特点,具有不同资源优势的营销机构,充分发挥营销商的功能;通过选择组合,可以实现市场覆盖面的最大化,销量最大化;有选择和渠道组合就有竞争,有利于渠道控制;通过选择和渠道组合,顾客接触率较高,有利于提高销售效率。

采用选择营销可能存在的问题:难以选择到合适的具有不同特点和资源优势的中间商;因为对目标市场渠道层次类型的划分有难度,所以难以做到选择的高度匹配;对多个营销商的协调和资源整合也具有挑战性,特别是价格体系的平衡;渠道界线的划分方面,弄不好会引发渠道冲突;企业选定的是少数经销商,存在一定的风险,与未选择的客户之间也存在协调问题;经销商也可以选择销售竞争对手的产品,企业不能完全控制经销商。

4. 选择营销渠道的操作策略

一般来说,消费品企业既要实现目标市场销量的最大化和市场份额的最大化,又能够保持市场的稳定和生意的持续发展,采用选择营销的渠道组合策略是一个不错的选择。企业可以在一个地区选择2~3家甚至3~5家营销机构营销自己的产品,这样,营销商不会太多,也不会太少,可以最有效地营销,又能实现渠道控制。其中,选择什么样的经销商、怎样组合最关键,一个重要的指导思想就是:选择的营销商要实现错位经营、优势互补,才能达到最好的组合营销效果,避免选择同一类型、同样特点的营销商以引发恶性竞争。

营销渠道的组合选择可以遵循以下思路:

(1)因地域选择。

根据目标市场的地理分界进行划分,每个分地区选择一个营销商负责营销。例如,武汉市场,因为自然划分为武昌、汉阳、汉口,只要在这三个区域各寻找一个经销商即可。这是最初级的选择组合方法,由于现代商业连锁和电子商务的发展打破了自然地理的界线,这种方式受到质疑和挑战,其局限也非常明显。

(2)因产品线选择。

有的企业有多条产品线,关联度高的产品可以选择同样的渠道(营销商)进行营销,但如果企业有多条不太关联的产品线,则可以因产品线不同分别寻找不同的营销商进行营销,组建不同的营销渠道网络,实现销售的有效性和组合销量的最大化。例如,TCL有白色家电(空调、洗衣机等)、黑色家电(彩电、抽油烟机等)、电话、手机、计算机等关联度不大的产品线,在目标市场就可以因产品线特征选择不同的营销商进行营销。

(3)因渠道层次类型选择。

一个目标市场的渠道可以根据各渠道成员的经营特点区分为不同的渠道层次。以一个城市的消费品渠道为例,主要有零售类(购物中心、大卖场、连锁超市、专营店、专卖店)、批发类(批发市场、周边营销、小店)和特殊通道(含集团消费),这三种渠道类型在经营方式、利益追求、服务要求等方面都存在显著差异。零售类营销机构要求高促销,需要高费用,讲究终端营销和品牌;批发类营销机构不用高服务,喜欢低价格;特殊通道营销机构讲究高毛利,多采用灰色营销手段。所以,企业可以根据自身产品的特点和企业的营销目标选择具有不同优势特点的营销商,负责不同类型渠道的营销,以发挥渠道资源的整合优势。

7.1.7 传统营销渠道模式

就营销渠道而言,中国市场经历了从国营配销体系→分散的批发市场→专业化分销(经销商、代理商、分公司)→直销、连锁经营→电子渠道等新兴渠道的发展经历。从目前市场情况看,尽管直销、连锁经营、网络营销等新兴渠道发展迅猛,但以经销商、代理商、分公司为主体的传统渠道的商品营销份额仍然大过新兴渠道的贡献,主要是因为中国市场巨大,市场发展不平衡,广大的农村乡镇市场和不发达地区市场仍然需要众多的经销商、代理商去完成商品的营销工作,它们是企业实现深度营销的重要力量。

因此,在相当长的一个时期内,以经销商、分公司为代表的传统营销模式仍将在中国市场存在并扮演重要角色。

1. 经销商模式

经销是指经销商从厂家那里先把产品买来,然后制定适当的价格进行销售。经销商是指将购入的产品以批量的形式通过自己所拥有的营销渠道向零售商、批发商或其他组织或个人销售以获取利润的商业机构。经销商有独家经销商和特约经销商等不同形式。代理商的性质与经销商基本一致,都是借助厂家产品的销售获利的商业机构,厂家都要借助它们以实现产品营销的目的,所以它们都是经销商这一类。只是其中经销商具有对产品的所有权,靠产品差价盈利;代理商不具有对产品的所有权,靠代理的佣金获利。

2. 分公司模式

分公司模式是指制造企业在各目标市场成立自己的分公司或办事处,开展自主经营,以独立核算和控制销售渠道及终端的渠道模式。其中,制造商的自营销售组织与制造企业生产部门相对独立,它实际承担着企业产品的分销职能,是企业实现一体化战略的体现。当制造企业由于这样那样的原因决定不采用或仅部分利用中间商时,企业的销售机构就要设置独立的销售分支机构,并负责完成应由中间商完成的职能。

企业建立分公司开展直营是一种动型、控制型的渠道模式,它具有销售及时有效、信息沟通便捷、利于管理、便于服务、减少环节、提高效率以及方便控制的优势,为一些大企业在重点市场采用。

3. 直销模式

直销模式就是企业不经过中间商环节,直接将产品或服务出售给消费者或最终用户,这种渠道模式称为直接销售模式,简称直销模式,也称为"非中间化"的渠道模式。如果制造商经过中间经销商将产品或服务出售给消费者或最终用户,则这种渠道模式称为间接销售模式。

直销模式能够减少中间环节,降低渠道运作费用,提高渠道效率。同时,企业实施直销模式使渠道信息反馈更加快捷有效,便于渠道决策,使渠道服务更方便、更到位,便于增进和维护客户关系,而且便于控制渠道价格和加快资金周转。

现如今通过电子商务实现交易成为老百姓一种新的生活方式,显然,通过电子商务平台进行产品营销已经成为一种商务潮流和趋势。

4. 连锁经营模式

连锁经营是指经营同类商品或服务的若干企业,以一定的形式组成一个联合体,通过企业形象和经营业务的标准化、制度化、专业化的管理,实现资源共享,从而实现规模经营和规模效益。

自20世纪90年代以来,连锁经营作为一种新兴的零售商业模式,已经在我国各行业蓬勃兴起,如家电行业的苏宁、国美,零售行业的华联、联华、华润,IT行业的联想"1+1专卖店"、清华同方,服装行业的李宁、雅戈尔,餐饮行业的小肥羊、谭渔头等,其他如美容美发、化妆品、家居、装修、教育、图书、音像制品等都大力开展连锁经营。有人说,现在卖牛腩粉都要"连锁经营",可见连锁经营模式的魅力。

连锁经营的本质:作为连锁经营,通过把独立的、分散的商店联合起来,形成覆盖面很广的大规模销售体系。它是现代化工业发展到一定阶段的产物,其实质是把社会大生产的分工理论运用到商业领域里,它们分工明确,相互协调,形成规模效应,共同提升企业的竞争力。连锁经营模式具有以下显著的特征:经营理念统一、识别系统统一、商品和服务统一、经营管理统一。

5. 复合渠道模式

中国市场巨大,市场结构复杂,用一种单一的渠道模式无法复制到所有的地区市场。另外,中国经济日新月异,分销方式也不断演进,随着新技术的应用,新的渠道模式不断涌现。在这种渠道环境复杂性、多样化和变动性的情况下,很多企业通常不只采用一种营销渠道模式,而是采用多渠道组合的复合渠道模式,以顺应市场需求和迎接市场竞争。

因为企业所面临的细分市场客户消费行为之间的差异,采用任何一种单一的渠道模式都有可能只覆盖部分目标市场,无法达到预定的市场覆盖率要求。同时,随着社会的进步和技术的迅猛发展,新渠道形式的不断涌现也为企业提供了更多的渠道选择方案。企业既可以选择通过建立销售队伍、直邮销售、电话营销或互联网营销等直接销售,也可以采取利用批发商、代理商和零售商等分销商间接销售。因为每一种渠道模式都有自己独特的优势和适应性,但也有其局限性,没有任何一种十全十美的渠道。因此,明智的企业就会选择整合不同渠道的优势,或在不同地区采用不同的渠道模式,利用多种渠道来销售公司的产品。事实上,绝大多数的家电产品、日用消费品、服装、食品和化妆品企业等都在综合使用经销商、代理商、批发商、超级市场、百货公司、便利店和专营店、专卖店甚至电子商务等直销的方式销售自己的产品,甚至采用互联网渠道来销售自己的产品,形成复合营销渠道模式。

复合渠道,也称多渠道系统,它是一家企业同时利用几种营销渠道模式来销售其产品的渠道体系。利用复合渠道销售公司产品,可以给企业带来很多的优势,如扩大市场覆盖面以实现销量最大化、适应不同顾客群的购买需求、有效降低分销成本、获得更加全面准确的市场信息、有利于渠道创新和市场竞争等,但复合渠道的实施也会面临管理的挑战。

企业构建复合营销渠道能够获得如下一些好处:

(1)增加市场覆盖面。当不同细分市场的顾客在购买(选择营销渠道)的习惯方面存在较大差异时,任何一种营销渠道模式都将无法满足所有不同顾客的购买需求,不能覆盖整个目标市场,只有利用营销渠道的组合才能达到较大的市场覆盖面。

(2)降低渠道成本。因地制宜地利用各种渠道的优势进行组合,通常可以大幅度地降低渠道成本。如那些采用传统渠道的企业,增加网络渠道或无店铺经营可以降低成本。

(3)增加销售的定制化程度,以提高渠道效力。采用复合渠道时,企业可以利用不同渠道的特点对不同顾客提供差异化服务,更好地实现定制化营销。在企业间技术上差异不断缩小的情况下,构建起多条有效的特色营销渠道已经成为提高竞争力的一种明智选择。

可以说,现代消费者已经不再满足于从单一渠道获取商品信息和购买商品,特别是电子商务的兴起,丰富了销售的渠道形式。例如,网络销售成为一种新趋势,消费者往往通过多种渠道获得商品信息和购买产品。消费者可能通过宣传单知道产品目录和促销信息,到网上进行搜索比较,到零售店观看实物形态,最后通过计算机或手机下单购买。

实施复合营销渠道也有缺点,就是加大了渠道管理难度,容易引发渠道冲突。采用复合营销渠道将使不同渠道间产生冲突的可能性大大增加,不同渠道之间的价格差异很可能会引发窜货、砍价,这些都对实施复合渠道的企业提出了更高的管理要求。

6. 网络营销

随着信息技术与 IT 产业的迅猛发展，电子商务将成为人类信息世界的核心和网络经济发展的驱动力。所谓电子商务是指实现整个贸易活动的电子化。

按照世界贸易组织对电子商务的定义，电子商务就是通过信息网络进行的生产、营销、销售和流通的所有活动，它不仅指基于互联网上的交易，而且指所有利用电子信息技术来解决问题、降低成本、增加价值和创造商机的商务活动，包括通过网络实现从原材料查询、采购、产品展示、订购到出品、储运以及电子支付等一系列的贸易活动。

对于企业而言，电子商务将改变企业的传统运作模式，降低交易成本，缩短企业与客户之间供应链的距离，全面提高企业的管理水平、运营效率和市场竞争力。所以企业能否尽快开展电子商务已经成为关系到企业未来生死存亡的关键问题。

全球电子商务发展的热潮使网络营销已经成为一个不可回避的商业命题。所谓网络营销是指以互联网为营销环境，传递营销信息，沟通厂商及消费者需求的信息化过程。企业不论规模如何，也不论原有信息化基础如何，都可以根据自身经营的实际需要由浅入深地展开网络营销。网络营销最基本的应用模式是企业上网宣传，企业要上网宣传就得先在网络上建立一个富有个性和活力并能实现特定功能的商务网站，然后再根据市场和客户的反应，有步骤地解决企业内部管理信息网络的问题并进一步开展电子商务。

7. 直邮

所谓直邮就是通过邮局向家庭或企业寄送附有寄件人地址的广告，实现与潜在客户或已存在客户群进行业务联系和实现销售的一种方法。直邮营销者通过寄送各种邮件、信件、传单、宣传单、广告及其他产品信息，实现开发客户和达到销售的目的。

8. 目录营销

目录营销是指通过给精心挑选的消费者邮寄目录或给商场配备目录来进行销售。目录营销是指运用目录作为传播信息载体，并通过直邮渠道向目标市场成员发布，从而获得对方直接反应的营销活动。严格意义上说，目录并不是一种独立的直复营销媒介，它只是直邮营销的一种特有形式。世界上第一个目录诞生于 15 世纪的欧洲，是一个关于书籍的目录。在美国，本·富兰克林于 1744 年印制了美国第一份目录，其中列出了数百本图书。

9. 电话营销

电话营销是指利用电话接线员来吸引新顾客和联系老客户，以确定他们的满意程度或能否接受订单。就日常接受订单而言，它被称为电话销售。许多顾客通常是通过电话方式来订购商品和服务的。直接营销者利用一切主要媒体向潜在的客户提供直接服务。报纸和杂志上刊登了大量的广告出售书籍、电器，提供度假服务及其他商品和服务，客户可通过拨打免费电话来订购。

10. 直复营销

直复营销是指公司采用一定的媒介，通过与目标客户直接接触，获得客户直接的反馈信息，并实现产品或服务销售的一种营销方式。从营销层次来看，直复营销属于短渠道模式。信息技术的发展，使同时处理大量的电话并与居民进行沟通的手段出现，企业纷纷采用了这种直接沟通的销售方式。电视、电台、报刊也可被用于向客户推销的手段，企业在这些媒体上发布直复广告，从中听到或读到有关商品信息的人可以打免费电话订购。

除以上营销渠道外,还有自动售货、新媒体渠道,等等。

任务 7.2 认识中间商

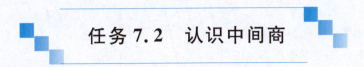

【素质目标】
1. 具有沟通协作的团队意识。
2. 具有知识获取的自主学习能力。
3. 具有双赢共建的理念,共同探索渠道建设的创新意识。

【知识目标】
1. 了解中间商的概念。
2. 了解中间商的功能。
3. 掌握选择中间商的原则和条件。

【能力目标】
具有概念理解、分析能力。

 案例导入

爱普生公司如何选择中间商?

日本的爱普生公司是制造计算机、打印机的大厂家。当时该公司准备扩大其产品线,增加经营各种计算机。该公司总经理杰克·沃伦对现有的经销商颇不满意,也不相信他们有向零售商店销售其新型产品的能力,因此他秘密招聘新的配销商以取代现有的配销商。沃伦雇用了一家名为赫根拉特尔公司的招募公司,并给予下述指示:

(1)寻找在经营黑色商品(如电视机等)和白色商品(如冰箱等)方面有两步分销经验(从工厂到分销商再到零售商)的申请者。

(2)申请者必须具有领袖风格,他们愿意并有能力建立自己的分销系统。

(3)他们每年的薪水是 8 万美元底薪加奖金,提供 375 万美元帮助其拓展业务,他们每人再出资 25 万美元,并获得相应的股份。

(4)他们将只经营爱普生公司的产品,但可以经销其他公司的软件;同时,每个分销商都配备一名培训经理并经营一个维修服务中心。

招募公司在寻找愿意合作的、目的明确的、有希望的候选人时遇到了很大困难。他们在《华尔街日报》上刊登的招聘广告(不提及爱普生公司的名),收到了近1700封请求信,但其中多半是不合格的求职者。于是,该公司通过电话簿上用黄纸印刷的商业部分电话号码,得到目前的配销商的名称,并打电话与其第二常务经理联系。公司安排了有关人员会见,并在做了大量工作之后提出了一份最具资格的人员名单。沃伦会见了他们,并为其12个配销区域选择了12名最合格的候选者。招募公司为其招募工作得到了25万美元的酬金。

最后爱普生公司终止了与现有配销商的合作。由于招募是在暗中进行的,因此这些配销商对事态的进展毫无所知。当杰克·沃伦通知他们在90天期限内交接工作时,他们非常震惊,因为作为爱普生公司最初的配销商与之共事多年,但是他们并没有订立合同。沃伦知道他们缺少经营爱普生公司计算机产品线和进入必要的新流通渠道的能力。他认为舍此别无他法。

爱普生公司的案例说明,要想完成企业的营销工作,各企业都需招募合格的分销商来从事渠道分销活动,从而成为企业产品分销商的一个成员。不同的企业,其招募能力也不相同。有些可以毫不费劲地找到特定的分销商加入其分销渠道中,这主要是由于该企业享有盛誉,或其产品有大利可赚。例如,美国福特汽车公司就能为其命运不济的艾迪雪汽车招募到12家新代理商。在某些情况下,独家分销或选择分销的承诺也会吸引相当数量的中间商加入。对那些能吸引所需分销商的生产者来说,其主要问题就在于如何选择分销商。

资料来源:https://wiki.mbalib.com/wiki/Portal:中间商/案例分析。

7.2.1 中间商的概念

中间商是指在生产者与消费者之间参与商品交易业务,促使买卖行为发生和实现的、具有法人资格的经济组织或个人,它是连接生产者与消费者的中介环节。中间商从不同的角度可以分为许多类型:按是否拥有商品所有权,可分为经销商和代理商,前者是在商品买卖过程中拥有商品所有权的中间商;按其在流通过程中所起的作用,可分为批发商和零售商,前者是不直接服务于消费者的中间商。此外,广义的中间商还包括银行、保险公司、运输公司、进出口商人、一切经纪人等。但是,就主要的中间商类型来看,只有代理商、零售商和批发商三种。

1. 代理商

代理商一般是指受生产企业的委托,从事商品的交易业务,但不具有商品所有权的中间商。按照代理商与生产商业务联系的特点,代理商可以分为企业代理商、销售代理商、寄售商和经纪商。

1)企业代理商

它们受生产企业的委托,根据协议在一定区域内负责代销生产商的产品,产品销售出去之后,提取佣金作为报酬。生产商可以同时委托若干个企业代理商为其推销产品。

2)销售代理商

它们受生产商的委托,代销生产商的全部产品,不受地区的限制,并拥有一定的售价决定权。销售代理商是生产商的全权独家代理商,生产商在同一时期只能委托一家销售代理商,且本身也不能再进行直接的销售活动。

3) 寄售商

它们受生产商的委托进行现货的代销业务,寄售商将产品销售所得货款扣除佣金及有关费用后再交给生产商。寄售商一般自设仓库或铺面,由于顾客可以购到现货,因而易于成交。

4) 经纪商

它们为买卖双方提供价格、产品等方面的市场信息,为双方洽谈业务起媒介和桥梁的作用,业务达成之后,收取一定的佣金。

2. 零售商

零售商是向最终顾客提供商品和服务的商业机构。零售商的构成很复杂,因而有多种分类方式。可以根据提供服务的多少、产品线的情况、价格水平、管理和控制方式、商店的聚集形式等不同的标准进行分类。

1) 根据提供服务的多少分类

根据提供服务的多少,零售商可以分为完全自助零售商、有限服务零售商和完全服务零售商三种类型。

(1) 完全自助零售商。这类零售商要求顾客通过自己的努力完成商品的采购工作。超级市场、仓储商场以及目录展示商店都属于这类零售商,完全自助零售商出售的商品价格低廉。

(2) 有限服务零售商。这类零售商要求顾客进行一些自我服务,零售商也提供一部分其他服务,如信用服务。这类零售商由于营业成本增加,出售商品的价格也相应提高。

(3) 完全服务零售商。这类零售商在顾客购买中随时提供协助,因为这些商店一般都销售一些特殊品或周转率低的产品,因而顾客需要得到零售商多方面的协助。完全服务零售商是提供特殊品的零售商,如珠宝店、高级时装店,产品价格一般较为昂贵。

2) 根据产品线的情况分类

根据零售商拥有的产品线的情况,可以分为专卖店、百货公司、超级市场、便利店和服务行业几种类型。

(1) 专卖店。仅经营一类或少数几类产品,经营的范围狭窄,但产品的规格、型号齐全。

(2) 百货公司。经营的商品范围广泛,种类繁多,规格齐全,大百货公司的商品种类可达几十万种以上。百货公司的组织形式一般是依据商品的类别分为不同的商品部。

(3) 超级市场。超级市场是一种大型、低成本、薄利多销、采用自助方式的零售形式。超级市场出售的商品价格便宜,一般比较注重包装,通过包装介绍商品的用途、用法和构成特点,吸引顾客购买。超级市场近年来有向连锁化、大型化方向发展的趋势,形成跨国、跨地区的连锁式超级市场和大型的超级市场群。

(4) 便利店。便利店是一种小型的、位于居民区附近、出售家庭日用商品的零售商,它的经营宗旨是方便附近居民的日常生活,一般营业时间较长。

(5) 服务行业。不出售商品,只提供劳务服务,包括的范围极广,如旅行社、航空公司、电影院、各种俱乐部、饭店、修理店、理发店、美容店等。

3) 根据价格水平分类

零售商依据其价格,将着眼于价格竞争的商店分为折扣商店、仓库商店和目录展示商店。

(1)折扣商店。其商品采用折扣价供应给顾客,它一般设备简单、店址比较偏僻,通过降低营业费用,达到薄利多销的目的。

(2)仓库商店。一般不重形式、价格低廉、服务有限,它出售大型、笨重的商品,如家具、冰箱,店址设在房租低廉的地段,商品库存和展示出售都在商店发生。

(3)目录展示商店。出售毛利高、周转快的品牌货。商店印有彩色的商品目录和样本,除实物照片外,还标有货号、价格和折扣。顾客可以凭借这些材料打电话订货,商店提供送货上门服务。

4)根据管理和控制方式分类

零售商根据管理和控制的方式,可以分为连锁商店、自愿联合商店和零售合作组织、特许经营组织、协同营业百货商店和消费合作社。

(1)连锁商店。在同一资本系统和统一管理之下,分设两个或两个以上统一店名的商店组织形式。在管理上实行统一化和标准化,组织中的各家商店在定价、宣传推广、建筑装潢和货品摆放等方面都有统一的规定。连锁商店组织一般建立自己的配货中心,以降低成本。

(2)自愿联合商店和零售合作组织。它是独立零售商在自愿的原则下组织起来的零售商合作形式,目的在于与连锁商店竞争。自愿联合商店一般由一个大的批发商发起,零售商自愿加入;零售合作组织由零售商共同发起,建立配货中心。

(3)特许经营组织。大公司掌握某种产品的货源,拥有名牌产品或服务品牌,中小企业如果要经营这些品牌,就必须向大公司购买这种产品或服务的许可权。中小企业购买特许权后,要按要求使用特许所有者的商标、店名,实现高度的标准化。

(4)协同营业百货商店。许多小零售商共同租用专门的营业设施,聚集在一起经营零售业务,起到了百货公司的作用,但与百货公司不同的是,各个小零售商在组织上没有关系。

(5)消费合作社。消费合作社是广大消费者自己投资兴办的自助零售组织,其目的是不受商人的剥削,保护消费者的利益,这种零售组织一般不以盈利为目的。

5)根据商店的聚集形式分类

许多零售商聚集在一起,力求为顾客提供一次性购买的便利,以增加对顾客的吸引力。这种聚集在一起的商店主要构成中心商业区和购物中心。

(1)中心商业区。它是最主要的零售商聚集形式。中心商业区内聚集了许多百货公司、专卖店、银行等商业机构,为顾客挑选商品提供了便利。

(2)购物中心。它是众多零售商聚集在一起,实行统一规划和管理的聚集形式。目前,购物中心有向综合化方向发展的趋势,如包括牙科诊所、健身俱乐部等服务和娱乐机构。

3. 批发商

批发商是从事商品批量经销业务的中间商。批发商可以依据经销商品的种类、服务的地域范围和服务的内容等不同的标准进行分类。

1)根据经销商品的种类分类

批发商根据经销商品的种类可以分为一般批发商和专业批发商两类。一般批发商经营的商品种类繁多,而专业批发商一般只经营一类或某几类商品的批发业务。

2)根据服务的地域范围分类

批发商根据服务的地域范围可以分为全国批发商、区域批发商和地方批发商。全国批发商担负全国性的批发业务,业务的覆盖范围广泛;区域批发商的业务覆盖较大的区域范围,如一个省或一个经济区域;地方批发商担负较小区域范围的商品批发业务,如一个区或一个县。

3）根据服务的内容分类

批发商根据服务的内容可以分为综合服务批发商和专业服务批发商。综合服务批发商的特点是对生产者、零售商或用户需求提供各种服务；专业服务批发商仅提供专业化的服务，依据提供服务的类型，专业服务批发商又可以分为承运批发商、货车贩运批发商和现货自运批发商。

7.2.2　中间商的功能

1. 提高销售活动的效率

如今是跨国公司和全球经济迅速发展的时代，如果没有中间商，商品由生产制造厂家直接销售给消费者，工作将非常复杂，而且工作量特别大。对消费者来说，没有中间商将使购买的时间大大增加。例如，中间商可以同时销售很多厂家的商品，消费者在一个中间商那里就能比较很多厂家的商品，比没有中间商而要跑到各个厂家看商品节约大量时间。

2. 储存和分销产品

中间商从不同的生产厂家购买产品，再将产品分销到消费者手中，在这个过程中，中间商要储存、保护和运输产品。

3. 监督检查产品

中间商在订购商品时就考察了厂家在产品方面的设计、工艺、生产、服务等质量保证体系，或者根据生产厂家的信誉、产品的名牌效应来选择产品；进货时，将按有关标准严格检查产品；销售产品时，一般会将产品划出等级。这一系列的工作起到了监督、检查产品的作用。

4. 传递信息

中间商在从生产厂家购买产品和向消费者销售产品过程中，将向厂家介绍消费者的需求、市场的信息、同类产品各厂家的情况；也会向消费者介绍各厂家的特点。无形中传递了信息，促进了竞争，有利于产品质量的提高。

7.2.3　中间商选择的重要性

（1）中间商是渠道功能的重要承担者，中间商可以全部或部分参与分销渠道的实物流、促销流、市场信息流。一般而言，分销渠道所具有的实现产品价值及提高交易效率和效益的功能、增强企业竞争优势的功能，多数都是在中间商的积极参与下完成的。由于分销渠道是一种松散型的组织系统，各中间商具有相对的独立性，他们必须具有独立承担业务并与其他渠道成员通力合作的能力，因此，对中间商要求很高。1999年3月，浙江天丰化学有限公司将其生产的"野老"牌稻苗除草剂首次推到湖北省农资市场。这一产品的上市取得了极大的成功，短短几个月就占领了湖北省稻田除草剂90%的市场，成为农户的首选品牌。"野老"除草剂之所以获得成功，除了有效的广告宣传外，主要应归功于对经销商——益农公司的选择管理。

（2）中间商客观上存在资源和能力的差异，认识其差异，并据此选择中间商至关重要。例如，零售巨头沃尔玛拥有强大计算机网络系统，当供应商与沃尔玛建立起固定关系后，供应商可通过沃尔玛的专门网络系统，随时查看自己商品的销售情况，以便科学地计划自己的产品生产；沃尔玛完善的配送体系，也有助于将产品迅速送达消费者手中。

(3)中间商的合作目标和意愿各不相同,只有选择那些具有较强合作意愿的中间商,才能减少摩擦和降低风险。三株公司的发展在 1997 年达到了鼎盛时期,销售收入为 40 亿元,其成功之处主要是该公司的分销模式。其分销网络,按层次分为总公司、产品营销中心、战区指挥部、子公司、分公司、工作站六级组织,销售人员高达 20 万。但这些子公司、销售中心都不是三株公司直接投资建立的,而只是被三株公司网罗在其麾下的各类中间商。由于扩张过快,中间商良莠不齐,某些中间商做大之后,另立门户,携款逃跑的事时有发生,致使三株辉煌不再。

7.2.4　中间商选择的原则

选择中间商应把握以下几个原则:

(1)到达目标市场的原则。这是选择中间商的基本原则。因为企业选择中间商的目的就是要将自己的产品打入目标市场,方便消费者购买。根据这一原则,企业在选择中间商时,应了解所要选择的中间商是否在企业产品的目标市场拥有销售渠道、销售场所。

(2)角色分工原则。这是指所选择的中间商应当在经营方向和专业能力方面符合所建立的分销渠道功能的要求。明确角色分工,既是合作的前提,也是选择中间商的原则与标准。例如,宝洁公司在每一地区只发展少数几个大分销商,然后通过分销商对下级批发商、零售商进行管理;分销商与宝洁公司签订合同,双方明确权利、义务和责任,并进行合理分工。

(3)共同愿望原则。分销渠道作为一个整体,只有所有的渠道成员具有合作愿望,才能建立起一个有效的分销渠道。在选择中间商时,要分析中间商参与有关商品分销的意愿,以及与其他渠道成员合作态度等。

7.2.5　中间商选择的条件

(1)中间商的市场范围。市场是选择中间商最关键的原因。首先要考虑预先选定的中间商的经营范围所包括的地区与产品的预计销售地区是否一致,比如,产品在东北地区,中间商的经营范围就必须包括这个地区。其次,中间商的销售对象是否是生产商所希望的潜在顾客,这是个最根本的条件。因为生产商都希望中间商能打入自己已确定的目标市场,并最终说服消费者购买自己的产品。

(2)中间商的产品政策。中间商承销的产品种类及其组合情况是中间商产品政策的具体体现。选择时一要看中间商有多少"产品线"(即供应来源),二要看各种经销产品的组合关系,是竞争产品还是促销产品。一般认为应该避免选用经销竞争产品的中间商,即中间商经销的产品与本企业的产品是同类产品。但是若产品的竞争优势明显,则可以选择出售竞争者产品的中间商,因为顾客会在对不同生产企业的产品作客观比较后决定购买有竞争力的产品。

(3)中间商的地理区位优势。区位优势即位置优势。选择零售中间商最理想的区位应该是顾客流量较大的地点。批发中间商的选择则要考虑它所处的位置是否有利于产品的批量储存与运输,通常以交通枢纽为宜。

(4)中间商的产品知识。许多中间商被规模巨大且有名牌产品的生产商选中,往往是因为它们对销售某种产品有专门的经验。选择对产品销售有专门经验的中间商就会很快地打开销路,因此生产企业应根据产品的特征选择有经验的中间商。

(5)预期合作程度。中间商与生产企业合作得好会积极主动地推销企业的产品,对双方都有益处。有些中间商希望生产企业也参与促销,扩大市场需求,并相信这样会获得更高的利润。生产企业应根据产品销售的需要确定与中间商合作的具体方式,然后再选择最理想的合作中间商。

(6)中间商的财务状况及管理水平。中间商能否按时结算预付货款,取决于其财力的大小。整个企业销售管理是否规范、高效,关系着中间商营销的成败,而这些都与生产企业的发展休戚相关,因此,这两方面的条件也必须考虑。

(7)中间商的促销政策和技术。采用何种方式推销商品及运用选定的促销手段的能力直接影响销售规模。有些产品通过广告促销比较合适,而有些产品则适合通过销售人员推销。有的产品需要有效的储存,有的则应快速运输。要考虑到中间商是否愿意承担一定的促销费用,以及有没有必要的物质、技术基础和相应的人才。选择中间商前必须对其所能完成某种产品销售的市场促销政策和技术作全面评价。

(8)中间商的综合服务能力。现代商业经营服务项目甚多,选择中间商要看其综合服务能力如何。有些产品需要中间商向顾客提供售后服务,有些在销售中要提供技术指导或财务帮助(如赊购或分期付款),有些产品还需要专门的运输、储存设备。合适的中间商所能提供的综合服务项目与服务能力应与企业产品销售所需要的服务要求相一致。

7.2.6 电子中间商与传统中间商的区别

(1)存在前提不同。传统中间商是由于生产者和消费者直接达成交易,导致交易成本较高;而电子中间商是对传统直销的替代,是中间商职能和功效在新的领域的发展和延伸。

(2)交易主体不同。传统中间商是要直接参加生产者和消费者交易活动的,而且是交易的轴心和驱动力;而电子中间商作为一个独立主体存在,它不直接参与生产者和消费者的交易活动,但它提供一个媒体和场所,同时为消费者提供大量的产品和服务信息,为生产者传递产品服务信息和需求购买信息,高效促成生产者和消费者的具体交易实现。

(3)交易内容不同。传统中间商参与交易活动,需要承担物质、信息、资金等交换活动,而且这些交换活动是伴随交易同时发生的;而电子中间商作为交易的一种媒体,它主要提供的是信息交换场所,具体的物质、资金交换等实体交易活动则由生产者和消费者直接进行,因此交易中间的信息交换与实体交换是分离的。

(4)交易方式不同。传统中间商承担的是具体实体交换,包括实物、资金等;而电子中间商主要是进行信息交换,属于虚拟交换,它可以代替部分不必要的实体交换。

(5)交易效率不同。通过传统中间商达成生产者和消费者之间的交易需要两次,中间的信息交换特别不畅通,造成生产者和消费者之间缺乏直接沟通;而电子中间商提供信息交换可以帮助消除生产者和消费者之间的信息不对称,在有交易意愿的前提下才实现具体实体交换,可以极大减少中间因信息不对称造成无效交换和破坏性交换,最大限度降低交易成本,提高交易效率和质量。

7.2.7 中间商市场的特点

1. 衍生需求与原生需求的一致性

中间商市场的需求也是派生的,受最终消费者的影响,需求波动不一。但是,中间商购买是为了直接转卖,中间商的需求更为直接地反映消费者的需求,即消费者需要什么,中间商就购买什么、经营什么。因此,在中间商市场,衍生需求和原生需求是一致的、统一的;而在生产者市场上,购买是为了生产产品或提供服务来满足消费者需求,衍生需求和原生需求是分离的、相互区别的。

2.中间商对购买价格更为重视

中间商购买属批量购买,购买的目的是转手买卖,贱买贵卖,以"好卖"作为主要的购买决策标准。虽然中间商关心商品的质量与款式,但他们对购买价格更敏感。中间商市场的需求受价格因素影响极大,购买价格的高低往往直接影响最终消费者的购买量,从而影响中间商的购买量。因此,营销人员应视其购买或销售的业绩给予恰当的回报。

3.中间商对交货时间特别重视

由于中间商本身是"转手买卖",决定他们对选购时间要求苛刻,对市场变化反应更加灵敏。中间商市场的需求应该与原生需求的时间保持某种一致性(不一定完全同步),以抓住市场机会,满足消费者购买的需要。因此,中间商一旦发出订单,就要求尽快到货,以避免库存积压和失去时效。

4.中间商需要供应商提供配合和协助

由于中间商往往财力有限以及不只是销售个别厂家的产品,无力对所有产品进行推广,因此常常需要生产厂家协助其做产品推广,帮助其销售。另外,中间商一般自己不制造产品,对产品技术不擅长,通常需要供应商协助其为最终消费者提供技术服务、产品维修服务和退货服务。技术复杂、知识含量大的产品需要供应商提供培训专业推销员的服务。

5.购买者地区分布的规律性强

中间商在整体市场中的分布状态较生产者分散,但比最终消费者集中。值得注意的是,中间商及其类型的地域分布很有规律,而中间商与中间商之间又构成竞争关系。因此,供应商寻找中间商是比较容易的,营销人员应注意中间商经营商品的搭配。

任务 7.3　分销渠道设计

【素质目标】
1.具有质量意识、环保意识、安全意识。
2.勇于奋斗、乐观向上,具有自我管理能力。
3.具有综合思维能力,根据新兴的中国市场能系统开展分销渠道设计。

【知识目标】
1.理解影响分销渠道的产品、市场、企业与环境等因素。

2. 运用任务掌握相关概念。
【能力目标】
1. 形成对分销渠道整体设计思维。
2. 明确分销渠道目标。
3. 具备选择合理分销渠道的能力。

 案例导入

"雅芳"的直销队伍

"雅芳"牌化妆品打入广州市场后,未见举办轰轰烈烈的促销活动,就静悄悄地占领了广州这个化妆品名牌荟萃的市场,其成功的秘诀是,它拥有一支庞大的直销队伍——"雅芳美容顾问"。"雅芳"就是以此打入市场,赢得顾客的。"雅芳"是以直销为特点的企业,它的产品不经批发、零售等环节,而直接由"美容顾问"销给顾客。"雅芳"美容顾问的招聘方法也与其他企业不同。应聘人员不受年龄、语种、学历等条件的限制,只要有兴趣充当美容顾问,无论在职还是待业均可应聘。"雅芳"对"美容顾问"的管理也别具风格,富有特色。应聘人员接受短期培训后可开始工作,其工作时间可自由安排,按销售数额计算聘金,超过一定数量计发奖金。至于"美容顾问"以什么方式、通过什么渠道推销"雅芳"产品,公司不给指示,但有一条限制,即"雅芳"产品不得进入商店柜台摆卖。"雅芳"正是在这支庞大的直销队伍推销下,使自己的产品静悄悄地占领市场。

资料来源:http://www.795.com.cn/wz/27733.html。

7.3.1 影响分销渠道选择的主要因素

分销渠道是产品价值实现的关键途径,对分销渠道的设计与选择关系到产品送至消费者终端的速度与辐射面,对消费者产生购买行为有着重要的意义。一般情况下,影响企业分销渠道选择的因素有以下几个方面。

1. 产品因素

不同的产品所适应的分销渠道不同,这是企业在进行分销渠道选择时应首要考虑的问题,其主要包含以下几个方面。

(1)产品价格。通常来讲,单价高的产品,适合采取短渠道,如高档奢侈产品,企业一般直接交给大型百货公司进行销售,通过相对较短的分销渠道设计,减少产品流通环节,降低流通费用;与之相反,单价低的产品,则适合采取相对较长的分销渠道。

(2)产品规格。众所周知,产品的重量与体积会直接影响储存费用和运输费用。因此,对于产品重量和体积较大的产品,适合采取短渠道,以减少产品运输成本,降低运输损耗;与之相反,对于产品重量和体积较小的产品,则适合采取较长的渠道。

(3)产品款式。通常来讲,企业对于产品款式迭代更新快的产品,如各类时装,其分销渠道适合采用短渠道,避免产品过时;而对于产品款式不容易发生变化的产品,分销渠道可以选用较长的渠道。

(4)产品的易腐性和易毁性。一般情况下,对于易毁和易腐产品应选择最短的分销渠道,如新鲜水果、蔬菜、水产品等,需通过最短分销渠道,确保在最短的时间内将产品销售出去。

(5)产品技术的复杂性。一般来说,工业产品技术要求高、技术相对复杂,售后技术服务要能跟得上,企业应尽可能选择短渠道,保证技术服务的质量。

(6)产品的生命周期。对于处于不同生命周期阶段的产品,对分销渠道的要求也不相同。如对于处于导入期的产品,分销渠道应尽可能短而窄;而对于处于成长期和成熟期的产品,分销渠道应尽可能选择长而宽的渠道,以此来扩大产品覆盖面。

2. 市场因素

(1)市场容量、购买规模和购买频率。对于市场容量大、消费者购买量少且购买频率相对较高的产品,企业应选择较宽、较长的分销渠道类型,以便扩大销售面;另一方面,对于产品市场容量大、消费者单次购买量也大,但总体购买频率较低的产品,企业应采取窄的、短的或是如直销的分销渠道类型,以降低产品的流通成本和流通环节。

(2)市场范围。针对销售市场区域大的产品,企业应采取长而宽的分销渠道;与之相反,若产品销售的市场区域小,则应尽可能减少渠道长度。如某项产品只在本地进行销售,则选择直接销售方式最佳。

(3)消费者集中程度。若产品消费者相对集中,则可采取短渠道;若消费者相对比较分散,则需要采取较长、较宽的分销渠道。

(4)其他影响因素。如竞争对手分销渠道情况、产品销售的季节性等都会影响企业分销渠道设计与选择。

3. 企业因素

(1)企业的声誉与资金实力。一般来说,拥有良好的企业声誉与雄厚资金实力的企业,在分销渠道设计与选择过程中拥有更多的自主选择权,甚至完全可以依靠企业自身力量自建分销网络,不需要借助第三方力量;与之相反,对于企业声誉不佳且资金实力不强的企业,在建设分销渠道过程中,自主性则较弱,需要依赖第三方中间商的力量提供各种销售服务。

(2)企业的经营与服务能力。一般来说,有良好经营与服务能力的企业,在分销渠道设计与选择过程中,可以取消部分中间环节,采用短渠道,少用或者不用中间商;与之相反,如果企业经营与服务能力相对较弱抑或是能力有限,则应充分利用第三方中间商的力量,采取长渠道。

(3)企业控制分销渠道愿景。每个企业根据自身实际情况,对分销渠道控制愿景也不相同,如有的企业希望控制分销渠道,以便实现对产品价格、宣传促销等拥有较高的控制权,因而倾向于选择短渠道;而有的企业则对分销渠道控制意愿相对较弱,因此适合采取宽而长的渠道。

4. 环境因素

1)宏观经济形势

当经济繁荣时,市场需求旺盛,企业可以选择最合适的渠道来进行销售;当经济衰退时,市场需求下降,通货紧缩,这时企业应尽量减少不必要的流通环节,采用较短的渠道,以控制最终产品的价格。

2)相关政策法规

政府对各类产品所制定的购销政策对企业设计与选择分销渠道也会产生重要影响。例如,政府对某些产品实施专卖政策,那便会导致该产品分销渠道形成相对纵向且封闭型的窄渠道;若政府对某类产品实行计划供应政策,则会促使该产品分销渠道形成定点的单一渠道;若政府对某类产品采取统购包销政策,则会促使该产品分销渠道形成纵向的宽渠道;若政府对某类产品提倡开放政策,则很容易形成横向的开放型宽渠道。

7.3.2 分销渠道设计

1. 分销渠道设计目标

分销渠道设计目标是营销总目标的组成部分,它必须与营销总目标保持一致,为实现营销总目标服务。无论是创建渠道,还是对原有渠道进行变更,设计者都必须将企业的渠道设计目标明确地列示出来。一般来说,渠道设计的目标有以下几种:分销顺畅、分销流量最大化、分销便利、拓展市场、提高市场占有率、扩大品牌知名度、分销成本最低化、提高市场覆盖面和控制渠道、服务渠道等。

2. 分销渠道设计步骤

1)确定分销渠道模式

结合企业实际情况、竞争者情况以及外部环境等开展分销渠道类型选择是企业分销渠道设计必须要首先解决的问题。是派推销人员上门推销或以其他方式自销,还是通过中间商分销?必须针对此问题给出答案。如果决定中间商分销,还要对中间商的类型与规模进行选择。

2)确定中间商的数目

确定中间商的数目也就是决定分销渠道的宽度,这主要取决于产品本身的特点、市场容量的大小以及需求面的宽窄。一般来说有以下三种形式:

(1)密集性分销。

密集性分销是指企业运用尽可能多的拥有负责任的中间商分销,使渠道尽可能加宽。一般来说,在日常消费品中的便利品,如香烟、打火机等以及工业用品中的标准件、通用标准小工具等,比较适合采取这种分销形式,增加消费者购买的便利性。密集性分销的好处是市场的覆盖面广,能协助企业迅速地扩展市场,拥有较高的顾客接触率,能迅速地提升企业销售业绩;但同时也容易导致市场混乱,增加渠道管理成本。

(2)独家分销。

独家分销是指在某一区域范围内企业只选择一家中间商经销或代理企业的产品,推行独家经营。独家分销是最为极端的专营型分销渠道形式,是最窄的分销渠道,一般而言,只对某些技术性强的耐用消费品或名牌产品适用。

独家分销对生产者的好处是,企业容易控制市场,有利于控制中间商,提高他们的经营水平;也有利于加强产品形象,增加利润;中间商之间不存在相互竞争,促销积极性较大。但这种形式因产品覆盖面太小,企业有一定风险,如果这一家中间商经营不善或发生意外情况,生产者就要蒙受损失。

(3) 选择性分销。

选择性分销是介于密集性分销和独家分销之间的一种分销渠道形式,是指企业按照自己的挑选条件,从备选的中间商中精选几家开展经营。几乎所有类别产品都适合使用该形式。相较于独家分销,选择性分销市场覆盖面更广,更有利于企业扩大产品销路、扩宽市场、应对同类竞品的竞争。相较于密集性分销,选择性分销又能节约部分渠道费用,更易于控制渠道,不必分散太多的精力;开展有条件地选择中间商,还能加强合作方彼此的联系与了解,被选中的中间商更愿意努力提高推销水平。

(4) 复合式分销。

复合式分销是指企业有针对性地根据不同的市场消费者购买特点设计多条渠道,将相同的产品进行销售的方式,此种分销渠道有利于激发各方面的积极性。

7.3.3　规定渠道成员彼此的权利和责任

企业开展渠道模式选择与中间商数目确认后,还需要拟定出与中间商之间的权利与责任。例如,针对不同类型、不同地区的中间商抑或是不同购买数量给予何种价格折扣、质量保证和跌价保证,促进中间商提升进货积极性。与此同时,在权责分配方面,还应规定好交货与结算的方式及时间、企业应提供的服务、中间商应提供的服务等,如针对机器类产品,制造商应提供零配件、代为培训技术人员,协助中间商开展促销活动等;另外,中间商也应配合做好市场各类信息和业务数据统计等工作。

任务 7.4　分销渠道管理

【素质目标】

1. 勇于奋斗、乐观向上,具有自我管理能力。
2. 具有综合思维能力,根据新兴的中国市场能系统开展分销渠道设计。

【知识目标】

1. 掌握渠道管理的一般方法。
2. 掌握解决渠道冲突的一般方法。
3. 掌握调整渠道的一般方法。

【能力目标】

1. 具备识别渠道冲突的能力。
2. 具备分析渠道冲突的能力。
3. 具备调整分销渠道的能力。

案例导入

百威集团渠道管理

百威针对渠道的沟通方式:一是公司总部每3个月会把未来的品牌传播和市场促销方案与5个地区分部进行沟通。比如,2006年以世界杯为主题的传播计划,在53个城市同步展开。二是有较高自主权的地区或城市分部还会通过月会、周会等方式与经销商保持密集的联系,在坚持大原则的前提下,根据当地市场的特殊性进行一些微调。这意味着,"地区分部"这个在其他企业中通常只被看作是执行机构的销售部门,在百威担负起了达成品牌传播的责任。

百威还一直在培训渠道商,通过提供专业服务与各地的零售点建立长期关系。一是帮助零售点做好销售预测。如果终端缺货,消费者自然对其品牌印象降低。消费品的特点是,消费者常常不会等待商家再次进货后再来购买,而是直接选择其他替代品牌,这就可能造成顾客流失。因此,经销商要根据各零售点的实际消费情况,帮助其做好销售预测。二是确保零售点的客户总是能及时拿到最新鲜的产品。百威各地经销商的另一项任务是帮助每个零售点做到"先进先出"。有些零售点在库存管理上不够科学,每次仓库提货总是选择最近的位置,这样一来,可能总有两箱啤酒放在最里面,永远到不了货架上。因此,经销商有责任去各零售点的仓库查看酒龄的情况。各地分部的销售经理会配合经销商对零售终端进行这些销售服务,并为不同零售点提供不同的专业意见,这是深入每一个终端的细致服务,也是百威能够成功的关键。事实上,通过渠道进行产品宣传,在衡量投资回报率时往往更加直观,也能直接体现为对销售增长的促进。在资源有限的情况下,消费品企业的品牌宣传费用应该更多地倾向于渠道,这也成为一个重要的趋势。

资料来源:教育部、财政部组编,王奕俊.市场营销策划[M].北京:中国人民大学出版社,2012.

7.4.1 分销渠道管理的具体内容

(1)开展对中间商的供货管理,确保供货及时性,在此基础上协助中间商建立并理顺销售子网络,缓解库存压力、分散销售压力,加快产品的流通速度。

(2)加强对中间商的广告与促销的支持力度,减少产品流通阻力;提高产品的销售力,促进销售;提高资金利用率,使之成为中间商的重要利润源。

(3)对中间商负责,在保证供应的基础上,对中间商提供产品技术与服务支持。妥善处理销售过程中出现的产品损坏变质、顾客投诉、顾客退货等问题,切实保障中间商的利益不受无谓的损害。

(4)加强对中间商的订货处理管理,减少因订货处理环节中出现的失误而引起发货不畅。

(5)加强对中间商订货的结算管理,规避结算风险,保障制造商的利益。同时避免中间商利用结算便利制造市场混乱。

(6)其他管理工作,包括对中间商进行培训,增强中间商对公司理念、价值观的认同以及对产品知识的认识。还要负责协调制造商与中间商之间、中间商与中间商之间的关系,尤其对于一些突发事件,如价格涨落、产品竞争、产品滞销以及周边市场冲击或低价倾销等扰乱市场的问题,要以协作、协商的方式为主,以理服人,及时帮助中间商消除顾虑、平衡心态,引导和支持中间商向有利于产品营销的方向转变。

7.4.2 分销渠道管理的方法

从生产厂家对分销渠道把控程度,分销渠道管理方法可分为高度控制与低度控制。

1. 高度控制

高度控制是指生产厂商在分销渠道中对于中间商的地理分布、类型、数目的选择以及对销售政策与价格政策等的制定拥有高度控制权利。高度控制的权限能力大小取决于生产企业自身实力与产品属性,并且在某种极端情况下,实现绝对控制亦有可能。一般来说,某些生产特种产品的大型生产企业,往往能够做到对营销网络的绝对控制。例如,日本丰田汽车公司,通过分销渠道设计,将东京市场细分为若干子区域,公司外派一名专职业务经理专门负责子区域业务,该业务经理对所负责子区域内中间商的情况非常熟悉,能掌握每一个中间商的详细资料。业务经理通过与中间商之间的密切联系,能密切关注市场变化,及时反馈用户意见,以此促使中间商不断努力。采取绝对控制能为生产企业带来很大的收益,例如,对于某些特种商品来讲,可以通过绝对控制维持相对较高的市场价格,维护产品优良品质形象,因为如果产品价格过低,会使消费者怀疑产品品质低劣或即将淘汰。另外,即使对一般产品,绝对控制也可以防止价格竞争,保证良好的经济效益。

2. 低度控制

低度控制又可称为影响控制。如果生产企业无力或者不需要对整个分销渠道进行绝对控制,往往可以通过对中间商提供具体支持协助来影响中间商,这种控制的程度是较低的,大多数企业的控制属于这种方式。具体包含以下一些具体内容:

(1)向中间商派驻代表。

通常来说,规模较大的大型生产企业都会派驻企业代表到其合作的中间商中协助、监督中间商开展产品销售。生产企业派驻给中间商的代表,能在一定程度上帮助企业开展营销活动,如配合中间商开展销售人员培训、组织产品营销设计等。另外,大型生产企业也可以利用厂商专柜销售、店中店等形式直接支持中间商。

(2)与中间商多方式合作。

生产企业利用多种方式,与中间商开展合作,借此在整个市场上塑造产品形象,增强产品知名度或美誉度。生产企业可以利用多种方法激励中间商开展企业产品宣传。例如,与中间商联合进行广告宣传,并由生产企业负担部分费用;或是支持中间商开展产品推广、公关活动,对拥有突出业绩的中间商给予价格、交易条件上的优惠,对中间商传授推销、存货销售管理知识,提高其经营水平。以上方法,都能在一定程度上调动中间商推销产品的积极性,达到生产企业控制分销渠道的目的。

7.4.3 分销渠道成员管理

1. 分销渠道成员关系类型

具体来看,开展分销渠道管理首先要弄明白分销渠道成员关系类型。渠道成员关系类型与特点如表 7-2 所示。

表 7-2 分销渠道成员关系类型与特点

渠道关系	特点
松散型:松散型渠道关系是指渠道成员各自是相互独立的,每一个成员都只关心自身利益的最大化,而不考虑渠道的整体利益,渠道关系是在成员间相互持续不断的讨价还价过程中得以维系的	1. 渠道成员有较强独立性,无太多义务或责任要承担; 2. 进退灵活,进入和退出完全由各个成员自主决策; 3. 临时交易关系,缺乏长期合作根基; 4. 成员之间不涉及产权和契约,从而不具有战略性; 5. 渠道安全性完全依赖于成员自律,缺乏监控机制; 6. 成员缺少投身渠道建设的积极性
共生型:共生型渠道关系是指渠道成员之间的关系是密切相连的,每一方从对方那里都能够得到相应的利益,通常是两家或两家以上公司通过某种形式的协作以共同开发新的市场机会而形成的渠道关系	1. 双方都拥有对方所不具备的优势,以己之长求他人之长,避己之短; 2. 双方地位平等,不存在支配与被支配关系; 3. 合作双方有共同的需求
管理型:管理型渠道关系是指渠道成员之间的关系是管理与被管理的关系,通常是由一个或少数几个实力强大、具有良好品牌声望的大公司依靠自身影响并通过强有力的管理而将众多分销商聚集在一起而形成的渠道关系	1. 以实力雄厚的管理者为核心组建而成; 2. 利益具有协调性,从而合作关系较为牢固; 3. 成员愿意为渠道的持续发展注入激情、信任和忠诚; 4. 能够实现资源共享
契约型:契约型渠道关系是指渠道成员之间的关系是通过契约这一"文明锁链"维系的,即在商品流通过程中,参与商品分销的各渠道成员通过不同形式的契约来确定彼此的分工协作与权利、义务关系	1. 联合采购、集体行销,从而取得规模经济优势; 2. 低成本、大规模扩张,从而能在短时间内迅速建立庞大的分销网络; 3. 从众多加盟店及时获得大量有关销售信息,从而有助于决策的科学性
公司型:公司型渠道关系是指渠道成员之间是以产权为纽带而联结的关系,通常是一家公司通过建立自己的销售分公司、办事处或通过实施产供销一体化及横向战略而形成的一种关系模式	1. 从生产到销售的各个环节都在总公司的严密控制之下,指挥统一,从而有助于公司经营战略的贯彻和减少网络变动的风险; 2. 品牌统一化、服务同质化,有助于树立公司的良好形象; 3. 市场交易内部化,有助于节约成本; 4. 摆脱了大零售商的控制,从而分销渠道具有稳定性

2. 分销渠道成员评估

一般来说,生产企业在一定时期内会对渠道内各成员针对一定的项目进行渠道成员评估,如开展销售定额完成情况、平均存货水平、对次品和丢失品处理情况、促销和培训计划合作情况、货款返回状况、对顾客提供服务等评估。通过评估,生产企业可以将渠道内各中间商进行排名,借此激励渠道内领先者保持高绩效、低绩效者力争上游。一般情况下,生产企业常用的评估项目便是销售额,但由于各个中间商面临的环境有很大差异,各自规模、实力、经营商品结构和营销策略重点各不相同,采用单一销售额评估项目对中间商进行排名的评估方法并不全面,因此,生产企业在评估中间商业绩时除了应进行横向对比,还应该辅之以纵向对比。例如,将某一中间商销售业绩与其前期进行比较;或是根据某一中间商所处市场环境和销售实力分别定出可能销售定额,然后将销售实绩与销售定额进行比较。

7.4.4 分销渠道冲突

1. 分销渠道冲突的基本类型

无论设计如何精良和管理如何优秀的渠道,渠道成员之间发生冲突都是不可避免的。因此,作为生产企业来讲,其任务便是采取措施减弱渠道冲突的危害和努力化解恶性冲突。具体来讲,渠道冲突一般包含以下基本类型:

(1)垂直渠道冲突。垂直渠道冲突是指在同一条渠道中不同层次之间发生的冲突,如制造商与批发商之间、批发商与零售商之间等,就可能因购销服务、价格高低、促销策略等发生冲突。

(2)水平渠道冲突。水平渠道冲突是指在渠道内同一层次成员之间发生的冲突,如特许经销商之间的区域市场冲突,零售商之间对同一品牌的价格战等。

(3)多渠道冲突。多渠道冲突是指制造商建立的两条及以上渠道之间发生的冲突,如某服装产品在同一地区通过百货商店销售引起了当地专业商店的严重不满。

2. 解决分销渠道冲突的基本方法

生产企业在解决企业渠道冲突的过程中,应根据企业的渠道目标,结合具体的实际情况,可以采取以下方法:第一,通过确立和强化共同目标,如提高市场份额、树立品牌形象、提高消费者满意度等,以引导他们紧密合作,特别是在受到外部竞争威胁时,渠道成员会更深刻地体会到实现这些共同目标的重要性;第二,在渠道成员之间互派人员,促进彼此之间更多了解和从对方角度考虑问题;第三,邀请渠道成员参加生产企业的董事会、咨询会等,增强渠道成员组织归属感;第四,生产企业搭建桥梁,如通过工商联合会或行业委员会组织或召开一些针对热点、难点问题的研讨会和交流会等,增强渠道成员之间的业务沟通,提升渠道成员之间、渠道成员与生产企业之间的人际交流与信息沟通;第五,加强渠道管理相关企业规章制度的制定,用明确的渠道政策进行规范、统一管理,抑或是在签订合同时明晰规定合同条款,提升对合同执行的监管力度。

7.4.5 分销渠道调整

渠道设计不可能一劳永逸,伴随着时间推移、市场的演变、消费观念和购买方式的变化、市场竞争状况的变化、产品生命周期推进、新的分销渠道出现以及相关法律法规出台或政策的调整等,都会促使分销渠道进行调整。因此,企业必须根据实际情况,开展渠道分析,定期调整自己的分销渠道。从调整的程度来看,调整分销渠道的方法主要有以下几种。

(1)对某一渠道成员进行增减 是指企业决定在某一目标市场是否增加或减少某一渠道成员。采取此种方法开展渠道调整需要企业考虑这样做会带来多大的直接利益,即销售量的增加额或减少额;还要考虑对其他渠道成员需求、成本和情绪等的影响。

(2)对某一分销渠道进行增减 是指当在同一渠道内增减个别中间商不能够解决问题

时,企业就要考虑增加或减少某一分销渠道。例如,某化妆品公司发现渠道中间商只经营成人用品而导致其儿童护肤品销售不畅时,就需要增加新的分销渠道以扩大儿童护肤品的销售。

(3)对整个渠道进行改进　是指当对原有渠道进行部分修补无法达到预期效果时,就需要生产企业调整和改进整个渠道系统。例如,一家汽车制造商改变原来通过批发商销售的方法而实行直接销售。

任务 7.5　产品实体分销

任务目标

【素质目标】
1.建立实体分销的概念以及掌握实体分销的基本理论。
2.具有综合统筹分析实体分销企业运营成本最小化的意识和观念。
3.了解中国领先世界的物联网技术。

【知识目标】
1.了解实体分销渠道的概念。
2.了解实体分销的职能。
3.掌握实体分销的实现目标。
4.理解实体分销与物流的关系。

【能力目标】
1.具有一定的选择物流方式的能力。
2.具有解决实体分销和物流方式之间矛盾冲突的能力。

 案例导入

高效物流配送　解密"戴尔现象"

在不到 20 年的时间内,戴尔计算机公司的创始人迈克尔·戴尔从白手起家,把公司发展到 250 亿美元的规模。

即使面对美国经济目前的低迷,在惠普等超大型竞争对手纷纷裁员减产的情况下,戴尔仍以两位数的发展速度飞快前进。根据美国一家权威机构的统计,戴尔 2001 年一季度的个人计算机销售额占全球总销量的 13.1%,仍高居世界第一。

"戴尔"现象令世人为之迷惑。该公司分管物流配送的副总裁迪克·亨特一语道破天机:"我们只保存可供 5 天生产的存货,而我们的竞争对手则保存 30 天、45 天甚至 90 天的存货。这就是区别。"物流配送专家詹姆斯·阿尔里德在其专著《无声的革命》中写到,通过提高物流配送打竞争战的时代已经悄悄来临。看清这点的企业和管理人员才是未来竞争激流中的弄潮者,否则,一个企业将可能在新的物流配送环境下苦苦挣扎,甚至被淘汰出局。

戴尔公司的亨特无疑是物流配送时代浪尖上的弄潮者。亨特在分析戴尔成功的诀窍时说:"戴尔总支出的 74% 用在材料配件购买方面,2000 年这方面的总开支高达 210 亿美元,如果我们能在物流配送方面降低 0.1%,就等于我们的生产效率提高了 10%。物流配送对企业的影响之大由此可见一斑。"

信息时代,特别是在高科技领域,材料成本随着日趋激烈的竞争而迅速下降。以计算机工业为例,材料配件成本以每周 1% 的速度下降。从戴尔公司的经验来看,其材料库存量只有 5 天,当其竞争对手维持 4 周的库存时,就等于戴尔的材料配件开支与对手相比保持着 3% 的优势。当产品最终投放市场时,物流配送优势就可转变成 2% 至 3% 的产品优势,竞争力的优劣不言而喻。

在提高物流配送效率方面,戴尔和 50 家材料配件供应商保持着密切、忠实的联系,庞大的跨国集团戴尔所需材料配件的 95% 都由这 50 家供应商提供。戴尔与这些供应商每天都要通过网络进行协调沟通:戴尔监控每个零部件的发展情况,并把自己新的要求随时发布在网络上,供所有的供应商参考,提高透明度和信息流通效率,并刺激供应商之间的相互竞争;供应商则随时向戴尔通报自己的产品发展、价格变化、存量等方面信息。

几乎所有工厂都会出现过期、过剩零部件。高效率的物流配送使戴尔的过期零部件比例保持在材料总开支的 0.05%~0.1%,2000 年戴尔全年在这方面的损失为 2100 万美金,而这一比例在戴尔的对手企业都高达 2%~3%,在其他工业部门更是高达 4%~5%。即使是面对如此高效的物流配送,戴尔的亨特副总裁仍不满意:"有人问 5 天的库存量是否为戴尔的最佳物流配送极限,我的回答:当然不是,我们能把它缩短到 2 天。"

资料来源:https://www.china-qukuailian.com/news/?12116.html。

7.5.1 产品实体分销概念

产品实体分销也称物流或物流管理,是指将产品或服务由生产领域向消费领域转移时通过有效地安排产品的仓储、管理,使产品在需要的时间到达需要的地点,满足顾客的需要,并从中获利的实物流通计划、实施和控制的管理活动,它涉及信息、运输、存货、仓储、物料搬运和包装等方面的集成。

7.5.2 产品实体分销的职能

产品实体分销就是制造商将产品发运给购买者的活动过程,实际就是运输过程。发运产品通常存在选择运输方式、运输工具、发货批量、发运时间和最佳的运输路线等问题。

(1)仓储 即指制造商、承运商、码头、车站等直接利用仓库储存产品。

(2)物资搬运　产品必须经过搬运才能进入仓库储存。在产品出库前需要经过必要的整理、待运等环节。在产品进库与出库过程中,始终伴随着物资的搬运,以及为实现搬运准备和使用相应的搬运工具。

(3)订单处理　实体分销始于顾客订单,订单由企业的销售代表、经销商或顾客送达企业。企业的订单处理部门需要编制提货单,提货单一式多份,分送各有关部门。仓库对订单进行检查,同时按订单要求迅速、准确地发运商品。整个订单处理要做到快速传递、快速处理、快速发货、快速向各相关部门反馈信息。

(4)保护性包装　为了保证企业产品的质量,维护消费者权益,对于易损、易腐、易变质的商品,发货前应进行必要的、妥善的包装。

7.5.3　产品实体分销目标

产品实体分销目标是以最低的成本,将企业的产品,在适当的时间运到适当的地点,并要求兼顾顾客服务与最低分销成本。实际上,这个目标包含着内在的矛盾。因为最佳顾客服务意味着最大的存货、足够的运力、充分的仓库容量,而这些都势必增加销售成本;最低的分销成本则意味着低廉的运费、低水准的存货、少量的仓容,做到这些又会降低服务水平。

因此,实体分销目标是通过有效的选择,在达到既定顾客服务水平基础上,实现产品实体分销成本的最小化。

这就要求在进行产品实体分销决策时,把全部市场营销活动作为整体,综合考虑权衡得失,低成本实现实体分销的目标,避免因孤立地处理某一具体营销活动,导致分销费用不适当地增加。

为了实现产品实体分销的目标,在实现顾客服务的预定水准前提下达到成本最小化。

企业要制定一个综合策略,其中包括仓库及工厂区位选择、存货管理、运送方式等方面的决策。

7.5.4　实体分销与物流的关系

实体分销涉及大量的物流技术问题,如现代化的运输、仓储、包装、装卸技术等,与实体分销的效率紧密地联结在一起。要提高实体分销效率、降低成本,除了要有先进的管理方法外,还必须要有先进的物流手段。日本在20世纪60年代到80年代完成了这个转变,在国内建起了标准化的现代物流系统。我国近20年在通信、运输等方面也取得了长足的进步。

实体分销过程本身就是一个大系统,其中的各功能子系统相互依存、相互作用。例如,运输速度影响到库存规模,即运速快,较少的库存量也能满足周转的需要;反之,运速慢,库存量大,费用也高。再如,装卸搬运的机械化水平影响包装,若使用几乎可以免装卸的集装系统,则商品包装可相对简化。同时,企业实体分销的效率离不开整个国民经济发展水平的制约,离不开交通运输、码头、航空港以及整个物流系统的标准化、社会化。

实体分销中存在大量需要权衡选择的问题,即当某个目标能较好地达到时,另一目标却不能达到,或某项费用较少时,另一项费用却增加。例如,缩短送货周期,提供紧急订货等,虽然可提高服务水准,吸引顾客增加订货,但是频繁发货也带来运送成本的增加。又如,企业选择运量大、运费低的铁路运输方式,虽然节省了运费,但铁路运输存在货物在途时间长、不能实现门对门的直达运输、对货物包装要求较高、发生磕碰损失的风险大等缺点,所产生的费用总和也许并不比其他运输方式的低。因此,决策时必须综合考虑各种因素,选择最优方案。

小 结

了解营销渠道的概念与内涵;了解营销渠道的功能、特点和作用;掌握营销渠道的结构与模式。了解中间商的概念;了解中间商的功能;掌握选择中间商的原则和条件。理解影响分销渠道的产品、市场、企业与环境等因素。具备识别、分析渠道冲突的能力以及为解决渠道冲突进行分销渠道调整的能力。了解实体分销渠道的概念、职能、实现目标以及实体分销与物流的关系。

技 能 训 练

1. 枸杞的销路

河北省鹿县盛产枸杞,其产量占全国枸杞总产量的比重较大。但是有关部门不愿意收购,说是产大于销所以无销路。果真如此吗?经调查了解,枸杞不是无销路,而是拥有很大的市场。问题在于缺乏一个合适的销售途径。随着人们生活水平的提高,枸杞不再是纯粹的中草药,还有可其他用途,如作为滋补品、桌上佳肴或馈赠亲友的上好礼品。请根据以上情况,为企业枸杞行销进行渠道策划。

案例思考

(1)营销渠道是企业产品从生产领域进入消费领域所经过的路径。鹿县枸杞滞销的原因主要是营销渠道不畅,突出表现在原有的销售渠道已不能适应人们生活水平提高的新形势。只有变革目前的营销渠道格局,才能解决鹿县枸杞滞销的局面。

(2)变革的策略:第一,加大枸杞功能的促销宣传,让消费者了解枸杞的用途,形成消费习惯,让经营者看到经营的利益,才能调动其经营的积极性;第二,美化包装,将枸杞设计成馈赠亲友的上好礼品;第三,稳住原有营销渠道;第四,营销渠道向扁平化和多元化方向进行改革,即一是疏通向饭店、酒店销售的渠道,二是疏通向超市、集市、药店销售的渠道,三是疏通向特产商店、礼品商店销售的渠道。

2. 直接进货还是找代理商

李民在某地区从事某国外品牌计算机的销售工作,每个城市都有一两家实力相对较大的经销商,他们也都成了每个厂家的首选目标。这些经销商目前或多或少都在销售李民的产品,但随着他们经销的品牌数量逐步增多,李民代销品牌产品的销售增长却十分有限。

今年李民有很多优秀的产品上市,但销售量提高也很有限。所以,现在已经到了非改不可的地步了。目前已有很多其他经销商想卖李民的产品,或者提出要直接从李民这边进货,将代理商这一层给扁平掉。

李民现在应该何去何从?如果你是李民,你将采取什么方法,解决这一难题。

案例思考:

如果我是李民,我可以采取变革四部曲:

第一步,增加经销商的数量。

第二步,提高经销商的单店业绩。

第三步,进行经销商的结构优化。

第四步,渠道改制,这一步实际上指的就是"渠道扁平化"。之所以最后一步才提出渠道改制,是因为这一步难度最大、风险也最大,这个问题不是李民能够解决的,它要求公司高层审时度势,为如此重大的变革进行充分的准备和择机导入。

练习题七

单项选择题

1. 分销渠道不包括( )。
   A. 生产者和用户　　　　　　　　B. 代理中间商
   C. 储运商　　　　　　　　　　　D. 商人中间商

2. 当消费者从( )购买商品时,是通过直接渠道。
   A. 便利店　　B. 超市　　C. 面包店　　D. 百货商场

3. 中间商包括( )。
   A. 批发商　　B. 代理商　　C. 经纪人　　D. 采购商

4. 属于零级渠道的销售方式有( )。
   A. 上门推销　　B. 商品展销会　　C. 连锁经营　　D. 代理经营

5. 适合广泛分销的商品种类有( )。
   A. 建筑材料　　B. 运动鞋　　C. 电冰箱　　D. 鲜花

6. 下列属于批发商的是( )。
   A. 经纪人　　B. 综合批发商　　C. 代理商　　D. 制造商

7. 在消费品市场分销渠道模式中一级渠道包括( )。
   A. 零售商　　B. 批发商　　C. 代理商　　D. 经纪人

8. 生产者在某一地区仅选择一家中间商推销本企业的产品,并且要求中间商不再经营与本企业产品竞争的其他企业产品,这是( )。
   A. 选择分销　　B. 独家分销　　C. 密集分销　　D. 直销

9. 经销商和代理商的根本区别在于( )。
   A. 前者拥有商品所有权　　　　　B. 后者拥有商品所有权
   C. 与委托人关系的持久性不同　　D. 拥有的实力不同

10. 专用品、时尚品在市场覆盖面较窄,属于( )渠道。
    A. 长　　B. 短　　C. 直接　　D. 间接

练习题七
答案

项目八　制定促销策略

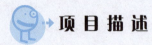

仅靠制造优质的产品、吸引人的价格和使目标顾客能够方便地买到产品，还不足以建立良好的客户关系。公司的市场营销活动还必须有明确的目的和周详的计划，运用促销清晰地、有说服力地吸引顾客。促销不是一种简单的工具，而是多种工具的组合。促销策略作为营销组合的重要组成部分，在市场拓展、推动顾客采取购买行为中发挥着重要作用。本章主要阐述促销的基本概念以及人员推销、广告促销、营业推广和公关促销等内容。

促销　促销组合　人员推销　广告促销　公关促销　营业推广　网络营销

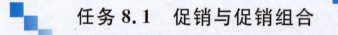

任务8.1　促销与促销组合

【素质目标】
1. 具有沟通协作的团队意识。
2. 具有一定的审美和人文素养。
3. 具有探索实践的创新能力。

【知识目标】
1. 了解并掌握促销的含义及作用。
2. 理解促销组合的含义。
3. 了解常见的促销策略。
4. 了解影响促销组合的因素。

【能力目标】
1. 掌握促销组合的含义及作用。
2. 灵活运用常见的五种促销策略。

案例导入

内蒙古伊利实业集团股份有限公司（以下简称伊利集团）创始于1993年，是中国规模最大、产品线最全的乳制品企业；是中国唯一一家符合奥运会标准，为2008年北京奥运会提供服务的乳制品企业；也是中国唯一一家符合世博会标准，为2010年上海世博会提供服务的乳制品企业。2017年8月30日，伊利集团成为北京2022年冬奥会和2022年残奥会官方唯一乳制品合作伙伴。据2019年伊利集团年报显示，2019年实现营业总收入902.23亿元，同比增长13.41%；净利润70亿元，同比增长7.73%，再创亚洲乳业新高，连续6年创亚洲乳业第一，营收连续超百亿级增长。

伊利集团取得如此成功，其促销策略起到了事半功倍的作用。伊利集团促销方式繁多，其中最常用的促销方式是组合促销搭赠，依靠不同的品类配比达到保持明星产品的市场优势地位、培养二线产品、带动新品铺市、清理滞销品、协调产销平衡等多重目的。消费者促销集中在节假日热卖或买赠、销售旺季家批活动开展。值得一提的是，由于伊利集团完成了全国中心城市直营体系的建设，可以确保所有消费者促销活动不折不扣地到达消费者手中，真正实现与消费者零距离沟通。与此同时，伊利集团特别注重广告投放，其广告投放的焦点是央视。2018年，伊利集团在广告营销上花费超百亿，达到109.55亿，而总体销售费用则达到197.73亿元，占营收比率的25.04%。伊利集团"心灵的天然牧场"定位是相当成功的，给人以一种亲切而又迷人的感觉，不失活力、贴近消费者而又没有盛气凌人的霸气。天然牧场，突出了内蒙古奶源的优势，而通过心灵的沟通又对品牌形象进行了感性的升华。在推广过程中，辅之较强视觉冲击力的广告画面，取得了消费者的信赖，并逐渐建立起清新健康的品牌形象，这为伊利集团创造市场销售神话提供了强有力的感性支持。

资料来源：https://www.docin.com/p-1696214491.html。

8.1.1 促销的含义及作用

1. 促销的含义

促销是指企业采用各种有效的方法和手段，向目标顾客传递商品或劳务的存在、特征、性能等信息，引起消费者的兴趣，激发消费者的购物欲望，促使其实现最终的购买行为所做的努力。

解析促销与促销组合

促销有以下两层含义：

(1)促销的实质是一种信息沟通活动。只有将企业提供的产品或劳务等信息传递给消费者，才能引起消费者注意，并有可能使其产生购买欲望。因此，对企业来说，促销不仅仅是企业自身的事情，更是一个与消费者合作共同完成沟通的过程。

(2)促销的目的是刺激消费者产生购买行为。在消费者可支配收入既定的条件下，是否产生购买行为主要取决于消费者的购买欲望，而购买欲望又与外界的刺激、诱导密不可分。促销针对这一特点，通过各种传播方式把产品或劳务的有关信息传递给消费者，以最大限度地激发其购买欲望。

2. 促销的作用

(1)沟通信息，加强协作。

在产品进入市场之前，企业必须把有关产品的信息传递到目标市场。一方面可以把产品的特性与作用等信息传递给消费者，引起其注意；另一方面可以及时了解消费者对商品的看法和意见，从而密切生产者、中间商与消费者之间的关系，加强营销渠道各环节的协作，加速商品流通。

(2)创造需求，扩大市场。

有效的促销活动在一定条件创造需求——在需求潜伏时起催化作用；在需求波动时起导向作用；在需求萎缩时起刺激作用。

(3)突出特色，实现差异化。

在经济全球化和科技飞速发展的今天，产品越来越同质化，企业之间的竞争逐渐转变为非价格竞争。要想在非价格竞争中胜出，实现商品、服务和品牌的差异化是唯一的途径。企业差异化竞争优势的建设，一方面，有赖于企业生产出符合消费者需求的产品价值；另一方面，必须借助于有效的促销手段，才能扩大产品销量，提升市场竞争力。

(4)协调配合，稳定销售。

促销具有协调和配合其他营销策略的作用，有助于树立企业新产品的特色，有助于企业整体战略的实施及总体营销目标的实现。

8.1.2 促销组合及其策略

1. 促销组合的含义

促销组合又称为促销组合策略，指的是企业根据产品的特点和营销目标，综合各种影响因素，对人员推销、广告促销、营业推广、公关促销、网络营销等各种促销工具进行适当选择、综合使用，以求达成最好促销效果的组合策略。

2. 促销组合的策略

1)人员推销

人员推销是由企业派出或委托推销人员，直接与消费者接触，向目标顾客进行产品介绍、展示和推广，促进销售的沟通活动。

人员推销的特性：①双向沟通信息。推销人员在与顾客的直接接触中，一方面可以向顾客介绍产品及其他有关情况，另一方面可以及时获取顾客的意见和要求。②反应及时。推销人员可根据不同用户的需求和购买动机适时调整自己的推销策略和方法，解答顾客疑问。③培养人际关系。人员推销允许建立各种关系，从注重实际销售的关系到深厚的个人友谊。

④建设一支销售团队需要较长时间和金钱。据统计,在有些行业,一次销售访问的平均成本高达452美元,花在人员销售上的费用比广告费多3倍。

2)广告促销

广告促销是指企业按照一定的预算方式,支付一定数额的费用,通过不同的媒体对产品进行广泛宣传,促进产品销售的传播活动。

广告的特性:①公开展示性。广告是一种高度公开的信息沟通方式,它的公开性促使产品有效传播。②表现力夸大。广告可借用印刷字体、声音、色彩等艺术形式,增强企业产品的吸引力与说服力。③费用较高。尽管有的广告形式如报纸和广播广告可能以较少的预算完成,但电视等其他广告形式则需要大笔的预算。

3)公关促销

公关促销指的是企业通过开展公共关系活动或通过第三方在各种传播媒体上宣传企业形象,促进与内部员工、外部公众的良好关系的沟通活动。

公共关系的特性:①高度可信性。由于公关活动通常是借助第三方对企业或产品进行有利报道或展示,故其可信性比广告要高得多。②能消除防卫心理。公共关系是以一种含蓄的、不直接触及商业利益的方式进行信息沟通,可以消除潜在顾客的回避、防卫心理。

4)营业推广

营业推广是指企业为刺激消费者购买,由一系列具有短期诱导性的营业方法组成的沟通活动。

营业推广的特性:①迅速召唤性。营业推广能在短时间内迅速吸引顾客注意,把他们注意力引向产品。②强烈刺激性。通过采取某些让步、诱导或赠送的办法给顾客以某些好处,刺激顾客购买产品。③影响期较短。不适于形成产品的长期品牌偏好。

5)网络营销

网络营销是企业整体营销战略的一个组成部分,是为实现企业总体经营目标所进行的,以互联网为基本手段营造网上经营环境的各种活动。

网络营销的特性:①以客户为中心,以网络为导向。②网络营销的职能包括网站推广、网络品牌、信息发布、在线调研、顾客关系、顾客服务、销售渠道、销售促进等八个方面。

各种促销工具的优缺点如表8-1所示。

表8-1 促销工具比较

促销工具	优点	缺点
人员推销	覆盖面广,形象生动,节约人力	传播单向,直接购买的激发力不强
广告促销	吸引力大	费用高,易让消费者怀疑产品品质
公关促销	交流直接,对消费者了解深入,促销及时	费用大
营业推广	易取得消费者信赖	见效不明显
网络营销	职能多样,覆盖面广	消费者不易辨别真伪

3. 影响促销组合的因素

1)促销目标

确定最佳促销组合,需要考虑促销目标。使用相同的促销工具在不同的促销目标上所需要的成本是不同的。在提高企业知名度和声望方面,广告促销和公关促销远远超过人员推销;在促进顾客对企业及产品的了解方面,广告促销和人员推销的成本效益比最佳;在促销订货方面,人员推销的成本效益比最佳,营业推广则起协调辅助作用。

2)产品因素

(1)产品特点。

不同性质的产品,购买者和购买目的不相同,因此,对不同性质的产品必须采用不同的促销组合和促销策略。一般来说,在消费者市场,因市场范围广而更多地采用广告的方式;在生产者市场,因购买者购买批量较大,市场相对集中,则以人员推销为主要形式。

(2)产品生命周期。

在产品生命周期的不同阶段,促销组合的策略应有所不同。一般来说,在导入期应做好介绍性广告,并要派出推销员说服中间商进货;在成长期仍要以广告为主;在成熟期应重点使用广告,同时辅以促销手段;在衰退期,应重点利用促销手段,并适当做些广告宣传。在整个生命周期内,都要搞好公共关系工作。

(3)市场条件。

促销组合首先必须考虑企业的目标市场条件,其主要内容有目标市场范围、市场上顾客的需要、顾客的购买动机及购买频率等。一般来说,在企业的目标市场比较集中、顾客的需要为选择性需要、购买动机是理智的、购买频率比较低的情况下,宜采用人员推销为主、其他促销手段为辅的促销组合形式;在企业目标市场范围大且比较分散、顾客需要为基本需要、购买动机是感性的、购买频率比较高的情况下,适宜采用广告宣传为主、其他促销手段为辅的促销组合形式。当然,这两种促销组合形式与企业的产品类型密切相关。

(4)促销组合成本。

企业开展促销活动,必然要支付一定的费用。在满足促销目标的前提下,要做到效果好且成本低。企业确定的促销组合成本预算应该是企业有能力负担的,并且是能够适应竞争需要的,除此之外还应考虑两个主要问题:一是促销预算费用;二是预算费用在各促销手段中如何分配。也就是说,综合分析各种促销方式的费用与效益,以尽可能低的促销费用取得尽可能高的促销效益。促销方式不同,费用会有很大的差异。在预算费用小的情况下,企业往往很难制定出满意的促销组合策略。然而,最佳促销组合并不一定费用最高。企业应全面衡量、综合比较,使促销费用发挥出最大效用。

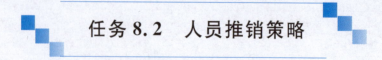

任务8.2 人员推销策略

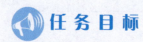

任务目标

【素质目标】

1.具有诚信品质、责任意识、团队合作精神。

2.具有沟通协作的团队意识。

3. 具有一定的审美和人文素养。

【知识目标】

1. 了解人员推销的含义、形式和优缺点。
2. 了解人员推销的过程。
3. 掌握人员推销的技巧。

【能力目标】

1. 能够根据人员推销的优缺点合理运用人员推销方式。
2. 能够运用人员推销的技巧。

案例导入

乔·吉拉德，因售出 13000 多辆汽车创造了汽车销售最高纪录而被载入吉尼斯大全。他曾经连续 15 年成为世界上售出新汽车最多的人，其中 6 年平均每年售出汽车 1300 辆。

销售是需要智慧和策略的事业。在每位推销员的背后，都有自己独特的成功诀窍。乔·吉拉德特别善于推销产品的味道。与"请勿触摸"的做法不同，乔在和顾客接触时总是想方设法让顾客先"闻一闻"新车的味道。他让顾客坐进驾驶室，握住方向盘，自己触摸操作一番。如果顾客住在附近，乔还会建议他把车开回家，让他在自己的太太、孩子和领导面前炫耀一番，顾客会很快地被新车的"味道"陶醉了。根据乔本人的经验，凡是坐进驾驶室把车开上一段距离的顾客，没有不买他的车的。即使当时不买，不久后也会来买。新车的"味道"已深深地烙印在他们的脑海中，使他们难以忘怀。乔认为，人们都喜欢自己来尝试、接触、操作，人们都有好奇心。不论你推销的是什么，都要想方设法展示你的商品，而且要记住，让顾客亲身参与。如果你能吸引住他们的感官，那么你就能掌握住他们的感情了。

资料来源：ttps://wenku.baidu.com/view/9e65201f51ea551810a6f524ccbff121dd36c5dd.html。

人员推销是企业运用推销人员直接向顾客推销商品或劳务的一种促销活动。这种方法尽管古老但效果却十分显著，在现代市场中仍然有其他方式无法取代的优势，是现代企业开拓市场不可缺少的重要工具。

8.2.1 人员推销概述

1. 人员推销的含义

人员推销是指企业的推销人员用谈话的方式，直接向可能购买产品的顾客进行介绍、说服以及解答工作，促使顾客了解、偏爱本企业的产品，进而采取购买行动的一种促销方式。人员推销是一种最古老的销售方法，有着其他促销方式不可替代的作用，具体表现为：①开拓和扩展市场。推销人员不仅要与现在的顾客保持联系，更重要的是寻找潜在的顾客，扩大市场。②向顾客传递产品的信息。③说服顾客购买。通过与顾客直接联系,运用推销艺术,分析解答顾客的疑虑,以促成交易行为。④为顾客提供各种服务,如咨询、技术服务等。⑤反馈市场信息。从事市场研究和情报搜集工作,向企业提出定期报告。⑥协调供需双方的利益关系。

2. 人员推销的形式

1) 上门推销

上门推销是由推销员携带样品、说明书和订货单等上门走访顾客,推销商品。

2) 柜台推销

柜台推销又称门市推销,即企业在一地点开设固定营业场所,由营业人员接待进入商店的顾客以销售商品。他们在与顾客的当面接触和交谈中,介绍商品,回答问题,洽谈成交。

3) 会议推销

会议推销是指利用各种会议,如展销会、洽谈会、交易会、订货会、供货会等,宣传和介绍商品,开展销售活动。在各种推销会议上,往往是多家企业同时参加商品销售活动,各企业之间、同行之间接触广泛,影响面大,其推销效果比上门推销和柜台推销要显著。随着商品经济的发展,这种推销形式越来越被大多数企业所采用。

3. 人员推销的工作任务

推销人员的推销任务不仅仅是面对面地向顾客推销产品,还包括更多更复杂的任务。

(1) 寻找顾客,发现需求。

人员推销不仅要提供产品,满足消费者重复购买的要求,更重要的是在市场中寻找机会,挖掘和发现潜在需求,创造新需求,寻找新顾客,开拓新市场。

(2) 传递信息,收集资料。

推销人员是通过传递信息来推销商品的,即推销员及时地将企业的产品和服务信息传递给顾客,为顾客提供资料,引起顾客的购买欲望,做出相应的购买决策。企业所需的营销信息,很大一部分源于顾客。推销人员活跃于企业和顾客之间,在推销商品的过程中,应进行调查研究,与顾客保持经常联系,了解他们的现实和潜在需求,并及时反馈给企业,为企业改进营销措施、进行营销决策提供依据。

(3) 推销商品,提供服务。

推销人员通过与消费者的直接接触,运用销售技巧,根据不同情况向他们提供优惠和服务,从物质和精神上满足对方的需求,诱导其实现购买行为;在推销中积极主动地为顾客提供售前、售中、售后服务,及时解决顾客在购买和使用商品过程中出现的问题,维护顾客利益。

8.2.2 人员推销的程序

一般来说,推销人员推销商品包括六个程序:寻找顾客、研究顾客、接近顾客、展示产品、完成销售、跟踪服务。

1. 寻找顾客

寻找顾客是人员推销的首要环节,即寻找既能对某种推销的商品产生购买欲,又有购买力的个人或组织。潜在顾客的寻找途径很多,诸如现有顾客介绍、其他销售人员介绍、朋友介绍、从报刊和企业目录中查找等。

2. 研究顾客

在确定目标顾客后,推销人员应对他们的有关资料进行收集,包括需求状况、收入水平、消费习惯、消费方式等,由此制定推销方案。

3. 接近顾客

一般来说,人们都不大欢迎推销人员来访。为了接近目标顾客,推销人员可采取以下方法:①产品接近法,即推销人员直接利用推销的产品引起顾客注意,这适用于有吸引力、轻巧、质地优良的产品。②利益接近法,即利用给予的实惠引起顾客注意和兴趣。③问题接近法,即从目标顾客感兴趣的问题入手打开话题,根据顾客的反应逐步引入关于产品的话题。④馈赠接近法,即推销人员利用赠品引起顾客注意和兴趣,然后可以进入面谈并进行产品的展示。

4. 展示产品

展示产品是人员推销过程的关键性环节。在这个过程中,推销人员经常会遇到顾客各种各样的异议,包括需求异议、购买力异议、决策权异议、产品异议、价格异议等。在这种情况下,推销人员必须遵循一条黄金法则,即不与顾客争吵,了解异议产生的原因,对症下药。

5. 完成销售

这是前一段工作的最终目的。当顾客的各种异议解决后,推销人员要注意把握顾客的购买意向,及时促成交易。

6. 跟踪服务

"真正的销售始于售后"。产品售出后,并不意味着整个推销过程的终止。跟踪售后服务能加深顾客对企业和商品的依赖,促使重复购买。同时也可获得各种反馈信息,为企业决策提供依据,也为推销人员积累经验,从而为开展新的推销提供广泛的、有效的途径。

8.2.3 人员推销技巧

1. 约见顾客的技巧

首先,要做好约见前的准备,包括心理、语言、资料、实物等方面的准备;其次,精心选择约见的时间、地点、场所和环境,并选择以下约见的方式:信函、委托、直接约见;最后,通过约见,为正式洽谈打下基础。

2. 接近潜在顾客的技巧

接近潜在的顾客,即推销人员与顾客正式就商品交易接触见面的过程,需注意以下几点:首先,应尽可能了解被接近对象的心理特征。常见的个性心理特征有外露型、随和型、保守型、暴躁型等。其次,讲究接近顾客的方法。通常的方法有自我介绍接近法、聊天式接近法、建议赞美接近法、广告赠物法、表演接近法、关系交际接近法、印象先导接近法。最后,运用各种接近方法时,要注意观察对方的情绪,根据对方情绪的变化调整接近的方法。

3. 交谈的技巧

注意自己的仪表和服饰打扮,给客户留下一个良好的印象。言行举止文明礼貌,做到稳重而不呆板、活泼而不轻浮、谦逊而不自卑、直率而不鲁莽、敏捷而不冒失。开始洽谈时,推销人员应自然适时地把谈话转入正题,可采取以关心、请教、炫耀、探讨等方式入题,顺利地提出洽谈的内容,以引起顾客的注意和兴趣。在洽谈过程中,推销人员应谦虚慎言,注意让客户多说话,认真倾听,表示关注与兴趣,并做出积极的反应。遇到疑问时,耐心说服,排除疑虑,争取推销成功。语言要客观、全面,既要说明优点所在,也要如实反映缺点。洽谈成功后,推销人员切忌匆忙离去,让对方误以为上当受骗了,从而反悔违约,应该用友好的态度祝贺客户做了笔好生意,并指导对方注意合约中的重要细节和其他一些注意事项。

8.2.4 推销人员的管理

1. 推销人员的选拔与培训

1)推销人员的选拔

选拔优秀的推销人员应该从以下几点考量:知识面广,有一定的业务知识,文明经商,有进取心,反应灵敏,吃苦耐劳。

2)推销人员的培训

目光长远的企业在确定了推销人员后,都会对他们进行认真的业务培训,并为了让其适应市场变化的需要定期组织培训。实践证明,训练有素的推销人员的销售业绩比培训成本大得多。对推销人员的培训内容包括企业知识、产品知识、市场知识和推销技巧等方面。培训方式可以是专题讲座、模拟演示,也可以是一帮一训练。

2. 推销人员的激励与考核

1)企业的激励方法

推销人员的工作是富有创造性和挑战性的,如果没有合适的报酬与激励机制,推销人员的潜力就很难完全发挥。推销人员计酬方法的选择,一方面要能够促进推销人员奋发向上,另一方面也要有利于企业对推销人员的管理。目前,推销人员的报酬有四种形式。①纯薪金制。推销人员按月领取固定工资,适用于非推销工作占很大比重的情况。这种形式的优点是便于管理,给推销人员以安全感,情况发生变化时,容易根据企业需要调整推销人员的工作。缺点是激励作用差,推销人员动力不足,容易导致效率低下,难以留下优秀的推销人员。②纯佣金制。推销人员按销售额或利润额的一定比例获得佣金。佣金制可最大限度地调动推销人员的工作积极性,形成竞争机制。企业可以根据不同产品、工作性质给予推销人员不同的佣金。缺点是管理费用高,容易造成推销人员短期行为,忽视各种销售服务和企业长期利益,破坏了客户关系。③薪金加佣金制。此形式将薪金制和佣金制结合起来,力图避免两者的缺点且兼有两者的优点,因而,目前在企业中使用较多。但对于薪金与佣金两者比例关系的确定,对使用这种办法是否成功关系很大。薪金的标准一般以能够维持推销人员的基本生活为基础,而佣金的数量则直接根据推销人员的业绩决定。④薪金加奖金加津贴加福利制。奖金是企业对推销人员工作的肯定,根据具体销售情况来奖励业绩优异的推销人员。津贴是偿还推销人员与工作有关的费用,使推销人员能从事必要的有效推销。福利包括带薪休假、疾病或意外事件福利、养老金和人寿保险,其目的是提供对职业的满意度和安全感。调查资料显示,目前约 70% 的企业采取这种混合制,平均比例大约由 60% 的薪金和 40% 的奖金组成。对推销人员的激励除了收入外,还应根据推销人员完成的业绩及个人能力,制定其他激励措施,如通过环境激励、目标激励、精神激励等方式来提高推销人员的积极性。

2)全面的考核评估

对于推销人员的激励要建立在对其工作成绩做出正确评价的基础上,因此,需要建立有效的评价标准,包括销售量、销售毛利、销售费用率、访问成功率、顾客投诉次数等。此外,还需要结合推销人员的记事卡、销售工作报告、顾客的评价,以及企业内部员工的评价,综合评估推销人员的工作绩效,并给以相应的报酬。

8.2.5 推销方格理论

推销方格理论是由布莱克与蒙顿教授提出的。他们根据推销人员在推销过程中对买卖成败及与顾客的沟通重视程度之间的差别,将推销人员在推销中对待顾客与销售活动的心态划分为不同类型。将这些划分表现在平面直角坐标系中,即形成了推销方格,如图8-1所示。推销方格显示了由于推销人员对顾客与销售不同的关心程度而形成的不同的心理状态。推销方格中横坐标表明推销人员对销售的关心程度,纵坐标表示对顾客的关心程度。坐标值越大,表示关心程度越高。图8-1中各个交点代表着不同的推销心态,侧重标明了具有代表性的5种基本心态。

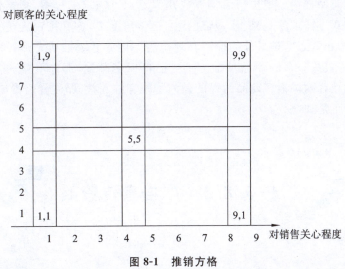

图8-1 推销方格

1. 事不关己型(1,1)

事不关己型推销人员对推销成功与否及顾客感受的关心程度都是最低的。事不关己型的推销员对本职工作缺乏责任心。究其原因,也许是主观上不愿做推销工作,当一天和尚撞一天钟;也许是客观上对工作不满意。

2. 强行推销型(9,1)

强行推销型推销人员认为:既然由我负责这一顾客,并向其硬性推销,我便应施加压力,迫使其购买。因此,他们为提高推销业绩不惜采用多种手段,全然不顾顾客的心理状态和利益。强行推销是产生于第一次世界大战之后美国的一种推销方式,推销员与顾客被形象地比喻为拳击台上的两个选手,推销员要坚决把顾客打倒。强行推销不但损害了顾客的利益,而且损害了企业的市场形象和产品信誉,导致企业的经济利益受损,最终对推销活动和推销人员产生极坏的影响,影响了推销行业的发展。在此之后,强行推销被温和推销所代替。企业界和学术界达成共识:对顾客无益的交易也必然有损于推销人员。

3. 顾客导向型(1,9)

顾客导向型推销员认为:我是顾客之友,我想了解他并对其感受和兴趣做出反应,这样他会喜欢我,这种私人感情可促使他购买我的产品。这种推销员可能是不错的人际关系专家,因为他们始终把与顾客处好关系放在第一位,但并不是成熟的推销人员。因为在很多情况下,对顾客的百依百顺并不能换来交易的达成,这其实是强行推销的另一种表现。现代推销要求把顾客的利益和需要放在第一位,不是把顾客的感受摆在首位。

4. 推销技术导向型(5,5)

推销技术导向型推销人员既关心推销效果,也关心顾客。他们往往有一套行之有效的推销战术,注重揣摩顾客的心理,并善加利用这种心理促成交易。他们可以凭经验和推销技术诱使顾客购买一些实际上并不需要的东西,因此,他们可能会有极佳的推销业绩。但这类推销人员仍然不是理想的推销人员。他们放在首位的是顾客的购买心理,而不是顾客的利益需要。他们需要进一步学习,以成为一名成功的推销专家。

5. 解决问题导向型(9,9)

解决问题导向型推销员把推销活动看成是满足双方需求的过程,把推销的成功建立在推销人员与顾客双方需求的基础上。从现代推销学角度讲,这种推销人员是最理想的推销专家,这种推销的心理态度是最佳的推销心理态度。世界超级推销大师齐格·齐格勒说:"假如你鼓励顾客去买很多的商品只是为了自己可以多赚钱,那你就是一个沿街叫卖的小贩。假如你鼓励顾客购买很多商品的目的是为了顾客的利益,那你就是推销的'行家',同时你也得益。"事实正是如此。

任务8.3 广告宣传策略

任务目标

【素质目标】
1. 具有诚信品质、责任意识、团队合作精神。
2. 具有沟通协作的团队意识。
3. 具有一定的审美和人文素养。
4. 具有探索实践的创新能力。

【知识目标】
1. 了解广告的含义、特点及作用。
2. 熟悉广告媒体的选择。
3. 了解广告预算。
4. 掌握广告设计的方法。

【能力目标】
1. 能够掌握广告设计的方法。
2. 能够根据不同的产品选择合适的广告媒体。

项目八 制定促销策略

案例导入

"乳业双雄"的广告营销

近几年,乳业双雄冠名了数十个综艺节目,其代言人几乎承包半个娱乐圈,身边只要有流量的地方,几乎都能看到他们的身影。有网友戏称,在五花八门、迭代迅速的综艺节目中,可谓是"铁打的伊利蒙牛,流水的综艺。"

在品牌推广方面,伊利和蒙牛表现出强烈的侵略性。即便是疫情影响下,伊利和蒙牛的广告投入依然强势。2020年,蒙牛在广告及宣传费用方面下降20%至68亿元,伊利在广告及宣传费用方面微降0.39%至110亿元,两家公司2020年累计在广告营销方面投入达178亿。

在各种花式广告的轰炸下,效果也是立竿见影。2005年,蒙牛酸酸乳以1400万元赞助"超级女声",创造了20亿元的销售神话,并被成功写入商业案例。之后,国内综艺选秀节目越来越火,但金钱的味道也越来越浓。在重金投入下,伊利和蒙牛在过去十几年里打造了诸多爆品:以安慕希为例,通过《奔跑吧兄弟》《中国好声音》等综艺节目的密集品牌投放,伊利在极短时间内超越诸多爆品。截止2020年底,伊利拥有20余个全国知名品牌,其中,4个品牌年销在百亿以上(伊利纯牛奶、安慕希、金典、优酸乳),10个品牌(畅意100%、谷粒多、味可滋、巧乐兹、金领冠等)年销售收入在十亿以上。在常温品类,蒙牛也通过《创造营》《全员加速》《向往的生活》等热门综艺节目,培育了纯甄和特仑苏两个百亿单品(预估:纯甄营收超132亿,特仑苏营收约197亿)。

如果仔细观察会发现,纯甄、安慕希、金典、特仑苏、优酸乳、酸酸乳正是过去20年乳业双雄通过广告营销效果的呈现。

原来我们喝的不是牛奶,是广告啊!

资料来源:https://wenku.baidu.com/view/fef6bed94593daef5ef7ba0d4a7302768e996fd7.html。

促销策略是企业市场营销组合策略中的重要组成部分,广告策略又是促销策略的重要分支,它对企业经营的成败有至关重要的作用。合理的广告策略不仅要符合企业的经营实质,还应以消费者为中心,根据消费者的需求特点、文化特点及风俗习惯等来制定,同时还必须符合有关法律法规及道德标准,兼顾消费者、社会及企业三者的利益。

广告运用

8.3.1 广告的含义

广告是由一个特定的主办人(广告主),以付费方式进行的构思、产品和服务的非人员展示和沟通活动。该定义包含以下要点:①非人员,广告不是人与人之间面对面地对构思、产品和服务进行介绍;②有明确的广告主,必须由特定的组织或个人进行;③必须支付一定的费用。广义的广告是凡能唤起人们注意、告知某项事物、传播某种信息、宣传某种观点或见解的,如政府公告、宗教布告、公共利益宣传、教育通告、各种启事、标语、口号、声明等,都称为广告。它既包括经济广告(商业广告),又包括非经济广告。因此,广告可概括为"有目的地唤起人们注意或影响观念的特殊信息传播方式"。狭义的广告指经济广告,是广告主体有目的地通过各种可控制的有效大众传播媒体,旨在促进商品销售和劳务提供的付费宣传。

8.3.2 广告的特点、作用

1. 广告的特点

1)以信息传递为主要手段

营销广告的基本功能是通过信息沟通生产者、销售者与消费者之间的联系。由于传播媒体能大量地复制信息并广泛地进行传播,所以广告的信息覆盖面相当大,可以使企业及其产品在短期内迅速扩大影响。对于当今处在互联网时代的企业来说,谁能够通过广告更多地吸引顾客的注意力,谁就能够在市场上争取主动。

2)以劝说为诱导方式

广告是一种诱导性的劝说行为,广告的最终目的是为了销售产品,但广告并不能强求消费者来购买产品,因此,必须采取相应的方式、策略、手段及技巧来影响、打动顾客。如何才能影响顾客呢?最具体的方法就是劝说,通过劝说使消费者接受广告宣传的产品,产生购买行为。所以,劝说就成为所有广告创意者应当把握的一个基本点,无论是什么广告,"劝说"始终是核心。

3)侧重于长期沟通

广告的促销效果具有滞后性,它并不要求对"唤起购买"有立竿见影的效果,而是注重企业与消费者的长期联系与沟通,促使消费者长期购买和重复购买。雀巢咖啡在20世纪80年代早期,首先以"味道好极了"的朴实口号进行面市介绍,劝说中国人也尝试一下这种"西方味道"。对许多年轻人而言,与其说他们是品尝雀巢咖啡,还不如说是在潜移默化中体验一种渐渐流行的西方文化。"味道好极了"的运动持续了很多年,尽管其间广告片的创意翻新过很多次,但口号一直未变。它成了20世纪80年代被许多人津津乐道的经典广告。

2. 广告的作用

商品流通由三部分组成,即商品交易流通、商品货物流通和商品信息流通。信息流是开拓市场的先锋,它的实现依赖于传播,而在众多的传播渠道中最主要的就是广告。在市场经济条件下,广告是非常必要的,它对消费者从知晓到购买所起的作用是很大的。具体而言,广告的作用可从以下两个方面分析。

1)从消费者角度看

广告是以信息方式沟通社会需求和企业生产经营的中介环节,它对消费者的心理和行为产生有三个层次的影响:满足现存的需求,激发潜在的需求,创造全新的需求。

2)从企业的角度看

广告是提高市场占有率、增强竞争力的有效手段。企业要生存,就必须有一定的市场占有率,而广告有利于提高企业产品的市场占有率。随着产品趋于标准化和规范化,要提高占有率就必须形成与竞争者有差异性的产品,广告定位中的差别化策略就有助于增强企业的竞争力。所以,从企业的角度看,广告的作用是有助于消费者建立品牌偏好,并最终导致购买行为;吸引消费者的注意,以尽可能少的投入获得尽可能大的产出;营造良好的企业文化。

8.3.3 广告媒体及其选择

1. 广告媒体

广告媒体是广告主向广告对象传递信息的载体,其种类繁多,不同的媒体传递信息的时间与范围不同,效果也各异。根据媒体对广告进行分类是最常见的广告分类方法。依据此标准广告可分为印刷媒体广告、电子媒体广告和其他媒体广告三类。

2. 媒体选择

选择广告媒体主要从以下五个方面考虑:第一,产品因素。如果是技术性复杂的机械产品,宜用样本广告,它可以较详细地说明产品性能,或用实物表演,增加用户的真实感;一般消费品可用视听广告媒体。第二,消费者媒体习惯。如针对工程技术人员的广告,应选择专业性杂志为媒体,推销玩具和化妆品等最好的媒体是电视。第三,销售范围。广告宣传的范围要和商品推销的范围一致。第四,广告媒体的知名度和影响力。它包括发行商信誉、频率和散布地区等。第五,广告主的经济承受能力。

8.3.4 广告促销方案的制定

广告促销方案一般包括五个主要步骤。

1. 确定广告目标

广告目标是企业通过广告活动要达到的目的,其实质就是要在特定的时间对特定的受众(包括听众、观众和读者)完成特定内容的信息沟通任务。根据广告目标的特点,广告目标可分为告知性广告、说服性广告和提醒性广告三大类。

(1)告知性广告。主要用于新产品投入阶段,旨在向市场推荐新产品,介绍新产品的用途,建立基本需求。

(2)说服性广告。由于产品在成长阶段的市场竞争激烈,企业的目标为建立对其品牌的选择性需求。因此,该阶段的广告目标是所谓的"说服",即通过将产品进行比较,达到促进某种品牌的产品销售目的。

(3)提醒性广告。在产品成熟阶段,提醒性广告很重要,它使消费者一直记住该产品。电视上耗资巨大的可口可乐广告的目的是提醒人们不要忘记可口可乐,而不是告知或劝说他们。这类广告不直接进行有关新产品的特性方面的信息沟通活动,而是以企业精神、理念、社会责任、统一的识别系统与行为规范来展示企业的风貌,培养顾客对企业有利的信念与态度。这种以提升企业形象为目标,以企业自身为内容的广告类型,是企业形象识别系统的一个重要组成部分,也是一种越来越被广泛采用的广告类型。

2. 确定广告预算

决定广告目标之后,企业的下一步就是要为每个产品编制广告预算。广告可以有很多的目标,但任何目标、实现均受制于预算。

1)制定广告预算时要考虑的五个特定因素

(1)产品生命周期阶段。一个品牌的广告预算常常要看其处在产品生命周期的什么阶段。例如,新产品通常需要较高的广告预算,以建立知名度并得到消费者的试用,而成熟品牌通常需要相对较低的广告预算。

(2)市场份额和消费者基础。市场份额高的品牌,只求维持其市场份额,因此其广告预算在销售额中所占的百分比通常较低;而要通过增加市场销售来提高市场份额,则需要大量的广告费用。如果根据单位效应成本来计算,打动使用广泛品牌的消费者比打动使用低市场份额品牌的消费者花费的广告费要少。

(3)竞争与干扰。当产品与竞争者的产品差别很大时,广告可以用于向消费者指出这些差异。在一个有很多竞争者和广告开支很大的市场上,一种品牌必须加大宣传力度,以便提高市场知名度。对于那些无差异化品牌,即与同一产品类别中的其他品牌极为相似(如啤酒、软饮料、洗涤剂),可能也需要高额的广告费用使自己与众不同。即使市场上一般的广告干扰声不是直接对该品牌竞争,也有必要大做广告。

(4)广告频率。指品牌信息传达到顾客所需的重复次数,对决定广告预算有重要的影响。

(5)产品的差异性。在同一商品种类中的各种品牌(如香烟、啤酒、软饮料)需要做大量广告,以树立有差别的形象。如果品牌可提供独特的物质利益或特色,广告也有重要的作用。

2)制定广告预算的一般方法

(1)量力而行法。企业确定广告预算的依据在于企业的负担能力,也就是企业在分配完其他市场营销活动的经费之后,再将剩余经费供给广告使用。这种方法倾向于将广告放在费用优先次序的最后一项,即使在广告对企业成功非常关键的时候也是如此,从而导致每年广告预算不定,使得长期的市场规划困难。

(2)销售百分比法。这是以广告与销售额或利润的关系确定预算的方法,即企业以过去的经验为基础,按计划销售额或销售利润,定出一定的百分比,来确定广告费用的支出额。这种方法的缺陷是将广告与销售额的关系倒因为果,将广告费看成是一项固定支出,而不是争取市场机会的弹性支出,且方法呆板。当竞争激烈而引起销售额下降时,客观上应支出更多的广告费,而这一固定经费则会使广告费变得更少。而当销售增长过快时,广告费又可能太多,造成不必要的浪费。销售百分比法有一定的好处,它使用简单,能促使管理者考虑促销费用、售价和单位利润之间的关系。不过,尽管销售百分比法有这些所谓的优点,但事实是很难证明这种方法的正确性。它错误地将销售额看作是促销的原因,而非促销的结果。

(3)竞争平衡法。是指企业根据竞争对手的广告开支来决定本企业广告开支的多少,以保持竞争上的优势。这造成企业与竞争对手旗鼓相当、势均力敌的对等局面。要采用这种方法必须满足三个条件:一是企业能获悉竞争对手广告预算的确切信息;二是竞争对手的预算具有整个行业代表性;三是维持竞争平衡可避免各企业间的广告战。然而,上述条件是很难具备的。因为,没有理由相信竞争对手会对广告的预算有更好的观点,没有证据显示根据竞争平衡法制定的预算能避免促销大战。

(4)目标任务法。是指根据完成广告目标所必须完成的工作任务计算其成本并得出累计数的方法。这个预算方法必须做到:一是明确制定的促销目标;二是确定达到这些目标所需执行的任务;三是预计完成这些任务的成本。这些成本的总和就是建议的促销预算。目标任务法迫使管理者说明所花的费用与促销结果之间的关系,但这种方法也是最难实施的,通常很难策划出哪一个任务会完成哪一项特定目标。

3. 广告设计

确定了广告目标与广告预算,接下来的步骤便是进行广告设计。广告设计是把既定的广告目标要求转换成原稿和图像的工作,其内容包括确定广告主题和传递的广告内容,表现主题的创意等,这实际上是规划向受众"说什么"以及"怎样说"的策略问题。

确定广告主题与内容：

(1)这是要解决在广告中"说什么"的问题。一般来说，确定广告主题与内容应从多角度进行综合分析，主要应从两方面加以考虑。

①使消费者了解商品效用。这是让消费者了解商品的优点、特点及利益的过程。分析商品的优点及特点，可从商品的原材料、制造过程、使用价值、价格等方面进行；分析商品的利益，就要站在消费者角度将产品整体概念中的核心利益准确、完整地展现出来。总之，对商品进行分析，是要把商品中最具特色的东西找出来，并以此作为广告主题。

在分析消费者需要的基础上，通过具体满足物来满足欲望，便能创造出对特定品牌的需求。要做到这一点，需对消费者的需要进行分析，诸如生活方式、心理特征、购买行为、对各类品牌的态度与评价等。

②通过分析品牌形象与企业形象增加消费者信心。分析品牌形象与企业形象是站在消费者角度探讨品牌形象、企业形象与消费者选择商品行为之间的关系。在 CI 理论中，"形象"被解释为消费者对事物的总体评价。这种总体评价实际上反映的是消费者信念与态度，它可能是正面的也可能是负面的。如果这种形象是有利的，则会促进品牌的传播和企业发展，否则便会影响品牌的传播和企业的发展。

(2)制定广告表现策略。

在表现广告主题与内容时，有多种策略可供选择：

①USP 策略。USP 是"unique selling proposition strategy"的缩写，这种策略强调以"独特"(unique)来推销产品最为有效。所谓"独特"含有两层意思：一是商品具有特点或利益，是竞争对手的产品所不具备的；二是产品特点或利益在竞争对手的广告中未曾表现过。采用 USP 策略，即是力图从这层意思上，寻找"独特"，强调产品与广告差异，表现"人无我有"的唯一性。

②广告生命周期策略。这是运用产品生命周期理论，根据产品所处的不同生命周期阶段的特点以及企业的目标、战略、市场竞争状况、消费者心理等来制定的广告策略。

③品牌形象策略。该策略是由美国奥美广告公司的奥格威先生提出的，他认为，对于那些相互之间差异很小的产品(如香烟、啤酒等)而言，难以在广告策略上采用"USP"法则以及其他建立在产品差异基础上的广告策略，这就存在一个广告表现策略上的表现转化问题。如何转化，奥格威先生认为通过将产品差异的表现，转化为对品牌形象的表现，就能很好地解决这一转化问题，这便产生了品牌形象策略。采用这一策略，是要通过树立品牌形象，培植产品威望，使消费者保持对品牌长期的认同和好感，从而使广告产品品牌得以在众多竞争品牌中确立优越地位。因此，采用品牌策略必须以对商品和企业形象的分析为基础，并且品牌形象的延伸和推广也必须与企业形象相符。

④商品定位策略。该策略是对"在消费者心中定位""消费者需求"以及"产品特性"综合考虑形成的概念。它不但包括前述 USP 和品牌形象策略，同时还超越了这两种策略。采用商品定位策略，可根据企业面临的具体市场特性及消费者心理特征采用以下方法：a.树立"领导者"地位。研究表明，最先进入市场的品牌，往往具有较多的优势。这种第一品牌的市场占有率，通常比第二品牌的市场占有率要高一倍，这正是许多企业都竭力使自己的产品品牌成为第一品牌的原因。b.跟进者的定位。如果一个市场已有"领导者"，就使后来的企业处在"跟进者"的地位。在大多数市场中的多数企业都处在跟进者的地位。对于跟进者来说，要想在市场中有立足之地，则需重新寻找市场上的"空白点"。跟进者寻找与领导者不同

的位置,就是要找这些"空白点",并据此进行自己的产品与广告定位。这种重新寻找的位置或定位,便被称为"跟进者定位"。c.重建新秩序的定位策略。一个企业要在市场上寻求自身的地位,在某些情形之下,需将竞争者已在人们心理上占据的位置重新定位,创造一个新的定位秩序,因此,企业需先将业已存在的秩序打破,旧的秩序打破之时便是新的定位秩序重建之时。d.系列化策略。即在一定的时期内,广告者连续不断地推出一系列内容相关联、风格统一的广告,以保证广告的单纯、清晰,增强人们对广告的识别和记忆,提高产品与企业的形象。

4. 选择广告媒体

广告媒体是指广告信息的传播途径。研究各类广告媒体,旨在协助广告的宣传,扩大产品的销售。如果广告媒体的选择出现失误,则会造成广告费用的巨大损失以及广告活动的无效。在这种情形下,了解广告媒体的主要类型及特点,对于恰当地选择广告媒体,进行有效的信息传递活动是十分必要的。

1)广告媒体的主要类型

(1)报纸媒体。报纸是常采用的一种广告媒体。其特点是:传播范围广、覆盖率高、读者稳定、传播及时、能详细说明、传播量大;读者看广告的时间不受限制、广告刊出的日程选择自由度大、费用较低。其局限性是:时效短、注目率低、庞杂的内容易分散读者的注意力、印刷不精美、广告表现能力有限。

(2)杂志媒体。其特点是:读者稳定,容易辨认;可利用专业刊物在读者中的声望加强广告效果;传播时期长,可以保存;能传播大量信息;可以运用色彩,图文并茂;有辗转传播的效果。其局限性是:受定期发行的限制,广告难以适时;注目率较低;传播范围较小;制作时间较长,灵活性较差。

(3)新媒体。新媒体是广告媒体中最灵活的一种媒体。其特点是:受众广泛;迅速及时;更改广告内容容易;可多次播放;制作简便,费用低廉。其局限性是:传递的信息量有限;印象不深,遗忘率高;难以把握接收率。

(4)电视媒体。电视是广告信息传播影响力最大的媒体之一。其特点是:形声合一,形象生动;能综合利用各种艺术形式,表现力强,吸引力大;覆盖面大;注目率高;能触及到没有能力或不愿意看报纸、杂志的观众。其局限性是:费用昂贵,时效短。

(5)POP广告即point of purchase advertising,是一种新兴的广告媒体。广告内容十分广泛、丰富,几乎涵盖了所有的广告手段。售点的所有地方,都可以成为广告宣传的场所和媒体,如建筑物、店名、彩带、锦旗、霓虹灯、招贴、海报、录像、产品陈列、广播、产品宣传小册子和电动广告装置。其特点是:能渲染气氛;增加识别;诱发购买。因此,它是当今零售业普遍采用的广告形式。

(6)户外广告。设在户外的广告物,是一种地区性的广告媒体,可分为交通广告、招贴广告、路牌、壁画广告、霓虹灯广告和活动模型。设在繁华的商业区,让来往的行人随时都能看到,以此引起注意,产生影响,形成购买的潜意识。这种广告有一定的感染力,能被大多数人所接受,它对提高企业和产品的知名度能起积极的促进作用。其局限性是:受空间、地理位置的限制,有些户外广告制作的成本较高。

2)广告媒体的选择

广告媒体的选择取决于广告的目的、预算和预期广告受众等多种因素。广告媒体的选择要充分考虑各种因素,力求扬长避短,以最少的费用,获得最佳的促销效益。

(1)确定范围、频率和效果。在选择媒体时,广告客户必须先确定达到广告目标所需要的范围和频率。所谓范围,是指企业必须决定在一定时间内使多少人接触到广告;所谓频率,是指企业必须决定在一定时间内,平均使每人接触多少次广告;所谓效果,是指企业决定广告显露的效果。例如,广告客户希望在前三个月的宣传活动中能接触到70%的目标市场。广告客户要求的范围、频率和效果越大,广告预算会越高。

(2)媒体种类的选择。为了实现广告的接触度、频率和效果等目标,选择最适当的媒体必须考虑以下因素:

①目标用户的爱好,比如对年轻人来讲,广播和电视广告最有效。

②产品种类,如服装广告,选择彩色印刷的杂志广告最具吸引力。

③广告内容,如对于复杂的技术内容在广播、电视中都难以说明,而选择专业杂志或商业信函则比较有效。

④成本费用:不同的媒体费用差异很大。

(3)广告时机的选择。许多产品的销售都有旺淡季之分,在销售旺季时应加大广告的宣传力度。此外,对广播、电视广告来说,每天的播放时间不同、效果不同,费用也不同,对此也要做出选择。

5. 广告效果的评估

广告效果的评估就是指运用科学的方法来鉴定所做广告的效益。广告效果有狭义和广义之分。狭义的广告效果是指广告所获得的经济效益,即广告传播促进产品销售的增加程度,也是广告带来的销售效果。广义的广告效果则是指广告活动目的的实现程度,广告信息在传播过程中所引起的直接或间接的变化的总和。这包括三个方面:一是广告的经济效益,指广告促进商品或服务销售的程度和企业的产值、利税等经济指标增长的程度;二是广告的心理效益,指消费者对所做广告的心理认同程度和购买意向、购买频率;三是广告的社会效益,指广告是否符合社会公德,是否寓教于销。

任务8.4 公共关系促销策略

【素质目标】

1. 具有沟通协作的团队意识。
2. 具有探索实践的创新能力。
3. 具有灵活的应变能力。

【知识目标】

1. 了解公共关系的含义、职能。
2. 了解公共关系促销策略的原则和实施步骤。

3.掌握公共关系促销策略的方法。

【能力目标】

能够灵活运用公共关系促销策略的方法。

案例导入

海底捞危机公关

2017年8月,海底捞被爆在北京劲松店、北京太阳宫店发生了食品卫生安全事件。事件曝光后,海底捞"服务神话"形象瞬间崩塌,不少网友表示震惊失望的同时也表示"不会再去了"。事后,海底捞火速发布致歉信,成功逆转舆情。这次"危机公关"更是被视为舆情处理典范。

海底捞连发两条致歉信:

(1)海底捞发布致歉信,回应称媒体报道中披露的问题属实,表示十分抱歉并致歉,且告知事件处理进展如何查询。

(2)海底捞再次发微博,公布了事件处理通报,并给出了详细的整改措施及责任人联系方式。

从负面爆出到做出回应,不少网友表示海底捞的回应"有担当",堪称"成功的危机公关",一下完成了从沦陷到逆袭的转身。那么,这次堪称"满分"的公关有哪些地方值得大家学习的呢?

首先,承认错误。在海底捞第一次的致歉信中承认错误,并表示"每个月我公司也会处理类似的食品安全事件"。接着告知大家类似安全事件的处理结果可通过其官网或微信平台进行查证。足见其重视,也敢于接受公众监督。同时,也感谢了媒体和公众对海底捞火锅的监督。

整体来看,这篇致歉信强调了海底捞一直坚持的社会责任感,给予了公众非常正面的主观感受。

整改措施责任到人,清晰可查:事件处理通报,不仅表示在处理,并详细而明确列出了具体行动,并一一对应了责任人。在问题的处理上,还聘请第三方公司,对下水道、屋顶等各个卫生死角排查除鼠。消除了公众对于自改自查不透明的怀疑。责任到人,说明整改确实在落实,公布责任人也是表示接受公众监督。

自媒体时代,网上的任一微小事件都有可能全面爆发,形成巨大的舆情灾难,舆情回应有黄金4小时之说。在负面爆出4个半小时后,海底捞首先发布了致歉信,又在不到3小时后,发出了整改详细的通报说明。并在通报中对消费者、员工、政府、媒体等都做了相应回应:向消费者致歉,感谢媒体和消费者帮助其发现问题,并接受监督,依据相关法规进行整改,涉事员工无需恐慌等。

简言之,即"这锅我背、这错我改、员工我养"。做到了不抵赖、不狡辩,快速、坦率回应,原本的民怨沸腾瞬间扭转为"当然是选择原谅它"。

资料来源:https://baijiahao.baidu.com/s?id=16629172750022425313&wfr=spider&for=pc。

8.4.1 公共关系的含义

公共关系是指某一组织为改善与社会公众的关系,促进公众对组织的认识、理解及支持,达到树立良好组织形象、促进商品销售的目的的一系列促销活动。它本意是工商企业必须与其周围的各种内部、外部公众建立良好的关系。它是一种状态,任何一个企业或个人都处于某种公共关系状态之中;它又是一种活动,当一个工商企业或个人有意识地、自觉地采取措施去改善自己的公共关系状态时,就是在从事公共关系活动。

公共关系
促销策略

8.4.2 公共关系方案的制定

1. 确定公共关系目标

1) 确定公共关系目标的原则

(1) 与组织整体目标相一致。

公共关系人员在选择公共关系目标时,必须有助于实现组织的整体目标,有助于树立组织的整体形象,有助于影响和纠正组织决策与行动中出现的偏差。这种"一致性"的原则决定了公共关系目标要从组织整体利益出发,做出通盘的考虑。

(2) 塑造组织的有效形象。

公共关系目标的内涵,不只是平均地兼顾各类公众的多种要求和各种利益,在社会中享有平均形象,更重要的是要塑造组织的有效形象,即一方面考虑社会公众的共同利益和共同要求,另一方面也要考虑组织发展的利益。

(3) 把抽象的目标概念具体化。

公共关系目标应采用具体的、可测量性的目标。比如,通过使用某类公众习惯接触的新闻媒介传递本组织的信息,可以提高此类公众对组织产生好感的比例。这样既有利于实施,又便于检验。

2) 公共关系目标的分类

公共关系目标体系包含不同类型的多种目标,一般确定为四类目标:长期目标、近期目标、一般目标、特殊目标。

(1) 长期目标。

涉及组织长远发展和经营管理战略等重大问题的目标。它与组织的整体目标相一致,塑造组织的总体形象,一般不能在短期内实现,其时间跨度在五年以上。

(2) 近期目标。

围绕长期目标制定的具体实施目标。其内容具体,有明确的指向性,对公共关系工作有实际的指导作用,其时间跨度一般在五年以下。常见的是年度工作目标,它依据每年度的日常工作、定期活动、专题活动的内容,确定年度工作和步骤,这是实施长期目标的积累过程。

(3) 一般目标。

依据各类或几类公众的权利要求、意图、观念或行为的同一性制定的目标,它是构成组织总体形象的要素。例如,增加某企业的销售量是企业员工、股东、政府、顾客等公众权益要求中的共同点,所以"促进产品销售量的增加"就成为公共关系工作的一般目标。

(4) 特殊目标。

针对那些与组织目标、信念、发展以及利益相同或相近的公众中的特殊要求制定的目标。特殊目标具有特殊的指向性,比如某餐馆为了提高进店率和增加营业额,决定改变餐厅装修风格,塑造餐馆的特殊形象。

2. 选择公众对象

编制公众关系计划,要确定公共关系工作对象——公众。选择公众对象对于组织来说,会涉及如何有效地与各类公众建立交往,运用何种媒介向哪类公众传递信息,怎样在有限的预算内与公众接触等,这些都是与组织存在与发展密切相关的问题。因此,公共关系人员认识与熟悉组织所面临的各类公众是十分重要的。常见的公众分类方法有以下几种。

1)依据公众与组织的密切程度划分

(1)首要公众。

与组织联系最密切、最频繁的一部分公众,对组织的发展前途和现状均有重要的制约力和影响力,如员工、股东、原料供应者、代销者、批发商、顾客等。

(2)次要公众。

不属于与组织联系最密切的一部分,但对组织的存在与发展有相当重要的影响,如政府公众、社区公众、传播媒介、金融机构公众、组织的竞争者等,其中一部分有可能在某一特定时期或特定条件下转化为组织的首要公众。因此,公共关系人员要投入相当的时间与人力、资金,不断改善组织与他们的关系,争取他们的合作与支持。

(3)边缘公众。

与组织联系最不密切的一部分,对组织的存在与发展并不十分重要,如一般社会大众、慈善团体、宗教团体、学校等。

2)依据对组织的态度划分

(1)顺意公众。

对组织的政策和行动持赞赏或支持的态度,是推动组织发展的基本公众对象。公共关系人员在制订计划时,必须要有利于加强同他们的联系与沟通,避免由于社会情况变动或组织自身的变化引起这类公众态度的逆转,产生不利于组织的影响。

(2)逆意公众。

对组织的政策和行动持否定态度,是公共关系工作的重要对象。

(3)独立公众。

对组织的政策和行动态度不明朗,他们介于顺意公众与逆意公众之间,持中间态度。做好这部分公众的态度转变工作,争取得到他们的支持与赞赏,是公共关系人员的一项重要任务。

3)根据公众演变的阶段划分

(1)非公众。

对组织不产生影响,也不接受组织影响的团体或个人。

(2)潜在公众。

组织对他们已经产生影响,但其本身还未意识到的团体或个人。

(3)知晓公众。

已经意识到组织的行为对他们产生影响的团体或个人。

(4)行动公众。

从知晓公众发展而来的,对组织的影响开始做出反应,并准备采取某种行动的团体或个人。

3. 具体行动方案

任何一项规模较大的公共关系活动,都是由若干项目组成的。

1)公共关系活动主题

主题是统率整个公共关系活动,联结所有公共关系项目的核心,它使公共关系活动形成一个有机的整体。主题是确定公共关系计划和实施的方法之一,每一项公共关系活动包括一个主题,如一次会议、一个展览会、一则广告以至一张宣传画、一篇演讲稿、一份文字材料,都要确定主题,保证各项活动都围绕主题开展。主题的表现方式多种多样,可以是一个简洁的陈述,也可以用醒目简短的口号来表示。公共关系人员在确定主题时,要以客观条件为基础,不仅要考虑公众易于接受的一面,更要注意宣传效果,否则经不起时间的检验。

2)具体公共关系活动项目

(1)以信息传播为中心内容的宣传型活动项目,包括召开新闻发布会、记者招待会、各种竞赛活动、庆祝活动、颁奖仪式、新产品与新技术展览会、信息发布会,印发公共关系刊物,制作视听资料等。

(2)利用组织已有设施建立社会关系网络的交际型活动项目,包括举办各种各样的招待会、座谈会、知名人士茶会、工作晚餐会以及记者、经理、厂长联谊会,参观内部设施与管理,信件往来,等等。

(3)以提供各种实在而优惠服务为主的服务型活动项目,例如,工业企业的售后服务、消费教育、消费指导,商业、服务行业的优质服务,公共事业的完善服务,政府机构和党派组织的服务,等等。

(4)以社会性、公益性、赞助性活动为主的社会型活动项目,包括当地传统的节日活动、公益赞助活动、慈善活动、开业庆典、剪彩仪式、周年纪念等。

3)行动策略与时机

公共关系工作的基本特征之一是实现组织与社会公众之间的双向沟通。组织能否达到预期的有效的双向沟通,关键在于具体行动方案要富于创新性。这既需要行动方案的计划性,更重要的是发挥公共关系人员的智慧,使行动方案灵活,富有新意。

(1)预测制定行动方案时的影响因素。公共关系人员必须根据新变化、新条件、新要求来构思新的行动策略。

(2)利用有利时机。选择时机对于一个组织来说至关重要,一个良好的公共关系行动方案,如果错过了有利时机,就不能有效地发挥公共关系的作用。

8.4.3 公共关系方案的实施与评估

1. 公共关系方案的实施

公共关系方案实施就是企业的公共关系人员根据制定的方案予以贯彻执行的过程。时机的把握是企业公共关系方案在实施过程中一个很重要的因素。企业可以利用一些特殊事件或突发事件来实施公共关系促销计划,或创造某些条件使平淡无奇的事变得富有新闻性,因此大做文章,增加公共关系效果。

2. 公共关系方案的评估

公共关系方案的评估就是企业对某一次公共关系促销计划的实施过程、结果进行检查、监督和控制的过程,通过评估可以积累经验和吸取教训,为下一次公共关系促销活动做好准备,为实现企业营销目标奠定一定基础。

由于公共关系的主要目的是树立企业的形象和声誉,不是直接推销某个产品,所以对其活动效果的评估,主要看公共关系活动在新闻媒体上的亮相次数,或在活动后,公众对企业或产品的知晓程度、理解程度、接受程度的变化情况,并且观察一段时期产品的销售额与利润的变化。通过这些方法可以比较客观和准确地评估、衡量企业的公共关系促销活动的效果,并对以后的活动提出调整修改建议。有效的公共关系方案评价最常用的三种衡量方法是:展露次数,知名度、理解和态度方面的变化,销售额和利润贡献。

学习链接:https://haokan.baidu.com/v? pd＝wisenatural&vid＝9139371957193286827(视频来源)。

任务8.5 营业推广促销策略

任务目标

【素质目标】
1.具有沟通协作的团队意识。
2.具有探索实践的创新能力。
3.具有知识获取的自主学习能力。

【知识目标】
1.了解营业推广的含义和形式。
2.掌握营业推广促销方案的设计。

【能力目标】
能够根据具体产品特性设计营业推广促销方案。

案例导入

淘宝天猫"双十一"优惠活动

"双十一"从2009年的诞生,到今年已经十三年了,可以说"双十一"从诞生之日起就一路过关斩将,一直不停地刷新着人们对电子商务的认识,而且不停地打破一个又一个的销售奇迹,创造了多项纪录。"双十一"的成功与多方面的努力是分不开的,但让人无法忽视的是活动期间的各种优惠活动。

"双十一"对消费者无疑是非常有利的,消费者可以在"双十一"以更低的价格拿到心仪的商品,这就是很美好的事情。2021年的"双十一"消费者有哪些权益可以领取呢?

1. 超级红包

打开手淘在顶部搜索栏输入"今天火火火"即可领取红包,次日再次领取。

超级红包是每年必须要领取的,简单易操作,并能让消费者省不少钱,所以在这个快节奏的时代非常受欢迎。红包每天可以领取三次,"双十一"当天可以叠加使用,领的红包越多省的钱就会越多。领完红包后记得分享,这样可以获得额外16次的抽奖机会。

2. 优惠券

"双十一"期间有很多优惠券可以领取,如店铺优惠券、单品优惠券、品类优惠券等,而且还分为有无门槛,看清楚门槛就可以让消费者更好地运用规则省钱了。

3. 跨店满减

只需用天猫积分即可兑换跨店满减,即只要参加活动的商铺满足门槛即可使用,今年的门槛为每满400减50元。

4. 预售玩法

就是付定金享立减,最高可以获得40%的减免,比"双十一"当天价格还便宜,非常值得玩,有合适的就果断拿下吧,没必要犹豫了。

资料来源:https://www.wugseo.com/714403.html。

在产品促销实践中,由于广告和公关一般用于建立和巩固品牌形象,需要较长时间才能显现出效果,而且总体费用投入庞大,人员推销的投入比较大,管理难度大;而营业推广却能在短期内收到明显成效,且费用较低,是企业可以灵活掌握的一个非定期性的促销工具。

8.5.1　营业推广的含义、特点

1. 营业推广的含义

营业推广又称销售促进,是指企业在特有的目标市场中,为迅速地刺激需求和鼓励消费者购买而采取的一种促进销售策略。它是广告和人员推销的一种辅助手段,一般很少单独使用。

2. 营业推广的特点

随着市场竞争的加剧,销售促进以其针对性强、刺激性大、时效性明显等特征受到企业的重视,营业推广具有两个显著的特点。

(1)针对性强,刺激效果明显。

销售促进可根据顾客心理和市场营销环境等因素,采取针对性的方法,向顾客提供特殊的购买机会,具有强烈的吸引力和诱惑力,能够唤起顾客的广泛关注并立即促成其购买行为,在较大范围内收到立竿见影的功效。

(2)有一定的局限性和副作用。

销售促进的方式多样,有些方式显现出企业急于销售产品的意图,容易造成顾客的逆反心理。例如,赠送、有奖销售等方式,如果使用太多或使用不当,顾客会怀疑产品的品质、品牌,怀疑产品价格是否合理,有损企业和产品的形象。

8.5.2 营业推广的形式

1. 以消费者为核心的营业推广

以消费者为核心的营业推广可以鼓励老顾客继续使用，促进新顾客使用，动员顾客购买新产品或更新设备，引导顾客改变购买习惯，或培养顾客对本企业的偏爱行为等，其方式可以采用以下六种。

1) 免费样品

将产品免费赠送给消费者，供其试用的一种促销方法。这种方法无需消费者付出任何代价，是诱导消费者尝试的有效途径。通过试用使消费者对该产品产生直接的感性认识，并对产品或公司产生好感和信任，使其转化为该产品的潜在客户，能提高新产品的入市速度。

2) 赠品

以较低的代价或免费向消费者提供某一物品，以刺激其购买特定的产品。好的赠品可以使产品形成差异化，以鼓励消费者重复购买，建立品牌忠诚度。附送赠品是吸引消费者重复购买的最有效方法之一，选择与产品相关的赠品，可以增加产品的购买频率。

3) 优惠券

优惠券是指给持有人一个证明，证明他在购买某种商品时可凭此券按规定少付一些钱的一种凭证，也可以称为折价券、折扣券。无论是在新产品导入期或产品成熟期，采用折价券均能刺激销售，效果显著。如果企业较长时期地采用优惠券促销，可培养消费者的品牌忠诚度，特别是产品的差异不明显时，要培养消费者购买该产品的习惯。

4) 现场示范

现场示范是由企业派人将自己的产品在销售现场当场进行使用示范表演，把一些技术性较强的产品的使用方法介绍给消费者。

5) 讲座

有计划、有组织地长期进行商品讲座活动，以使消费者增加商品知识。

6) 折价

折价是指厂商降低售价优待消费者的一种促销方法。这种促销方法可以提高消费者对产品的关注，对短期销量的提升有立竿见影的效果。但这样做只能在短期内增加产品销量，对建立消费者的品牌忠诚度效果不大，并且折价会损害公司的利益。

2. 以中间商为核心的营业推广

把产品卖给消费者的是中间商，所以对于生产商而言，对中间商实施促销活动，提高他们的积极性，也是非常必要的。

1) 广告技术合作

广告技术合作是指通过合作和协助方式，赢得中间商的好感，促使他们更好地推销企业产品。例如，与中间商合作做广告，提供详细的产品技术宣传资料，帮助中间商培训销售技术人员，以及帮助中间商建立有效的管理制度，协助店面装潢设计等。

2) 业务会议和贸易展览

业务会议和贸易展览是指邀请中间商参加定期举办的行业年会、技术交流会、产品展销会等，以此传递产品信息，加强双向沟通。

3）现场演示

现场演示是指通过生产商来安排中间商对企业产品进行特殊的现场表演或示范及提供咨询服务,表演者由生产商培训过的代表担任,代表生产商形象。

4）交易推广

交易推广指的是通过折扣或赠品形式来促销和促进中间商的合作。

5）中间商竞赛

中间商竞赛不同于对消费者促销中的竞赛活动,它是指生产商采用现金、实物或旅游等形式来刺激中间商以达到促销目的。

6）企业刊物的发行

企业刊物的发行是生产商定期对中间商传达信息、保持联系的一种有效做法。

3. 以推销人员为核心的营业推广

这是为鼓励销售人员积极推销产品,或促使他们积极开拓新市场而采取的促销手段。

1）销售红利

为了鼓励推销人员积极推销,企业规定按销售额提成,或按所获利润的不同比例提成,以鼓励推销人员多推销商品。

2）推销竞赛

为了刺激和鼓励推销人员努力推销商品,企业确定一些推销奖励的办法,对成绩优良者给予奖励。奖励可以是现金,也可以是物品或是旅游等。

3）推销回扣

回扣是销售额中提取出来作为推销人员推销商品的奖励或酬劳。利用回扣方式把推销业绩与报酬结合起来,有利于推销人员积极工作、努力推销。

4）职位提拔

对业务做得出色的推销人员进行职务提拔,鼓励他将好的经验传授给一般推销人员,有利于培养优秀的推销人员。

8.5.3 营业推广方案的设计

1. 确定营业推广的目标

营业推广的目标取决于促销目标和营销目标;而具体的促销目标又因目标市场类型的不同而不同。概括地说,企业的营业推广目标可分为三类:一是针对消费者的,其目标是鼓励大量购买,吸引新顾客并争夺其他品牌的顾客等;二是针对零售商的,其目标是诱导零售商分销新产品,增加库存量,鼓励其经营季节性产品,培养品牌忠诚度,并争取新的零售商;三是针对推销人员的,其目标是鼓励推销人员大力推销新产品,开拓新市场,发掘更多潜在顾客,刺激推销过期积压产品等。

2. 选择推广工具

营业推广的方式很多,但如果使用不当,则适得其反。因此,选择合适的推广工具是取得营业推广效果的关键因素。企业一般要根据目标对象的接受习惯、产品特点、目标市场状况等来综合分析选择推广工具。

3. 明确营业推广的期限

营业推广的时间选择必须符合整体营销策略,并与其他经营活动相协调。如果时间太短,不少有希望的潜在买主也许恰好在这个阶段没有采购欲,从而收效甚微;如果推广时间太长,又会给消费者造成一种印象,认为这不过是一种变相减价,因而失去吸引力。因此,时间选择要恰到好处,既要给消费者"欲购从速"的吸引力,又要避免草率从事。

4.制定营业推广的规模

制定具体营业推广方案要确定营业推广的刺激程度、推广对象、传播媒介、推广时机和预算分配等。例如,随着刺激程度的增加,市场销售量会增加,但到了一定程度后,其效应出现递减现象。因此,要正确认识推广规模和推广费用的比例关系,推广时机应该恰当,期限长短要适度。

8.5.4 营业推广的评估

企业在实施推广方案以后,应及时对其效果进行评估分析,以发现经营中存在的问题,及时进行策略调整。这部分工作是十分重要的,但往往被企业忽视。

营业推广评估的方法,概括起来主要有以下两种。

1.对推广前后的销售额进行比较

这是一种相对量化的标准,将营业推广以前、营业推广期间和营业推广之后的销售额进行对比,如果营业推广的销售额增长不大,则说明这次活动收效甚微,应从选择的推广形式上找原因;如果营业推广期间销售额猛增,营业推广之后又恢复原样,则说明这次活动搞得比较成功,但需进一步改进产品策略和价格策略。

2.对推广前后跟踪调查

企业可以对那些在市场推广期间购买了这个产品,而事后又转向购买其他品牌产品的消费者进行调查,对推广时顾客的动态、构成及意见进行记录,以此来评价营业推广的影响程度和了解消费者的购买行为;也可对市场推广的作用进行调查,通过了解消费者对这次推广活动的看法,以及这次市场推广活动对于他们以后选择什么品牌的产品所起的作用进行评估,以期找到目前采用的市场营销策略中的问题并进行相应的调整,以收到最佳的经济效果。这种方法能更直观地从消费者身上了解营业推广的效果。

任务8.6 网络促销策略

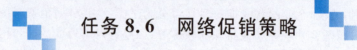

【素质目标】
1.具有沟通协作的团队意识。
2.具有探索实践的创新能力。

3.具有灵活的应变能力。
【知识目标】
1.了解网络促销的特点。
2.掌握网络促销的方法。
3.熟悉网络促销的实施程序。
【能力目标】
能够根据具体产品特性设计网络促销方案。

 案例导入

天猫双十一网络促销

2009年,淘宝尝试双十一概念,提出在光棍节进行大促,当年的销售额是5000多万。网购狂欢节引爆了这个时间点的网络消费热情,并且一发不可收拾。次年双十一,销售额突破9亿大关;2011年,这个数字已经飙升到52亿元;2012年,热度不减,当天销售额竟然达到了令人咋舌的191亿!到了2019年,天猫双十一全天成交额为2684亿元人民币,超过2018年的2135亿元人民币,再次创下新纪录。2020年双十一交易数据:11月1日至11日,2020年天猫双十一订单创建峰值达58.3万笔/秒。11月1日至11日0点30分,2020年天猫双十一全球狂欢季实时成交额突破3723亿。

资料来源:https://www.sohu.com/a/204885255_650786。

网络促销是指利用计算机及网络技术向虚拟市场传递有关商品和劳务的信息,以引发消费者需求,唤起购买欲望和促成购买行为的各种活动。

网络促销是通过网站推广、网络广告、营销事件等众多技术方法来做的促销。

8.6.1 网络促销的特点

(1)网络促销是在Internet这个虚拟市场环境下进行的。

作为一个连接世界各国的大网络,它聚集了全球的消费者,融合了多种生活和消费理念,显现出全新的无地域、无时间限制的电子时空观。在这个环境中,消费者的概念和消费行为都发生了很大的变化。他们普遍实行大范围的选择和理性的消费,许多消费者还直接参与生产和流通的循环。因此,网络营销者必须突破传统实体市场和物理时空观的局限性,采用虚拟市场全新的思维方法,调整自己的促销策略和实施方案。

(2)Internet虚拟市场的出现,将所有的企业,无论其规模的大小,都推向了一个统一的全球大市场。传统的区域性市场正在被逐步打破,企业不得不直接面对激烈的国际竞争。如果一个企业不想被淘汰,就必须学会在这个虚拟市场中做生意。

(3)网络促销是通过网络传递商品和服务的存在、性能、功效及特征等信息。

多媒体技术提供了近似于现实交易过程中的商品表现形式,双向的、快捷的信息传播模式,将互不见面的交易双方的意愿表达得淋漓尽致,也留给对方充分思考的时间。在这种环境下,传统的促销方法显得软弱无力,这种建立在计算机与现代通信技术基础上的促销方式还将随着这些技术的不断发展而改进。因此,网络营销者不仅要熟悉传统的营销技巧,还需要掌握相应的计算机和网络技术知识,以一系列新的促销方法和手段,促进交易。

8.6.2 网络促销的方法

网络促销是在网络营销中使用的手段之一,在适当时候利用网络促销,可以更好地为销售服务。

1. 打折促销

打折促销是最常见的网络促销,这就需要所销售的产品必须有价格优势,才能容易打折,或是有比较好的进货渠道。

2. 赠品促销

在客户购买产品或服务时,可以给客户赠送一些产品或小赠品,以带来主产品的促销。在赠品的选择上,要选一些有特色的、让客户感兴趣的产品。

3. 积分促销

在许多网站里,支持虚拟的积分;有不支持的,可以采用积分卡,客户每消费一次,给会员累积积分,这些积分可以兑换小赠品,或在以后消费中可以当成现金使用。

4. 抽奖促销

抽奖促销也是网络促销常用的方法,抽奖时要注意公开、公正、公平,奖品要对大家有吸引力,这样才会有更多的用户对促销活动感兴趣。

5. 联合促销

如果你的网站或网店与别家产品有些互补性,则可以联合一起做促销,这对扩大双方的网络销售都是有好处的。

6. 节日促销

在节日期间进行网络促销,也是大家常用的方法。节日促销时应注意与促销的节日关联,这样才可以更好地吸引用户的关注,提高转化率。

7. 纪念日促销

如果遇到了建站周年,或访问量突破多少大关,或第多少个用户,或成交额突破多少大关,则可以利用这些纪念日开展网络促销。

8. 优惠券促销

在网友购买时,每消费一定数额或次数,给用户优惠券,会促使用户下一次来你这里消费,也可达到网络促销的目的。

9. 限时限量促销

在大超市中,大家可以常见到限时限量促销,这种方式在网络促销中也可以采纳。现在这种促销方式在超市中已不再使用,因为担心出现踩踏事故,但在网络上这种事故是不会发生的。

10. 反促销

声明自己的网站或网店质量有保证,从不打折促销,这样做要有一定的实力,以不促销作为促销的卖点。

8.6.3 网络促销的实施程序

根据国内外网络促销的大量实践,网络促销的实施程序可以由五个方面组成。

1. 确定网络促销对象

网络促销对象是针对可能在网络虚拟市场上产生购买行为的消费者群体提出来的。随着网络的迅速普及,这一群体也在不断膨胀。这一群体主要包括三部分人员:产品的使用者、产品购买的决策者、产品购买的影响者。

2. 设计网络促销内容

网络促销的最终目标是希望引起购买,这个最终目标是要通过设计具体的信息内容来实现的。消费者的购买过程是一个复杂的、多阶段的过程,促销内容应当根据购买者所处的购买决策过程的不同阶段和产品所处的寿命周期的不同阶段来决定。

3. 决定网络促销组合方式

网络促销活动主要通过网络广告促销和网络站点促销两种促销方法展开。但由于企业的产品种类不同,销售对象不同,促销方法与产品种类和销售对象之间将会产生多种网络促销的组合方式。企业应当根据网络广告促销和网络站点促销各自的特点和优势,并根据自己产品的市场情况和顾客情况,扬长避短,合理组合,以达到最佳的促销效果。

网络广告促销主要实施"推战略",其主要功能是将企业的产品推向市场,获得广大消费者的认可;网络站点促销主要实施"拉战略",其主要功能是将顾客牢牢地吸引过来,保持稳定的市场份额。

4. 制定网络促销预算方案

在网络促销实施过程中,使企业感到最困难的是预算方案的制定。在互联网上促销,对于任何人来说都是一个新问题。所有的价格、条件都需要在实践中不断学习、比较和体会,不断地总结经验。只有这样,才可能用有限的精力和有限的资金收到尽可能好的效果,做到事半功倍。首先,必须明确网络促销的方法及组合的办法;其次,需要确定网络促销的目标;最后,需要明确希望影响的是哪个群体、哪个阶层,是国外的还是国内的。

5. 衡量网络促销效果

网络促销的实施过程到了这一阶段,必须对已经执行的促销内容进行评价,衡量一下促销的实际效果是否达到了预期的促销目标。

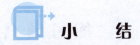

促销是为了引起消费者的兴趣,激发消费者的购物欲望,促使其实现最终的购买行为所做的努力。企业根据产品的特点和营销目标,综合各种影响因素,进行的人员推销、广告促销、营业推广、公关促销、网络营销等各种促销工具,以求达成最好促销效果的组合策略。

人员推销是现代企业开拓市场不可缺少的重要工具,包括寻找顾客、研究顾客、接近顾客、展示产品、完成销售、跟踪服务六个程序。人员推销需根据不同情况灵活运用对应技巧。广告策略是促销策略的重要分支,它对企业经营的成败有至关重要的作用。广告促销方案一般包括五个主要步骤:确定广告目标、确定广告预算、广告设计、选择广告媒体和广告效果评估。公共关系的本意是企业必须与其周围的各种内部、外部公众建立良好的关系,企业需有意识地、自觉地采取措施改善自己的公共关系状态,以期塑造良好的企业形象。营业推广是企业可以灵活掌握的一个非定期性的促销工具,能在短期内收到明显成效,且费用较低。网络促销是通过网站推广、网络广告、营销事件等众多技术方法来做的促销方式,在现代商业中发挥重要作用。

企业需结合自身情况、网络特点、受众特点、热点新闻等设计促销方案,以达到更好效果。

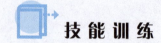

技能训练

结合当地市场实际,为重庆市鱼泉榨菜(集团)有限公司设计网络促销方案,并组织实施。

企业及产品基本信息:重庆市鱼泉榨菜(集团)有限公司位于三峡库区腹地——重庆市万州区,是一家集农业开发、产品研发、精深加工、国内外营销于一体的农业产业化国家重点龙头企业。公司占地面积350亩,有员工1200余人,总资产2.4亿元,下辖10个子公司。该公司主要生产榨菜、萝卜、魔芋、菊芋、调味品、罐头、辣椒等系列产品,采用传统工艺和现代技术相结合,在全国首创真空包装、低盐无防腐剂、高温杀菌工艺。其产品具有低盐低糖、鲜香嫩脆、安全卫生、保质期长、风味独特等优点,既是营养可口的宴席佳品、居家好菜,更是经济实惠、馈赠亲朋好友的精美礼品。

步骤:
(1)由学生自由组合成4~6人为一组的产品推广小组,并确定负责人。
(2)完成对该企业及对应产品的市场分析报告。
(3)拟定网络促销方案。
(4)提交书面的网络促销方案。

要求:
(1)每个小组要认真讨论,共同完成各项工作任务。
(2)每项工作完成情况要有书面材料。
(3)教师予以指导,检查书面材料,对书面材料完成情况作出评价。

考核:采用教师评价和小组互评相结合的考核方式,其中教师评价占比60%,小组互评占比40%。

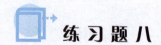

练习题八

单项选择题
1.促销的目的是刺激消费者产生( )。
    A.购买行为   B.购买兴趣   C.购买决定   D.购买偏向
2.以下不属于影响促销组合的产品因素是( )。

A. 产品生命周期　　　　　B. 市场条件
C. 促销组合成本　　　　　D. 促销目标
3. 人员推销的缺点主要表现为（　　）。
A. 成本低,顾客量大　　　　B. 成本高,顾客量大
C. 成本低,顾客有限　　　　D. 成本高,顾客有限
4. 人员推销的首要环节是（　　）。
A. 寻找顾客　　B. 研究顾客　　C. 展示产品　　D. 接近顾客
5. 一般日常生活用品,适合于选择（　　）媒介做广告。
A. 人员　　　　B. 专业杂志　　C. 电视　　　　D. 公共关系
6. 以下属于广告媒体选择时的决定因素是（　　）。
A. 广告的目的　　　　　　B. 广告预算
C. 预期广告受众　　　　　D. 以上均是
7. 公关活动的主体是（　　）。
A. 一定的组织　　　　　　B. 顾客
C. 政府官员　　　　　　　D. 推销员
8. 公共关系的目标是使企业（　　）。
A. 出售商品　　B. 盈利　　　　C. 广结良缘　　D. 占领市场
9. 营业推广是一种（　　）的促销方式。
A. 常规性　　　B. 辅助性　　　C. 经常性　　　D. 连续性
10. 以推销人员为核心的营业推广是（　　）。
A. 广告技术合作　　　　　B. 职位提拔
C. 现场演示　　　　　　　D. 业务会议

练习题八答案

项目九　综合实训

任务 9.1　专业基础素质训练

9.1.1　实训内容

1. 问候与开场白。
2. 我是谁（姓名、年龄、家乡、兴趣爱好与特长、家庭情况、大学规划以及未来职业期望等）。

9.1.2　实训准备

学生事先拟写自我介绍词并进行自我演练；教师准备计时工具、自我介绍词范例、相关背景知识。

9.1.3　实训步骤

教师确定演练顺序—跑步上台—问候大家—自我介绍—致谢—返回座位。

实训注意：教师注意控制时间及课堂气氛，考核内容包括演讲者的神态、举止（语音、语调、站姿、肢体动作），介绍词的新颖性、完整性、连贯性等。

任务 9.2　营销职业体验

9.2.1　实训内容

1. 各小组提前查找参观单位的发展历史等基本资料。
2. 所有学生要求着装得体。
3. 参观中严格遵守公司的制度，积极提问。

4. 参观后各小组组织讨论。
5. 在小组交流的基础上,结合相关理论知识,撰写一份营销工作认知报告。
6. 各小组派出代表进行小组交流。

9.2.2 实训步骤

1. 各班按照人数分为若干小组,参观顺序按小组进行。
2. 学校派车辆接送学生。
3. 参观单位安排 3 位专业人员接待和讲解。
4. 参观后,在参观单位会议室组织学生座谈。

任务 9.3　识别产品卖点

9.3.1 实训内容

介绍(演示)自己购买某件品牌产品(如手机、服装)的理由。

9.3.2 实训准备

学生事先归纳、讨论身边常见商品的卖点,熟悉商品属性与顾客需求的对应关系;教师准备计时器、积分表、范例、相关背景知识。

9.3.3 实训步骤

教师确定演练顺序—跑步上台—问候大家—阐述选定的产品卖点—致谢—返回座位。

9.3.4 实训要求

演讲的神态、举止(语音、语调、站姿、表情、肢体动作);产销内容的理论性、完整性、连贯性;时间控制。

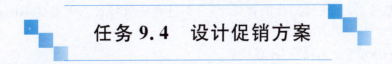

任务 9.4　设计促销方案

9.4.1 实训内容

联系一家生产生活用品的企业,如生产吊顶、热水器、厨具的企业。计划在假期、周末做一个促销活动。请设计一个促销方案,并开展促销活动。以班级为单位开展工作。促销提示:促销时不能局限于简单地发材料,应与客户进行深入沟通。比如,假若客户是学校老师,那么必须和学校联系,在学校内和老师座谈,而不是仅仅在学校门口发材料。

9.4.2　实训准备

该公司各品牌的产品说明书、企业介绍、竞争对手的产品介绍。

9.4.3　实训步骤

1. 在老师的指导下,集体讨论写出促销方案。
2. 经公司老总审核同意,然后开展促销宣传。
3. 促销时做好分工。第一,哪一组负责收集竞争对手的相关情况;第二,哪一组负责联系客户,准备在学校、企业或机关单位开座谈会,向广大职工介绍产品;第三,哪一组负责考察市内人流量大的地方,在该处进行促销。
4. 促销结束,进行总结。
5. 请每位同学写出一份书面报告。

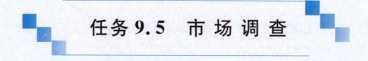

任务 9.5　市场调查

9.5.1　实训内容

1. 请同学们分组做市场调查,每组 8~10 人。
2. 调查的内容:本地区服装零售价格。
3. 写一份调查报告,要求有数据,最好列出图表并配上图片,分析并提出相关建议。

9.5.2　实训步骤

1. 选择三种市场:第一种是本地区最高档的百货商厦或者购物中心;第二种是大型购物超市,如"好又多""华润万家"等;第三种是中小型的购物超市。
2. 选择几种同类型的服装,如男式休闲装、童装、女式职业套装等,在区分品牌和用料、购物环境等基础上,比较其定价的特征,并分析这些定价特征与所处的不同市场之间的关系。
3. 出去调查至少 3 人同行,注意安全。

任务 9.6　情境营销沙盘对抗

9.6.1　实训内容

通过营销软件实现营销整体环节的模拟,学生应能通过对抗比赛,站在企业整体的角度全面思考和熟悉营销的各环节工作,并以对抗的形式激发学生对营销工作的热情和兴趣。

9.6.2　实训步骤

1. 各班按照人数分为若干小组,4 人为一组,以小组为单位进行营销技能对抗。
2. 由教师向学生介绍情境营销软件的操作。
3. 分组进行模拟营销对抗。

9.6.3　注意事项

1. 各小组先进行模拟公司的组建,根据组员的情况进行合理分工。
2. 在规定的时间内按照营销流程完成各环节的营销策划工作。
3. 力求公司的利润达到最大化。
4. 根据沙盘对抗,最后软件自动排名。

References 参考文献

[1] 菲利普·科特勒.营销管理[M].上海:上海人民出版社,2016.

[2] 黄沛,张喆.市场营销学[M].北京:北京师范大学出版社,2020.

[3] 汪之.TOP计划"贩卖奥运":一场只赚不赔的生意[N].南方都市报,2000-09-15(C1).

[4] 郭惠君.新飞冰箱独具"慧眼"敏锐洞悉消费者需求[EB/OL].[2004-01-12].

[5] 金灯剑客.铁路货运转变营销观念改变货运市场格局[EB/OL].[2018-05-11].

[6] 张艳萍.中越国际铁路开行冷链运输列车,吃东南亚新鲜水果更方便了[N].云南信息报,2018-05-10.

[7] [美]科特勒,[美]阿姆斯特朗.市场营销原理(14版.全球版)[M].郭国庆,译.北京:清华大学出版社,2013.

[8] [美]科特勒.市场营销原理(亚洲版)[M].3版.李季,赵占波,译.北京:机械工业出版社,2013.

[9] [美]科特勒.营销管理(全球版)[M].5版.汪涛,译.北京:中国人民大学出版社,2012.

[10] [美]科特勒.营销管理[M].13版.王永贵,译.上海:格致出版社,2009.

[11] 周斌.世界商业巨头沃尔玛的成功之道[J].中外管理,1999(5):47-49.

[12] xjj2017.别克凯越Excelle轿车的价格策略[EB/OL].[2017-12-18].

[13] 李自然.农夫山泉的价格策略[EB/OL].[2017-09-19].

[14] 都医生.醉翁之意[EB/OL].[2013-7-24].

[15] 庄贵军.营销管理——营销机会的识别、界定与利用[M].3版.北京:中国人民大学出版社,2021.

[16] Ben Thompson.一胖子的世界[EB/OL].钛媒体 TMTPost.com.[2017-03-27].

[17] 卢强.新产品的定价技巧[N].计算机报,2005-11-23(D1).

[18] 郑锐洪.营销渠道管理[M].2版.北京:机械工业出版社,2012.

[19] 耿鸿武.渠道管理就这么简单[M].北京:中国财政经济出版社,2015.